萧萧树 ◎ 著

大宋少年游

苏轼

花山文艺出版社
河北·石家庄

图书在版编目（CIP）数据

大宋少年游．苏轼 / 萧萧树著．-- 石家庄 ：花山
文艺出版社，2025．2． -- ISBN 978-7-5511-7617-0

Ⅰ．K825.6-49

中国国家版本馆 CIP 数据核字第 20240N02K4 号

书　　名：**大宋少年游**（全三册）
　　　　　DASONG SHAONIAN YOU
著　　者：萧萧树
责任编辑：林艳辉
装帧设计：李彦伟
美术编辑：王爱芹
出版发行：花山文艺出版社（邮政编码：050061）
　　　　　　（河北省石家庄市友谊北大街 330 号）
销售热线：0311-88643221 / 34 / 48
印　　刷：三河市双升印务有限公司
经　　销：新华书店
开　　本：787 毫米 ×1092 毫米　1/16
印　　张：24.75
字　　数：282 千字
版　　次：2025 年 2 月第 1 版
　　　　　　2025 年 2 月第 1 次印刷
书　　号：ISBN 978-7-5511-7617-0
定　　价：138.00 元（全三册）

84
公元1083年 黄州 [47岁]
东坡仙逝了？不，坡仙只是爱上了吃肉

89
公元1084年 常州 [48岁]
四十七年真一梦，去兮归兮

109
公元1093年 定州 [57岁]
风雨欲来，也要亮出一郡之守的担当

74
公元1081年 黄州 [45岁]
请叫我东坡，一个热爱生活的自耕农

104
公元1091年 颍州 [55岁]
二年阅三州，又见扬州

64
公元1079 汴京 [43岁]
字，此去声名不言休

94
公元1086年 登州 [50岁]
擢升，擢升，又擢升

114
公元1096年 惠州 [60岁]
一贬再贬，身如不系之舟

124
公元1101年 常州 [65岁]
东坡仙逝，山河同悲

79
公元1082年 黄州 [46岁]
月夜泛舟，绝唱于赤壁

99
公元1089年 杭州 [53岁]
筑堤，全力抢救西子湖

119
公元1097年 儋州 [61岁]
一叶孤舟至儋州，还是想吃肉

69
公元1080年 黄州 [44岁]
初到黄州，寂寞沙洲冷

眉山少年的神来之笔

公元 1037 年，四海雍熙，八荒平静，大宋王朝在仁宗治下迎来了它的黄金时代。景祐三年的腊月，眉州眉山（今四川眉山）的苏家又迎来一个孩子——苏轼（字子瞻），在家族长辈的企盼和祝福下，这位人格魅力与艺术成就堪称双绝的"仙才"来到了世间。

眉山苏家是初唐名臣苏味道之后，正经的名门望族，传到苏轼这一代依然人才辈出。苏轼的爷爷擅经营，攒下不少家业，苏轼的伯父年少有为，是家里最早出仕的。朝廷各路官员经过眉山时，少不得要到苏家拜会，苏家一直门庭若市，热闹非凡。

1

不过，苏轼却摊上一个"不务正业"的爹。苏轼的父亲苏洵（字明允，号老泉）年少顽劣，不好读书，倒是与李白一般憧憬游侠生活。仗着老爹健在，兄弟能干，苏洵终日在外游荡，一年到头不着家。《三字经》里"二十七，始发愤"的苏老泉说的正是他。

不懂事的人身后总有几个替他操心的人，苏轼和苏辙（字子由）哥儿俩的教育问题都落在了母亲程氏身上。程氏出身名门，文化素养自是不差，性格也仁慈果决，不但注重孩子的学业，更注重孩子良好品格的养成。

苏轼少时爱读《汉书》，特别喜欢书中记载的那些忠贞廉正的人。读到范滂大义赴死告别母亲，母亲虽不舍却毅然诀别时，苏轼十分感怀，问母亲："倘若我也像范滂那样做一个大义之人，母亲您答应吗？"程夫人回答："我儿既要做范滂，我怎能不做范滂之母呢？"

　　苏洵到了二十七岁才终于开了窍，收心回归家庭。自此，他一面苦读，一面主动抓起了孩子的教育。过去，苏轼、苏辙哥儿俩除了跟母亲读书识字，便是跟堂兄弟、堂姐妹混在一起，不是在叔叔家菜园里挖坑、和泥，就是去后山栽树。现在，见多识广的父亲回来了，一切都变得不一样。父亲带着他们就近游历，一览家乡大好风光，还教他们在田地里挖沟渠、引水、筑"烽火台"、玩泥巴的同时，在他们心里筑构起了江山地貌图。

　　有一次，苏轼在田地里挖到一块硬物。用清水一冲，是一块散发着淡绿色光泽的石头，石头呈扁状，活像一条鱼，十分精美。苏轼爱不释手，轻轻敲了敲石头，竟发出清脆悦耳的金属声。几个孩子高兴极了，堂妹说："这石头如此漂亮，一定是用来做首饰的碧玉。"苏轼认真把玩这石头，摇摇头说："我看这石头纹理颇多，且疏而不密，一定十分吃水，做砚台还差不多！"

　　几个孩子的对话被苏洵听见了，他拿起那块石头仔细把玩一番，的确是块上乘的砚石。苏洵心中暗自惊喜，惊的是苏轼小小年纪观察事物细致入微，且思路清晰，喜的是苏轼看到石头，第一个想到的是做砚台，这预示着儿子是个读书的好苗子。从此，苏洵更加勤勉教子、严谨治学。

　　苏洵玩起来是真能玩，浪子回头认真起来也是真严格。苏洵在给孩子们布置作业时，总要限定一个期限，逾期完不成便有惩罚。这给少年苏轼留下不小的心理阴影，以至于苏轼六十多岁梦到父亲授业的严苛，还"怛然悸寤心不舒，起坐有如挂钩鱼"。

　　父亲固然严厉，苏轼也确实天资聪颖，还未进学堂，他已经读遍了家中的藏书。八岁，苏轼进入私塾，到了十一岁，苏洵专门为他寻了一位好先生，正是当地有名学者刘微之。

刘先生好作诗，一次写了一首《鹭鸶》，其中有一句"渔人忽惊起，雪片逐风斜"，自以为写得很棒，便将写好的诗挂在私塾墙壁上。苏轼皱着眉头读了一遍又一遍，终于忍不住，提笔改了三个字，就成了"渔人忽惊起，雪片落蒹葭"。听说苏轼改了自己的诗，刘先生本来面带愠色，但当他见了苏轼这神来之笔后，脸色立刻由恼怒变成了震惊，再由震惊变成了大喜，捋着胡须赞道："好儿郎啊，我怕是做不了你的老师喽！"

苏洵听说了这件事，便给苏轼出了一个命题作文，题目是《夏侯太初论》。苏轼提笔洋洋洒洒，一会儿工夫便将文章作完。文章中有这样两句："能搏猛虎，不能无变色于蜂虿。"意思是说，人如果能将自己的智力发挥到极致，连猛虎都能打得过，如果不能专注精力，神思懈怠，连蜂蝎也能叫他大惊失色。苏洵看后十分欢喜，连连赞叹。

一个十岁的孩子能从身边发生的日常小事总结出这番道理，的确不简单。后来，苏轼把这两句话用在了《黠鼠赋》中。

苏轼的才华并不限于读书作文，他受父亲的影响，爱好颇多，涉猎甚广。比如，他为了研究古琴的发音原理，生生拆坏了父亲收藏的唐代名琴；他虽不善棋艺，却颇懂棋理，有时候能看人下一天的棋；他也涉猎书法和绘画，而且造诣极深，后来取得了非凡的成就；他像父亲一样热爱游历，后来走出家门，游遍了大江南北，历尽了凡尘辛酸。

苏轼就这样在家乡眉山长到了二十岁。而后，苏洵带着苏轼、苏辙兄弟俩走出家门，去东京汴梁（今河南开封）博取功名。不过，在出门之前，苏家还有一件顶顶要紧的事要办，那就是给苏轼娶亲。

"地理发现"

眉山三苏祠

今四川省西南眉山市城区纱縠行南街一带，是苏洵、苏轼、苏辙父子三人故里和祠堂，自元代改为三苏祠后就成了天下文人墨客扎堆打卡的地方。

三苏祠原本占地5亩，是一座中规中矩的中式庭院。明朝洪武年间，朝廷下令重修三苏祠，还特别为苏祠拨了块田产，但明末三苏祠毁于兵荒马乱间。清康熙四年，三苏祠得以在原址上重建，后又历经三百余年的修复、营造，直至形成今天占地62亩的规模。

如今的三苏祠小桥流水、亭台楼榭、古意盎然，颇有"三分水、二分竹"的江南水乡风格。也只有这样的雅致才衬得起前厅大门上那副"一门父子三词客，千古文章四大家"的楹联。

千年第一榜，「三苏」名震京师

　　苏家要娶亲了，给那天资聪慧、敏而好学的苏家长孙苏轼娶亲。在眉山这块小地方，这可是件大事。

　　不是说苏洵爷儿仨学有所成，要去京师汴梁博取功名吗？待取了功名，还愁没有官宦人家上门提亲吗？没准还能攀龙附凤，当个什么驸马、郡马的。一时间，眉山的老百姓议论纷纷。其实，这正是苏洵担忧的问题。

两个儿子青春年少、神姿俊朗，这未婚进京，没有高中还好说，一旦高中，满京师的权贵还不排着队向他们提亲啊。苏辙还小，尚能推托，苏轼正值婚配之年，到时，该拒绝哪家，该应承哪家，一个不小心就可能开罪权贵。再者，苏家从来不想攀龙附凤。苏洵思前想后，一拍大腿，索性赶在科举之前，在老家找一户知根知底的人家，把这桩婚事给办了。

这不，娶亲的消息刚散出去，就有好事的上门保媒说亲了，说的正是隔壁村王举人家的女儿王弗。王家虽不是什么高门大户，却是书香门第，王举人名声在外，调教出的女儿自然也是不差的。果然，一打听，都说王弗小小年纪便端庄持重、温婉贤淑。

自古婚姻大事，父母之命、媒妁之言，两家一拍即合，苏轼和王弗便成了婚。

好事成双，苏洵很快又替二子苏辙寻到一户好人家。待兄弟俩的人生大事都完成后，父子三人便进京赶考了，而两个儿媳则留在婆母身边，一起操持家业。

公元 1057 年，嘉祐二年，苏轼与父亲苏洵、弟弟苏辙，参加了中国古代科举史上最牛的一届进士考试。那年的主考官是大文豪欧阳修（字永叔），副考官是宋诗的"开山祖师"梅尧臣，而当年参加考试的人就更奇了，犹如神仙打架一般，有：

程颢、程颐兄弟（后为理学创始人）；

曾巩（唐宋八大家之一）、曾布（后任宰相）兄弟；

张载（后为"关学"创始人）、吕惠卿（后任宰相）、章惇（后任宰相）、王韶（后为北宋名将）。

难怪后世学者将这一年的科举称为"千年进士第一榜"，而苏轼、苏辙、苏洵均榜上有名。一时间，苏门三杰名动京师。

虽然苏轼在初试中遗憾错过了状元桂冠，但在接下来的礼部复试中，苏轼以一篇《春秋对义》夺冠。稍后，仁宗亲自主持殿试，一眼便相中了苏轼、苏辙哥儿俩。果然，二人同科及第。据说，已经年迈的仁宗返回后宫时，热泪盈眶地对皇后说："我朝大幸，我为后世子孙寻得两个太平宰相啊！"

皇帝都这么说了，苏家父子三人的事迹立刻传遍了京师的犄角旮旯。

金榜题名后，按照惯例，是要拜会主考官的，在这之前，苏轼先呈上一封答谢辞，这正是《谢欧阳内翰书》。就是这五百字打动了欧阳修，让他向梅尧臣发出这样的感慨："读轼书，不觉汗出。快哉！快哉！老夫当避路，放他出一头地也。"

见面后，欧阳修不但一点儿官架子也没有，甚至像粉丝见了偶像一般喜不自胜，赶紧问了苏轼一个问题。原来，苏轼初试时所作的那篇《刑赏忠厚之至论》中有一个关于尧帝的典故，欧阳修翻遍了古书也没能找到出处。见了作者本人，他当然要一解心中疑惑："你说尧帝时有人犯了罪，司法的皋陶三次要杀之，尧帝却赦免了三次。这个典故到底出自何处啊？"

苏轼笑了笑回答说："出自《三国志·孔融传》。"

欧阳修更不解了，他对《孔融传》颇为熟悉，里面并没有这样的典故啊，于是再次问苏轼。

苏轼答说："孔融不满曹操将袁绍的妻子赏给曹丕的做法，故意对曹操说，'武王伐纣，将妲己赏给了周公'。曹操心想这不是一派胡言吗？哪里有这样的记载！孔融于是答，'确实没有记载，这不过是我以今天的情况做出的推测'。先生今天的疑问，与这个典故如出一辙。"

欧阳修听后拍腿叫好，夸苏轼"会读善用，日后文章必然独步天下"。接着，欧阳修更是热情地将苏轼引荐给当朝宰相文彦博、枢密使韩琦和富弼。高不可攀的大人物如今都把苏轼揽为座上宾，苏轼名声大噪，而他写的文章，只消半天就能传遍京师，一时间，洛阳纸贵。

正当苏轼如梦如幻般沉浸于万众瞩目的高光时刻时，眉山突传噩耗——母亲程氏病逝。

"地理发现"

青神中岩寺

青神县位于四川省眉山市，是苏轼妻子王弗的故乡，也是苏轼少年读书求学，与王弗相识相知之地。北宋《舆地广记》载："青神以蚕丛氏青衣而教民农事，民皆神之，立祠以祀，故知北周立县以青神为名。"

青神县有座中岩寺，在县城东南方9000米处，依偎岷江东岸，分为上、中、下三寺，合称为中岩，占地约7500亩。近千年前，少年苏东坡正在此潜心读书，如今，东坡读书楼仍然屹立，见证着他的学业之路。此外，宋代文人范成大、陆游等曾游览此地。

中岩寺建立于唐代，是川南地区佛教的重要寺庙之一，素有"川南第一山""西川林泉胜地"之美誉。

初发嘉州，江行唱和别故乡

　　每每想起母亲，苏轼都忍不住哽咽落泪。少时，父亲常离家游学，家中唯有母亲可以依靠。母亲程氏出身名门，文学素养颇高，作为母亲，她给了孩子们所有的仁慈温柔，作为家长，她又是庄重严苛的。可以说，正是母亲日常点点滴滴的影响，成就了苏轼。

　　程氏四月病逝，消息传到京师已经是五月了。想到程氏病逝时，父子三人正于这繁华之地得意扬扬，苏洵心中更是悔恨。三人无半点迟疑，立刻快马加鞭赶回家中。

11

苏洵安葬好亡妻后，很是忧伤，作《祭亡妻文》以表哀思，朝廷两次诏他进京，他都拒绝了。苏轼和苏辙兄弟为全孝道，留在家中丁忧。

家中丁忧的日子，苏轼和苏辙也不忘深耕学业，而父亲苏洵更多的是为两个儿子的将来考虑，毕竟一入官家门，便身不由己了。两个儿子什么性情，做父亲的最清楚不过了，苏轼的才华胜过苏辙，但苏轼有个致命的缺点，就是太过直率豪放、不懂收敛锋芒，正应了苏轼的名字。苏洵后来特意写了一篇《名二子说》告诫苏轼苏辙兄弟：

车轼看似华而不实，但如果缺了这个装饰，车就不成车了。父亲希望苏轼你当如这车轼一般，有所装饰。辙，车轮走过的印迹，虽不显山露水，但天下之车无不是按照这辙印走的。车辙很重要，但又与车之功劳毫无干系，即使车毁马亡，也没有人会想到车辙。所以，车辙总能在福祸间得以善终。辙儿啊，你是能让父亲放心的。

人啊，年少时总是不爱听老人言，等到吃亏了才会想起长辈当年的谆谆教诲。苏洵到底见多识广、阅人无数，后来苏轼、苏辙在官场的遭遇果然应验了苏洵的话。

公元1059年，嘉祐四年，苏轼兄弟服完丧，苏洵便决定举家迁往汴京。父子三人携家带口，浩浩荡荡，从嘉州（今属四川乐山）出发走水路，行至三峡到达江陵后再走陆路，这样能减少一些路途奔波。父子三人倒是好说，家里大大小小那么多女眷，哪里能经得起这一路的折腾。

走水路还是惬意的，苏轼与妻子在丁忧期间培养了深厚的感情，此番举家迁居更像是蜜月旅行般郎情妾意，你研墨来我作诗，你唱上句，我和下句，好不快活。很快，王弗有喜，苏轼喜不自胜，认为前途一片光明，上为祖宗，下为子孙，要大刀阔斧地干一番事业。开心之余，他大笔一挥，写下了这首《初发嘉州》：

🍃 初发嘉州

朝发鼓阗阗，西风猎画旆。
故乡飘已远，往意浩无边。
锦水细不见，蛮江清可怜。
奔腾过佛脚，旷荡造平川。
野市有禅客，钓台寻暮烟。
相期定先到，久立水潺潺。

这首诗看似是在告别故乡，但更多的是展现诗人对未来的期待，仿佛在说，前路阳光灿烂，正等着我去大展拳脚，建功立业。

到底是年轻人，一心只向前看。苏辙的心情与哥哥一样，也写下一首豪情万丈的《初发嘉州》，只有老父亲苏洵深深地眷恋着故乡："家托舟航千里速，心期京国十年还。乌牛山下水如箭，忽失峨眉枕席间。"

为了照顾有孕的王弗，一家人的行程刻意慢了下来。大家走走停停，遇到风景名胜便去瞻仰参观，作诗留念。一路下来，竟走了六十多日才抵达江陵，父子三人打卡留念写下的诗足有一百首了，后来他们把这些诗文编成《江行唱和集》。这个集子收录了苏轼四十多首诗，被认为是苏轼进行诗歌创作的起点。

公元 1060 年，嘉祐五年，苏家又走了两个多月的陆路后终于抵达京城。他们在西岗一带租下一座宅院，暂时安顿下来。很快，苏家迎来了下一代长子长孙——苏迈（字伯达）。同一时间，苏轼、苏辙分别接到福昌和渑池主簿的任命。

连逢喜事，举家同庆。

"地理发现"

嘉州乐山大佛

北宋时的嘉州隶属成都府路，州治龙游，正是今天的四川乐山市。苏轼一家当年乘船初发嘉州，是定然不会错过位于岷江、青衣江和大渡河三江汇流处的乐山大佛的。

乐山大佛依凌云山栖霞峰临江峭壁之上凿造而成，始凿于唐代开元元年，历时 90 余年才完成。整尊大佛依山而生，高 71 米，素有"山是一尊佛，佛是一座山"的美誉。

乐山大佛端坐山间，神态庄严，双手抚膝，身姿挺拔，气势雄伟。雕像隐藏了排水设施，设计巧妙。此佛由海通禅师发起修凿，旨在减缓水势、普度众生。然而，海通禅师圆寂后，工程被迫停止过一段时间，所以历时 90 余年才凿成。

如今的乐山大佛景区包括凌云山、麻浩岩墓、乌尤山等景点，总面积约 12000 亩，位于峨眉山风景名胜区内，为国家 5A 级景区，是闻名遐迩的旅游胜地。

飞鸿踏雪，三人行终成一人行

宋朝的科举考试分"常科"和"制科"两种。常科也就是三年一次的进士、明经一类定期举行的科考。苏轼父子三人于嘉祐二年参加的正是这常科进士考试，及第后苏轼和苏辙分别得到朝廷颁发的福昌（今河南宜阳县）和渑池（今属河南三门峡）主簿的任命。

15

除"常科"外，宋朝还特别设有一门"制科"考试。制科不是定期举行的，而是由皇帝特设，专门选拔人才用的，因为全靠皇帝钦定，所以说不准什么时候会开。然而，公元1057年的那场常科实在是神仙打架一般的存在，人才太多了，苏轼、苏辙考完也不过得到一个处理文书的九品小官，委实屈才，所以仁宗特意开制科，从人才堆儿里再拔人才。

苏轼和苏辙听说这个消息后，立刻辞了那九品芝麻官，沉下心来准备考试。制科非比寻常，极其严格，敢应试的人少之又少，据统计，两宋三百多年，仅仅开过二十次制科，共选拔出四十多位人才。所以，制科究竟有多严苛，可想而知。

可能就是因为它太难了，在准备制科考试的过程中，苏轼和苏辙兄弟俩培养起了深厚的情谊。二人找了一处僻静的宅院，同吃同住、同窗共读，遇到好的诗词文章，便对床夜话，虽然日子清苦，但也温馨惬意。一天夜里，风雨交加，二人秉烛钻研韦应物的诗集，读到一句"宁知风

雪夜，复此对床眠"，深受触动。想到今夜兄弟共读的时光如此惬意，日后一旦踏上仕途，或许天南海北、天各一方，再想重温今日时光怕是难了。

这一夜深深烙印在了兄弟俩的生命中。后来，二人果然宦游千里，思念对方时，只能靠书信和诗词聊以慰藉，而那晚的情形便多次出现在他们的诗文唱和中。

公元 1061 年，嘉祐六年八月，皇榜出，兄弟二人苦苦准备的制科考试终于有了结果。老父亲带着两兄弟亲迎圣旨，这才得知苏轼以"贤良方正能直言极谏科"考入嘉祐六年制科第三等，苏辙考入第四等，苏洵拉着兄弟俩的手喜极而泣。

这是家门至高的荣耀。自开制科以来，宋朝只迎来过一位第三等，其余均是第四等，而第一二等形同虚设。所以入了第三等就等于考入了第一等，苏轼再次展现了他非凡的才华。

这次，苏轼、苏辙都被授予正八品官职：苏轼任大理评事，凤翔（今陕西宝鸡凤翔区）府签判；苏辙任商州（今陕西商洛商州区）推官。父亲苏洵奉命留京修礼书，苏辙为了照顾父亲和一应家眷，主动奏请留京。

这年冬天，苏轼在凛冽的寒风中告别前来相送的苏辙。打虎亲兄弟，上阵父子兵。以前都是父子三人行，如今真让他一个人上路，心里不是滋味。走着走着，苏轼来到渑池一座寺庙，这是父子三人初次进京赶考时借宿过的地方。他想再次拜会住持以示感谢，却得知住持已去世。在安放住持肉身的舍利塔下，苏轼陷入沉思，原来世事竟如此无常。后来，他给弟弟苏辙写下这首《和子由渑池怀旧》：

🌿 和子由渑池怀旧

人生到处知何似，应似飞鸿踏雪泥。
泥上偶然留指爪，鸿飞那复计东西。
老僧已死成新塔，坏壁无由见旧题。
往日崎岖还记否，路长人困蹇驴嘶。

　　一个人究竟要达到怎样的成就才算在这世间活过一遭？就像那只踏雪的飞鸿，纵然在雪地里留下了星点痕迹，然而雪花只飘落一会儿便将那点儿痕迹湮灭了，就像什么也没发生过。

　　这样的反思，透露出来的不仅是苏轼初入仕途的迷茫和对未卜前途的哀伤，更是他对人生的思考，是一种从瞬息万变的生活中提炼出来的哲学反思。因此，这首诗虽然表达哀伤，却并没有落脚哀伤：那只踏雪的飞鸿，也不过是暂时的停歇，既然那痕迹不是终点，那么未来总是充满希望的。

　　前途不可预知，但苏轼没有一点点的消极和颓废，仿佛在说人生悠悠，谁知未来不可期呢？这首诗第一次反映了苏轼看穿世事却并不停留于精神内耗，而是依然热情似火地去热爱生活的通透、豁达的现世思想，因此成为不朽的名篇。

　　凛冽的北风吹不透他一腔的热血，苏轼就这样心怀理想踏上了去往凤翔的征程。

"地理发现"

渑池仰韶大裂谷

　　苏轼与苏辙话别的渑池，坐落于今河南省西北部，隶属于三门峡市。渑池之名源于古时一处水池，因池中生长着黾（一种水生昆虫）而得名，因此古称黾池。这片土地孕育着丰富的历史文化和自然景观，其中最著名的当数仰韶大裂谷。

　　仰韶大裂谷地质地貌复杂，北临黄河，南越韶山，线路蜿蜒 63600 米，沿途山川峡谷、岩石裸露，景色壮美。仰韶大裂谷不但拥有壮丽的自然景观，更深藏丰厚的文化遗产——仰韶文化。仰韶文化源于新石器时代早期，承接了裴李岗文化、磁山文化等先民文化而得到发展。在这片富饶的河谷阶地上，古人建造了大大小小的部落，过着稳定的生活，更为后世留下精美的彩陶文化。

初仕凤翔，为官才知行路难

　　嘉祐六年岁末，苏轼抵达凤翔，走马上任，迈出仕途的第一步。

　　凤翔在哪儿？渭水之滨，与西夏只隔着一条渭水，属于边陲要塞。初到这里，苏轼只觉自然风光无限好，于是趁着公务还不繁忙，便与妻子王弗经常外出游历，遍赏风景的同时体察了民情。

二十五六岁的年纪，是一点儿也闲不住的，很快，苏轼便把凤翔游了个遍，同时他看出了大问题。二十年前，西夏人屡屡来犯，烧杀抢掠、无恶不作，凤翔百姓苦不堪言。仁宗庆历四年，宋朝与西夏达成和议，自此年年向西夏输送绢帛、银两，这才换来这些年的安宁。百姓再也不用担惊受怕了，照理说该喜笑颜开地过日子，但苏轼感受到的凤翔却是一片死气沉沉的景象。原来，向西夏输送银两、绵帛给百姓造成沉重的赋税，日子越过越穷，百姓自然开心不起来。

怎么能这般过日子呢？苏轼下决心认真工作，改善老百姓的生活。不久，苏轼就发现了一项弊政。衙门为了减轻工作压力，就把种种运送物资的工作委托给外面的差役。然而差役常常延期，给衙门造成不小的困扰，于是衙吏每每让负责的差役以家产作为赔偿。

这本是好事，算是为百姓创收，但总这么赔，百姓只怕没人再来干这份差事了。后来苏轼发现，差役之所以延期是因为分派任务的衙吏只看表格办事，从来不察实情。但凡阴天下雨，差役就得延期，必然被罚。苏轼立刻就这件事提出修改意见，呈交给上司凤翔太守宋选。宋太守宅心仁厚，十分高兴，对苏轼大加称赞。

这件小事的成功，让苏轼颇受鼓舞，正想撸起袖子大干一场时，天不遂人愿，凤翔偏逢大旱。老人常言："五日不雨则无麦，十日不雨则无禾。"正值春耕时节，凤翔竟月余无雨。苏轼日夜焦虑，急得团团转。可是，以那时的科技水平，只能以人力凿井担水浇灌，即便如此，也不过杯水车薪。

苏轼只能把希望寄托在古老的祈雨仪式上，为此，他特别作文《凤翔太白山祈雨祝文》，与山神又是说好话又是讲道理，最后祈求道："小人只不过祈求一场及时雨，您贵为一方神灵，为何不发发慈悲呢？"

嘉祐七年春夏之交，凤翔久旱逢甘霖，终于迎来了一场及时雨，且一下就是三日。苏轼漫步在雨中，喜极而泣，之后，他便写下了那篇著名的《喜雨亭记》。

苏轼虽只是个协助太守处理日常事务的判官，但他因恪尽职守，又十分具有人格魅力，很快收获一大批粉丝，衙吏们纷纷叫他"苏贤良"。宋知府为人宽和，在任时对此并不在意，但他的接班人陈希亮（字公弼）陈知府就不高兴了，第一次听到这个称呼就把衙吏们训斥了一番。

后来，陈知府更是刻意与苏轼过不去，不但谢绝苏轼登门，更将苏轼写的公文改得面目全非才肯用。苏轼心想：这不是故意与我交恶吗？总之，自从知府换成陈希亮后，苏轼第一次体会到官场的艰难。那段时间，苏轼深感怀才不遇，发了不少牢骚，这首《客位假寐》将那段时间所受的委屈记录下来。

🍃 客位假寐

谒入不得去，兀坐如枯株。
岂惟主忘客，今我亦忘吾。
同僚不解事，愠色见髯须。
虽无性命忧，且复忍须臾。

受了委屈，苏轼肯定满腹牢骚，但陈知府像没看过这些诗文一样，依旧磋磨苏轼，苏轼更加郁闷了。

当这位知府大人主持修建的凌虚台竣工后，命苏轼撰文记录这件事。苏轼憋屈的一腔怒火终于有了发泄口，他将对陈太守的各种不满一股脑儿全写进了《凌虚台记》，然后像只待宰的羔羊一样等着挨训。哪知陈知府看了文章后哈哈大笑，让人将文章一字不落地铭刻在了石碑上。

苏轼不解，便上前询问，陈知府这才拍着苏轼的肩膀说："我待你爹就像自己的亲儿子，待你就像我的亲孙子。你年纪轻轻就名扬在外，我担心你年轻气盛、骄矜自满，这才故意磋磨磋磨你，培养一下你的涵养啊！"原来，陈希亮和苏洵是老乡，在苏轼还没出生时，他们便相识相知了。后来，苏轼贬至黄州时，又与陈希亮的儿子陈慥（字季常）结下了深厚的友谊。也是那时，苏轼才真正明白了陈希亮的一番苦心。

苏轼在凤翔任职四年，一心为百姓谋福利，日子过得充实而有趣。然而，嘉祐八年，一代明君宋仁宗驾崩，朝堂更迭，很多人的命运被改写，这又会给苏轼带来什么影响呢？

凤翔东湖

苏轼仕途生涯的第一站即凤翔，也就是今天陕西省宝鸡市的凤翔区，而他为官的第一个功绩或者说亲自负责修建的第一项水利工程，就是凤翔东湖。

东湖，坐落于凤翔东南隅，昔日被称为"饮凤池"。相传，周文王元年，一只祥瑞之凤飞鸣于此，沐饮其水而得名。苏轼也曾写诗歌颂凤翔东湖："闻昔周道兴，翠凤栖孤岚，飞鸣饮此水，照影弄毵毵。"宋仁宗嘉祐六年，苏轼倡导修筑扩池，引泉注入，植柳种莲，建亭榭怡情。因其邻近府城东门，遂改名东湖一直沿用至今。

如今，东湖园林公园历史已逾千年，历经修葺，占地约300亩，水面180亩，园内古建筑众多。苏轼不仅在此留下了美景，更在文学中赋予其寓意。也是因着苏轼，东湖与杭州西湖并称姐妹湖。东湖园林内有一处断桥亭，是后人为了纪念苏轼在杭州修建西湖所建。

千里孤坟，何处话凄凉

　　凤翔的老百姓好不容易盼来陈希亮、苏轼这样做实事的父母官，而这两人也确实干出了些政绩，但凤翔积贫已久，再经不起一点儿天灾人祸。偏偏嘉祐八年，仁宗驾崩，为了修建皇帝陵，凤翔府承担了输送木料的任务。苏轼领命，花了五个月的时间才交了差。其间，他目睹了底层老百姓如何不堪重负，又如何苦中作乐的样子。看在眼里，愁在心间，苏轼捶胸跌足，羞愧不已：别说造福百姓了，不给百姓造成负担就已经烧高香了。

25

日子一天天过去，苏轼胸中的志气逐渐消磨。好在凤翔有着悠久的历史文化，苏轼便在闲暇之余，将这里的人文古迹仔仔细细游赏了一个遍，并一一记录下来，美其名曰："好事者有不能遍观焉，故作诗以告欲观而不知者。"

正当苏轼在凤翔寻访古迹时，朝堂上围绕苏轼展开了一场辩论。原来，英宗是妥妥的一枚苏轼粉儿，一早就想召苏轼回京入翰林了。为了把苏轼安排在身边，英宗筹谋了两个职位，一个是知制诰，另一个是修起居注。这两个官职虽不大，却十分重要，相当于机要秘书，有权参与国家重要决策的那种。而且一旦担任了这种职责，就会被朝廷视为未来的宰相加以栽培。

英宗的想法是不错，却遭到宰相韩琦的反对，理由是骤然提拔对于年轻官吏来说不是什么好事，而且很难令众朝臣心服，所以不如放在基层磨炼磨炼，日后再一点点提拔。

于是，公元 1065 年的正月没过完，苏轼就收到了朝廷的诏令，被任命为殿中丞。一到京中，苏家便门庭若市了，而韩琦建议苏轼先历练的事就变成了谣言，传至苏轼的耳中。谣言嘛！自然各种版本都有，但这背后分别出于什么目的，可就不好说了。

官场上本就人心复杂，该处处谨言慎行才是。过去在凤翔，人事关系尚简单，苏轼还差点儿得罪了太守，而今在天子脚下，更要事事小心，喜怒不形于色。可苏轼还是老样子，心直口快、口无遮拦，一点儿城府都没有。妻子王弗看在眼里，急在心上，只能自己为丈夫多留意、多操心了。所以，每有访客，王弗都会"幕后听言"，待客人走后，便与苏轼分析一通，如这人究竟什么意图，所说之事靠不靠得住。

　　王弗在识人辨事方面确实远远胜过苏轼，所以她的存在大大弥补了苏轼性格上的不足，苏轼也确实对她很是依赖。也许正是因为操劳过度，王弗的身体越来越差，这年五月，也就是苏轼得诏返京五个月时，王弗便因病去世，年仅 26 岁。

　　多年后，苏轼官场受挫，午夜梦回常念及王弗的机敏、睿智，写下那首感天动地的悼念亡妻之词——《江城子·乙卯正月二十日夜记梦》。

🌿 江城子·乙卯正月二十日夜记梦

　　十年生死两茫茫，不思量，自难忘。千里孤坟，无处话凄凉。纵使相逢应不识，尘满面，鬓如霜。

　　夜来幽梦忽还乡，小轩窗，正梳妆。相顾无言，惟有泪千行。料得年年肠断处，明月夜，短松冈。

　　妻子骤然离世，陪伴了自己 11 年的人就这样不在了，苏轼像丢了魂一般悲恸不已。王弗是在京中离世的，当时苏家已经举家迁居京师，但苏轼为了让妻子身后不那么寂寞凄凉，硬是将她的尸身带回眉山老家，葬在母亲坟墓旁边，更为妻子栽下万棵松树，可见王弗在苏轼心中的分量。

　　第二年四月，还没能从丧妻之痛中解脱出来的苏轼，又遭到了沉重的打击——父亲苏洵辞世。

"地理发现"

开封清明上河园

北宋的京师汴京，就是如今的河南省开封市。要想了解当年汴京的繁华，非一观张择端的《清明上河图》不可。1992年，开封市为再现北宋东京的繁华景象，特选取《清明上河图》中的精华，在城内西北角打造了清明上河园，园区占地495亩，建筑400余间，全都依照宋代营造法式建造，为仿宋建筑的典范。

清明上河园运用园林设计手法，将水面划分为港汊纵横的河网，河港内停泊着50多艘宋制汴河船只，游人可在其中畅游，感受宋代的繁荣。整个园区有四个文化广场，其中虹桥、城楼等标志性建筑，尽显宋代风貌。

风云剧变，"硬刚"变法遭外放

公元 1066 年夏，苏轼、苏辙兄弟回眉山老家安葬好父亲苏洵后，按照大宋礼制居家丁忧两年。于苏轼而言，两年时间尚且不够抚慰丧亲之痛的；然而于朝堂而言，两年时间，却足以发生翻天覆地的变化。

公元 1067 年，英宗驾崩，20 岁的神宗继位。神宗意气风发，却接手了一个千疮百孔的大宋王朝。他深知大宋军力积弱，朝廷官员冗余，国家表面繁荣，实则积贫已久。面对内忧外患的局面，神宗一身戎装跪在了皇祖母面前，发誓要励精图治、发愤图强。

然而，神宗的意气风发却被元老重臣富弼（字彦国）、司马光（字君实）泼了冷水。国家之弊由来已久，二十年前范仲淹没做到的事，如今就能做到了？老臣们纷纷劝神宗徐徐图之。

新官上任三把火，更何况新君即位，神宗怎么能听得进去呢？于是他立刻想到一个一直蛰伏在基层试行变法的人才——王安石（字介甫）。君臣二人果然一见如故，相谈甚欢。年轻的皇帝心潮澎湃，仿佛看到一个繁荣昌盛、国富民强的大宋王朝在向自己招手。

说干就干，宋神宗起用王安石为参知政事，王安石立刻组建起变法小分队"制置三司条例司"。由此，历时十八年的一场大变革正式拉开了序幕。

王安石战斗力惊人，几乎每天都在颁布新法度、新条例。但很快，年轻的神宗就感受到了急功近利带来的后果——不绝于耳的谗言和朝堂上的重大分歧。

这边王安石带领他的变法班子正大刀阔斧地推陈出新，另一边以司马光为首的旧臣元老自动抱团组成反对派，逐条抨击新法弊端。两派明争暗斗，年轻的神宗夹在中间左右为难。最终，变法派在这场较量中胜出，以司马光为首的反对派纷纷撂了挑子，司马光引退洛阳，自此十五年不谈国事，一心一意撰写《资治通鉴》。

公元 1069 年，结束丁忧的苏轼、苏辙一返回京师就卷入了这场风波。苏轼复职殿中丞，实差判官诰院，很快站在了欧阳修等反对派这一边，而苏辙则被派往变法机构，成了王安石的属官。

作为坚定的反变法派，苏轼上一篇《议学校贡举状》，表明自己的反对立场，并在《上神宗皇帝书》中指出神宗"患求治太速，进人太锐，听言太广"，等等。

自变法以来，神宗不知听了多少反对的声音，自以为已经很有免疫力了，然而苏轼这两句还是让他听得心里一"咯噔"：难道我真的操之过急，摊子铺得太大了？

看着苏轼的文章，回想着苏轼的意见，神宗确实认识到苏轼的过人之处，然而，变法之路必然是要坚定走下去的。所以这一年，神宗和王安石为了苏轼的人事调动问题没少争执：神宗想调苏轼修《中书条例》，王安石不同意；神宗想安排苏轼做自己的机要秘书，王安石再次反对。

这年年底，王安石终于将苏轼赶出朝堂，让他做了开封府判官。除此之外，朝堂上每天都有人在请辞，正是"年年送人作太守，坐受尘土堆胸肠"。

旧臣纷纷离职，皇帝必然要广招贤才，甚至不惜许之重金美玉、高官厚禄，然而明眼人都知道，这等招法，招来的只能是投机取巧之辈。

人人都懂，但并不是人人都会挂在嘴边，比如苏辙。苏辙在与变法派吕惠卿产生不可调和的矛盾后便自请调任，从此再不言新法种种。偏偏苏轼是个例外，碰到看不顺眼的必然要"如食中有蝇，吐之乃已"。坦诚率直、锋芒毕露、不懂假饰，苏洵对苏轼的担忧再一次应验了。

苏轼三番两次上书皇帝，奉劝皇帝要"结人心、厚风俗、存纪纲"，皇帝不做反应，就接着上书，指出变法的危害："今日之政，小用则小败，大用则大败，若力行不已，则乱亡随之……"

连变法派都知道，神宗不做反应是想保苏轼，但耿直的苏轼可管不了这么多，直接和吕惠卿杠上了，气急之下又写一篇《拟进士对御试策》，说当前朝局如"乘轻车，驭骏马，冒险夜行，而仆夫又从后鞭之"，尔尔。神宗气量再大也无法忍受这般挑衅了，于是跟王安石一商议，给苏轼扣上了一个"不知轻重"的帽子。

变法派见神宗不再庇护苏轼，立刻罗织罪状弹劾苏轼，说苏轼兄弟二人假借扶丧的名义，借官船做起了盐、瓷买卖。欲加之罪，何患无辞，苏轼百口莫辩。一番折腾，数月无果，最终由老臣司马光、范缜出面作保，这件事才算了结。

几年下来，苏轼折腾得也累了，不免思考起人生得失、生命意义，好在他天性乐观，越想越开怀：人生在世，才活几天啊，总不能天天闷闷不乐地过日子吧！再加上经此一事，苏轼再也无心朝堂纷争，一纸上书请求外放。

那么，神宗会答应苏轼的请求吗？如若外放，苏轼又会被外放到哪里呢？

"地理发现"

开封龙亭公园

龙亭公园坐落于开封城内的西北角，占地面积超过 1300 亩，其中水域达 710 亩。园内环境幽雅，景色迷人，是一处融合了历史文化和自然景观的宝地。

龙亭公园以清朝万寿宫建筑群为核心，包括午门、玉带桥、朝门、照壁、朝房、龙亭等建筑，以及北宋皇宫拱宸门遗址、碑亭、北门、东门等，构成了一幅宏伟壮丽的历史画卷。园内还有潘杨二湖、四季同春园、盆景园、植物造型园等园林景观，展现了北宋时期皇宫建筑的雄浑气势和园林景致的秀美风情。

龙亭大殿是园内的重要建筑，高 26.7 米，气势雄伟。殿内设有中国首座大型宋代蜡像馆，63 个人物的蜡像栩栩如生，展示了宋代的文化风貌。

前生就曾到杭州

　　神宗本就是苏轼的铁杆粉丝，怜惜苏轼的才华，因此与王安石百般争吵，才给苏轼争来一个不错的地方官——杭州通判。

　　公元 1071 年，宋神宗继位的第四年，盛夏之际，苏轼带着一家老小，乘船离开汴京这个是非之地。此时，陪伴在苏轼身边的是继室王闰之。王闰之同样是进士之女，出身于书香门第，还是王弗的堂妹，于王弗过世三年后做了苏轼的继室，从此跟随苏轼"身行万里半天下"。

　　远离尘嚣，苏轼的心情也豁然开朗起来。一家人由开封出发，走水路先去陈州（今属河南周口）探望弟弟苏辙。至亲团聚，好不热闹，说好的顺路探望，结果一住就是两个多月。

　　苏轼下一站打算直奔颍州（今安徽阜阳），探望已致仕闲居于此的恩师欧阳修。苏辙大腿一拍，自然也要同去。欧阳修当时已退休一年，把小日子打理得那叫一个意趣盎然，并自号六一居士：琴一张、棋一局、酒一壶、书一万卷、金石遗文一千卷，外加一老翁。

　　欧阳修带着苏轼兄弟俩遍游颍州，三人超越师生情谊，忘年而交，一起饮酒赋诗，好不快活，所以苏轼在此逗留二十多天，才依依不舍地告别恩师和弟弟苏辙，往杭州赴任去了。

　　苏轼一家，一路走走停停，游山玩水，到杭州时已是暮秋，然而苏轼还是立刻就爱上了这片潋滟的湖光山色。他不由得对闰之说："我一定前世就来过这里，不然怎会觉得这里如此熟悉！"后来更在诗中写道："我本无家更安往，故乡无此好湖山。"

　　苏轼的官邸安置在了凤凰山顶，处理公文累了，起身伸个懒腰就能俯瞰西湖全景，向南望便是钱塘江：人生怎会如此舒畅！我定不负此番风光。

　　于是，苏轼白天遥望着西湖，夜里批完公文也不肯回家，必要泛舟西湖，对着月影小酌几杯，正是"新月如佳人，出海初弄色。娟娟到湖上，潋潋摇空碧"。到了湖中央，苏轼任小船飘荡，忽闻朵朵荷花香，低头逗弄着绕在船边讨食的鱼群，不免吟上几句："放生鱼鳖逐人来，无主荷花到处开。"

　　有时赶上疾风骤雨，苏轼就更不肯回家了：肆虐的狂风和豆大的雨点都丝毫不能动摇西湖的楚楚动人，待到雨后初晴，又是一番别样风情。

就像西湖美景之于苏轼一样，苏轼之于杭州也留下了许多美好的传说。许多妙龄女子听闻苏大才子经常泛舟西湖，于是趋之若鹜，想要一睹风采。

这天，苏轼正与三五好友宴饮于西湖，忽逢骤雨，一艘画舫向他们徐徐驶来，一位模样清秀可人的少女邀请他们上船避雨。三五人便上船继续畅饮，忽闻一阵悠扬的曲调，正是《长相思》，接着一群仙子从船内悠然飘出，伴着筝声翩翩起舞，领头的正是邀请他们上船的少女。那少女刚刚还一身素衣、清丽淡雅，现在换了一副扮相，浓妆艳抹、长袖徐舒，竟也别有一番韵味，就像这西湖，晴时潋滟，雨后清幽。湖光与佳人相映成趣，苏轼灵感突至，写下那首千古名篇《饮湖上初晴后雨二首·其二》。

🌿 饮湖上初晴后雨二首·其二

水光潋滟晴方好，山色空蒙雨亦奇。
欲把西湖比西子，淡妆浓抹总相宜。

众人只道此诗写的是西湖旖旎的风光，实则寄寓了诗人初遇佳人时为之心动的感受，这位佳人正是王朝云。朝云聪慧机敏，向来仰慕苏轼的才华，当下表示愿追随先生一生。王朝云后来深得苏轼夫妇的喜爱，并陪伴了苏轼二十多年，一起度过了很多艰难的岁月。

如果说在苏轼眼里，西湖是美人，那么八月十八钱塘江那汹涌的潮水就是铁骨铮铮的汉子。苏轼目睹汹涌的江水，轰隆隆地翻滚着击打在了岸边，顿时化作一团积雪，刚刚直入云霄，顷刻间又涌到眼前。苏轼像个孩子一样，任由浪花肆意打湿衣衫。眼前的景观，令他心潮澎湃，于是他写出了歌咏钱塘江的名作《八月十五日看潮五绝》。

杭州这湖光山色中藏了不少文人名士。苏轼经常漫游名山古寺，结交了不少隐居于此的高僧。与名僧交往时间长了，苏轼恍然生出一种自己前生是杭州一名僧人的错觉，不然怎会对这里的一草一木都如此熟悉？尤其西湖边上的寿星寺，苏轼进门之前就知道了这里的台阶有92级，朋友仔细数了一数，果然一级不差。所以，苏轼才说："前生我已到杭州，到处长如到旧游。"

游玩之余，苏轼更是爱上了这里的人间烟火气，他遍访民间，看炊烟袅袅，看春耕夏忙，写出了"西崦人家应最乐，煮芹烧笋饷春耕"这样充满人间烟火气息的诗句。

然而，百姓安居乐业的场景总是理想化的，经不起一点儿风吹草动，一旦自然灾害来袭，炊烟袅袅就变成了哀鸿遍野。

37

"地理发现"

杭州西湖

西湖位于浙江省杭州市西部，是中国首批国家重点风景名胜区之一。

西湖三面环山，占地9585亩，宽2800米，长3200米，绕湖一周近15000米。湖面被孤山、白堤、苏堤、杨公堤等分割，形成了外西湖、西里湖、北里湖、小南湖及岳湖等五片水域，苏堤、白堤如同绿色的丝带在湖面上舞动，小瀛洲、湖心亭、阮公墩三个人工小岛点缀其间。

夕阳西下，雷峰塔与保俶塔交相辉映，一座古朴、一座俊秀，宛若两位沉静的守望者屹立湖畔。山光水色交相辉映，构成了"一山、二塔、三岛、三堤、五湖"的独特景观格局。

2011年6月24日，西湖被列入《世界遗产名录》，这一殊荣更添了西湖的魅力。西湖不仅是杭州的骄傲，更是中国文化的象征。无论是湖光山色，还是古建艺术，都令人心驰神往，流连忘返。

当言无不尽，当吃须尽欢

熙宁六年夏，杭州大旱，东南地区发生了大饥荒，作为地方父母官，苏轼急在心头，恨不得日夜长在田间地头。然而，仅凭一己之力，哪怕他宵衣旰食，又怎能力挽狂澜？于是，他将对民众的悲悯化作笔墨，替百姓控诉道："汗流肩赪载入市，价贱乞与如糠粞。卖牛纳税拆屋炊，虑浅不及明年饥。"又言："老翁七十自腰镰，惭愧春山笋蕨甜。岂是闻韶解忘味，迩来三月食无盐。"

39

苏轼的这些诗歌，道出了百姓心中的苦楚，于是被竞相传抄，很快传到京师。在民众心里，这些诗歌是善念是慈悲，然而到了有心者那里就成了对新法的不满。

很快，朝廷调集粮食赈灾，苏轼被派往常州（今江苏常州）、润州（今江苏镇江）两地发放灾粮，忙到除夕夜都无法赶回来与家人团聚。当苏轼完成使命归来时，杭州知州陈襄任满要被调离此地，杭州的两位地方官抱头痛哭，想起二人往昔诗文相和的场景，苏轼以词牌名《虞美人》写下一首《有美堂赠述古》，词的下阕为"沙河塘里灯初上，水调谁家唱？夜阑风静欲归时，惟有一江明月、碧琉璃"。

九月，苏轼任满，朝廷诏令，苏轼被任命为密州（今山东潍坊诸城）知州，而当时苏辙也被调任济南（今山东济南），兄弟俩阔别三年后第一次离得如此近。

苏轼一到密州上任就遇到了大麻烦——蝗灾。其实，他还未从杭州离任时，杭州各县也有闹蝗灾的，如今来到密州，才发现蝗灾的根源原来在这里。而且密州从入秋就开始大旱，明年注定青黄不接，恐怕又将迎来一场大饥荒。所以，苏轼一到任上就马不停蹄地奔波在田间，寻找治理蝗灾的妙方。

奔波劳碌中，苏轼迎来了到密州之后的第一个春节，由于心里装着事，纵然面对桌子上的饭菜也是食之无味。

正月过后，苏轼再次投入繁忙的公务中，然而直到春耕，无论旱情还是蝗灾均不见好转，大饥荒如期而至。苏轼再次上山祈雨，没想到老天仿佛听到了这位才子的呼声，竟然真的降下甘霖。可是，一次甘霖解不了长久的干旱，谁也没能料到这次旱情、蝗灾竟持续了三年。密州陷入严重的饥荒，一时间饿殍遍野，一些没有饿死的人沦为盗贼，儿童无家可归、妇女无处可依。苏轼在打击盗犯的同时深刻认识到，这只是治标不治本，根本问题在于贫穷。老百姓有了生路，怎会铤而走险？

自蒙受陷害、调离京师后，苏轼曾发誓不再上书朝堂，然而面对百姓苦楚，他再也忍不住了，一口气呈上《论河北京东盗贼状》《上韩丞相论灾伤手实书》两篇政论，请求朝廷暂停青苗税，且对新法提出了一些改良意见。

此时的朝堂形势更加严峻，连王安石都被罢免。尽管苏轼已经说得很保守了，仍然得罪了不少人。呈上的政论如石沉大海，苏轼只得借诗文发发牢骚，《莫笑银杯小答乔太博》就是苏轼借自嘲讽时政：我一个拿着两千石俸禄的知州，竟然无钱买酒招待客人！

两篇政论，这些诗文，加之在杭州写下的那些令有心人不满的诗句，足以让人置苏轼于死地，只是这时的苏轼对此还浑然不觉。

来密州一上任，就遇到治不完的蝗虫和缉不完的盗贼，公务繁忙到竟抽不出一点儿时间与近在咫尺的弟弟团聚，最大的问题是，苏轼这位饕客，难以忍受密州粗鄙单调的饮食，在与蒋夔的通信中，他写道："剪毛胡羊大如马，谁记鹿角腥盘筵。厨中蒸粟堆饭瓮，大杓更取酸生涎。"

41

好在身边有一位温婉贤淑、善解人意的妻子时时劝慰："吃不惯，我们就自己做。无法改变环境，我们就迁就环境、改变自己。"这对苏轼的启发很大，也就是从这时起，苏轼开始真正思考如何调整自己的心态。他想起少年时读过的《庄子》，庄子说过，一个人要想达到超越世间生死、贵贱、荣辱这般自由的境界，只有两个方法：一是顺天时、安天命，因为知足者常乐也；二就是看破事物的两面性，即任何事都是相对的，苦与乐全在一念之间。

重读《庄子》后，苏轼果然逐渐开朗起来，这一思想转变还被他记录下来，写成《超然台记》，说：人啊，超然于物外，无往而不乐，如若不能，事必悲哀。

苏轼终于从苦闷中走出，也是这时，他的"吃货"本能得以觉醒，他养成了收集食谱、钻研菜式的习惯。没有什么是一顿美食解决不了的，如果有那就两顿。高兴之余，苏轼还填词一首，正是《望江南·超然台作》。

🌿 望江南·超然台作

春未老，风细柳斜斜。试上超然台上看，半壕春水一城花。烟雨暗千家。
寒食后，酒醒却咨嗟。休对故人思故国，且将新火试新茶。诗酒趁年华。

好一句"诗酒趁年华"。这里没有诗情画意，没有金齑玉脍，但有一马平川，有胡羊大马，为什么不添新火煮新茶呢？豁达的胸襟、超然的情怀跃然纸上。

地理发现

密州超然台

密州素有八大胜景，其中以超然台为首。超然台，位于诸城市政府北侧，高10余米，长逾150米，总筑面积超过10.5亩。此台由苏轼在熙宁七年（公元1074年）任密州知州期间建造，成为当时密州的地标性建筑。

苏轼在超然台上留下千古名篇《水调歌头·明月几时有》，表达了对弟弟苏辙的思念之情。苏辙则在接到苏轼来信后，以《老子》中的"虽有荣观，燕处超然"为引，撰写了《超然台赋》，将自己的思绪倾诉于文字之间。苏轼见信后赞叹不已，将台名定为"超然台"，展现出兄弟之间的默契与理念一致。

超然台作为苏轼、苏辙兄弟二人共同筹建的象征，承载着他们对人民的关怀与对家乡的眷恋。在超然台上，苏轼留下《超然台记》，将自己的感悟与情感倾注其中，使得这片土地更加富有诗意和历史厚重感。

今日的超然台，依旧屹立在诸城，承载着千年的风雨沧桑。它不仅是一座建筑，更是一段历史的见证，一种情感的传承。

世间悲乎欢乎？

不过尔尔

公元 1075 年 **密州** [39岁]

在杭州，西湖的诗情画意激发出苏轼性格中浪漫、细腻的一面，所以他说"欲把西湖比西子，淡妆浓抹总相宜"。在密州，辽阔的北国风光碰撞出他雄浑豪迈的一面，所以他说"老夫聊发少年狂，左牵黄，右擎苍"。苏轼通过反思，决定以超然的心态接纳密州生活，塑造一个全新的自己。也就是从这时起，苏轼的词越写越豪迈。

44

公元1075年，初冬时节，大约经历了第一场雪，苏轼放下繁忙的公务，与友人相约出城打猎。苏轼不是天生的猎手，而且作为一位年近四十岁的地方官，让他猎鹰猎虎是不可能的，顶多跑跑马、猎猎兔，所以这次打猎绝非什么壮举。然而，苏轼以他雄浑壮阔的语言、豪情万丈的胸怀，勾勒出一幅声势浩大、场面壮观的太守出猎图——《江城子·密州出猎》。

🍃 江城子 · 密州出猎

老夫聊发少年狂，左牵黄，右擎苍，锦帽貂裘，千骑卷平冈。为报倾城随太守，亲射虎，看孙郎。

酒酣胸胆尚开张。鬓微霜，又何妨！持节云中，何日遣冯唐？会挽雕弓如满月，西北望，射天狼。

苏轼从杭州开始填词，但当时的词多交由歌姬演唱，风格较为温婉，再怎么写也难出柳永词之右。而这首词别具一格，苏轼第一次将诗词结合，唱出了豪迈之风。词人聊想少年模样，以出猎开始，以利箭射敌收尾，通过巧妙的艺术构思，从一桩生活中的小事写出了波澜壮阔的爱国情怀。当时宋王朝已受西夏侵扰多年，而辽国也日渐崛起，狼子野心欲盖弥彰，苏轼放下个人得失，深深关切国家危亡，胸中弃笔从戎、报效沙场的豪迈情怀油然而生。从此，苏词豪迈之风，一发而不可收。

密州三年，是苏轼心境转变的重要节点，也是苏词集大成的一个时期。第二年中秋，苏轼因公务繁忙而不能看望弟弟苏辙，看着当空皓月，触景生情，对酒当歌，喝得酩酊大醉时，写下了这流芳千古的中秋第一词——《水调歌头·明月几时有》。

水调歌头·明月几时有

丙辰中秋，欢饮达旦，大醉，作此篇，兼怀子由。

明月几时有？把酒问青天。不知天上宫阙，今夕是何年。我欲乘风归去，又恐琼楼玉宇，高处不胜寒。起舞弄清影，何似在人间。

转朱阁，低绮户，照无眠。不应有恨，何事长向别时圆？人有悲欢离合，月有阴晴圆缺，此事古难全。但愿人长久，千里共婵娟。

　　当年来密州赴任，苏轼是开开心心而来，没想到一来到密州就遭遇莫大的困境，倒霉事一桩桩一件件接踵而至，政治上的失意、官场上的坎坷、生活上的不适让他倍感疲劳，转眼三年任期将满，竟无法与苏辙见上一面。所以，在这样一个中秋，苏轼借着大醉，问那天上人自己还能不能返回天上（朝堂）去？天上太冷，不能回去也便罢，我在人间（地方）"起舞弄清影"（有一番作为）也是一样的。做人，如果胸中总是

被忧愁愤恨填满，哪还有地方装下快乐？月亮有阴有晴、时圆时缺，人间总有悲欢离合，为何硬要让自古就无法圆满的事圆满呢？那岂不是跟自己过不去吗？苏轼通过自问自答，展现出一个由悲至欢的思绪过程，表达出自己积极乐观的心态。

密州三年，苏轼亲自寻访灭蝗的方法，鼓励百姓下田除蝗虫卵，果然治蝗斗争小有成效。同时，苏轼认为大旱当前，至少要解决百姓饮水问题，于是四处寻找水源，终于在常山一带琢石为井，满足了密州百姓日常饮用水需求。

密州连年大灾，儿童流离失所，苏轼想方设法拨出数百石官粮，用于收养弃婴，并张贴告示，表示愿意领养弃婴的家庭可每月领取政府补助粮。苏轼虽不能以一己之力力挽狂澜，却以一己之力救活了数千名儿童，真正做到了他所说的"起舞弄清影，何似在人间"。

公元 1076 年底，苏轼接到转任徐州（今江苏徐州）的诏令，密州依然天灾人祸，盗贼依然猖獗，离开的那日，苏轼遗憾万千，自认心中愧对密州的百姓，然而百姓千里相送，因苏轼的离去而痛哭流涕。

"地理发现"

密州韩王坝月

诸城八景中，韩王坝月说的正是韩信坝旧址夜晚的景观，韩王坝位于诸城市相州镇古县村东的潍河上。一千八百年前，韩信在这里智谋战斗，指点江山，此地也正是著名的潍水之战的战场。

站在韩王坝旧址，一片气势磅礴的景象尽收眼底。潍河在这里急转弯，河床骤然变窄，形成了一道峡谷，怪石嶙峋，水流湍急，仿佛天地间的奇迹。这里曾是韩信智谋战斗的舞台，他用计囊沙壅水，智取楚军，谱写了一曲惊心动魄的战歌。

在皓月当空的夜晚，韩王坝又会展现出别样的魅力。潍河边怪石累累，大小不一的石坑如明镜般闪烁着月光，远远望去，满坝明月星罗棋布，璀璨夺目，成就了这壮观的"韩王坝月"之景。

洪水孤城，冲在救灾第一线

公元 1077 年春，苏轼携家眷赴徐州任职前，特意经过济南探望苏辙，自颍州欧阳修处一别，兄弟二人已经六年未见。春寒料峭，苏家兄弟在寒风中相逢的那一刹那，顿觉温暖无比，苏轼心头累积数年的悲欢终于找到了可以倾诉之人。

月余之后，苏辙接到了去往南京（今河南商丘）的任命。相聚的日子总是短暂的，很快，兄弟二人带着家眷各奔东西。

公元 1077 年,熙宁十年四月,苏轼到任,七月,徐州上游大雨连连,澶州(今河南濮阳西南)辖内黄河决堤,冲没了三十万顷良田。这个消息,犹如晴天霹雳,立刻将沉浸在别离悲伤中的苏轼震醒。洪水万一泛滥到徐州该怎么办?必须做好万全的准备,于是一州太守撸起袖子与民众一起加固堤坝,为抗洪做准备。

那年,徐州百姓在战战兢兢中度过中秋,果然,中秋一过,倾盆大雨如期而至,且一下就停不下来。洪水还是来了,轰隆隆一声巨响,如猛兽咆哮着从城北席卷而来冲向城南,然而城南伫立着两座大山,洪水一旦遇山受阻将会马上向北回旋,到时就要倒灌入徐州城内。

苏轼站在城墙制高点观察着洪水的动向,立刻命人关闭城门,调集百姓,加固城墙。然而城中百姓并不了解洪水走势,纷纷收拾细软要出城避祸,关闭城门这一举动引发了民众极大的不满。这时再去解释水势显然是徒劳的,苏轼计上心来,稳坐在城墙上呼吁民众:"有我苏轼在,洪水定不会破城!大家快回家吧!"

总算稳住了民心。可苏轼深知,坐等天意不是个办法,必须自己想出路,他想到调动驻军。按照大宋律法,地方官员无权调动军队,但事出紧急,苏轼想不了那么多了,他冒着大雨,裹着满身的泥浆就来到了禁军首领面前。首领一看"左牵黄,右擎苍"的太守这般狼狈,立刻集结士兵,跟着苏轼一起奔赴抗洪前线。

军民一心力量大,终于赶在洪水回旋之前,在东南方向筑起一道长堤。静等洪水退去的日子何其煎熬,苏轼忧心如焚,每日蓑衣草鞋,冒着大雨、踏着泥浆奔赴在每一个危险的地方。大禹治水三过家门而不入,

苏轼一连两个月过家门而不入，与军民吃住在城墙上，时刻观察洪水的动向。

城外洪水肆虐，时不时浮现一些尸体，有牲口，也有人。苏轼痛心疾首，立刻广招水性好的勇士，组织一个"敢死小分队"去城外救人。出发前，他对这些勇者说："尽己所能，能救多少救多少。"

这场洪水从八月下旬一直持续到了十月初才慢慢退去，十三日，上游澶州喜报，黄河回归故道，徐州城安全了。历经数十天，苏轼头发白了一半，妻子都不敢相认。

稍作休整后，苏轼做了一个重大决定——修筑防洪堤坝，他再也不想让老百姓重复那般噩梦了。说干就干，经多番考察和筹划，苏轼终于拟定出一套施工方案，又最大限度地控制了经费预算，才将这份方案上报给朝廷，请求拨款。为了促成这件事，苏轼还动员了在京城为官的朋友，请求从中斡旋。

　　经多方努力，元丰元年，朝廷的批复和款项终于下来，一并下来的还有神宗对苏轼抗洪救灾的褒奖。然而，款项并不足以重修大堤，苏轼又召集水利工程人员，最终决定在城墙外围修建一条坚固的木坝，同时加固城墙，在东门城墙上再建起一座大楼。但最后经费还是不够，苏轼只好拆掉项羽霸王故宫，用所得木材才完成了这项工程。

　　公元1078年中秋过后，防洪大堤和大楼同时竣工，因土克水，所以给此楼涂上黄泥，故名黄楼。九月九重阳佳节，苏轼邀名士登高楼，与民众一起欢庆竣工盛典。苏轼遥望城外风光，静谧而祥和，高兴之余而作《九日黄楼作》。

🌿 九日黄楼作（节选）

去年重阳不可说，南城夜半千沤发。
水穿城下作雷鸣，泥满城头飞雨滑。
黄花白酒无人问，日暮归来洗靴袜。
岂知还复有今年，把盏对花容一呷。
莫嫌酒薄红粉陌，终胜泥中千柄锸。
黄楼新成壁未干，清河已落霜初杀。

　　后来，苏轼经常邀请朋友来黄楼游赏吟咏，苏辙、秦观均为此楼作过赋。除黄楼外，徐州还有许多名胜古迹，颇具传奇色彩的燕子楼就是其中之一。总之，借着苏轼和黄楼的大名，当时的文人名士纷纷来此相聚，徐州这个当时偏远、不起眼的小城着实火了一把。

"地理发现"

徐州黄楼

江苏省徐州市黄河南岸大堤上矗立着一座双层飞檐的古建筑——黄楼。作为徐州五大名楼之一，黄楼承载着苏辙、秦观等文人墨客的足迹，他们曾在此登高远眺，吟诗作赋，赞美这山水之间的壮美景色。

九百余年前，黄河决口，洪水肆虐，苏轼率领当地军民奋勇抗洪，功成后命人加固堤坝，又于城墙上起一座高楼，正是黄楼。后来黄楼在历史的沿革中被毁，如今的黄楼是 1988 年重建的。楼内安置众多碑刻，其中苏辙所撰写的《黄楼赋》更是流传千古，记录着那段与洪水搏斗的壮举。

徐州黄楼的每一块砖瓦，每一处雕梁画栋，都承载着岁月的沉淀和文化的沉香。登上黄楼，远眺山河，仿佛能听到历史的悠悠古韵，感受到文人墨客留下的诗情画意。

『苏门六君子』
神聚徐州

　　自请外任后，苏轼经杭州、密州、徐州近十年的磨砺，阅历不断增长、思想日渐成熟，所作诗、词、文冠绝天下，已无人能出其右，而他的书法和绘画艺术也独领风骚。

　　政治上，苏轼也真正做到了执政清明、心系百姓，至徐州抗洪救灾的成功，苏轼的人气达到巅峰，每每出游，他便像磁铁般吸引众多粉丝跟在身后。而他的人格魅力又何止于此？天下文人名士因他而神聚徐州，纷纷送上拜帖，表示愿追随苏公门下。

公元 1078 年，42 岁的苏轼在徐州正式收黄庭坚（字鲁直）为门人。黄庭坚的岳丈和舅舅都是苏轼的老友，黄庭坚自然近水楼台，不过苏轼也确实慧眼识珠，看到了黄庭坚的才华，于是二人双向奔赴，而这对师徒不但成为北宋文坛两大文学巨匠，他们的友谊更被后人传为佳话。

苏轼的第二个门人是个叫秦观（字少游）的青年俊杰，他自高邮（今江苏高邮）远道而来，拜会偶像。苏轼此前从未见过秦观，但秦观极为擅长模仿苏轼的文风，苏轼因此对他有所耳闻。此次会见，秦观作《黄楼赋》充分表达了对苏轼的仰慕之情，而苏轼作《太虚以黄楼赋见寄作诗为谢》和之，表达了对这位后生的赞誉之情，同时对他寄予厚望。

苏轼与晁补之（字无咎）的师徒情分，其实早在杭州时就开始了，当时只有 17 岁的晁补之以一篇《七述》打动了苏轼，成为"获侍于苏公"的第一人。后二人亦师亦友，晁补之在苏轼这里不但诗文上受益匪浅，书画方面也得到不少的指点。

苏轼早在密州时就听说了张耒（字文潜），当时苏轼在修超然台，张耒为此而作《超然台赋》，得到了苏轼的夸赞，说他的文章"汪洋澹泊，有一唱三叹之声"。后来，张耒与黄庭坚、晁补之等人参加太学学士院考试，一同被擢拔。

黄庭坚、秦观、晁补之、张耒，时人将此四人称为"苏门四学士"，再加上陈师道、李廌，此六人先后拜入苏公门下，被称为"苏门六君子"，而他们日后均成为北宋文坛上耀眼的明星。

苏轼在徐州短短两年，结识的妙人却是不少，其中有一位十分特别，是个和尚，法号道潜。

道潜最初与秦观交游甚好，在秦观的引荐下，道潜前来徐州拜会苏公。苏公当时正在席上与友人酣饮，大概是喝多了，竟让席间一歌女向道潜索要诗歌，道潜挥笔写下："禅心已作沾泥絮，不逐春风上下狂。"委婉巧妙地拒绝了苏公的戏弄，优雅又不失风度。苏轼心中敬佩之情油然而生，自此与道潜结下不解之缘。后来，苏轼突遭横祸、被贬黄州（今湖北黄冈黄州区）时，道潜不远千里前去探望，二人因此成为终生挚友。

苏轼在徐州颇有政绩，诗酒俱佳的妙人纷纷前来拜会，可以说苏轼在徐州过得十分充实。然而，快乐的时光总是短暂的，公元1079年三月，朝廷诏令苏轼移任湖州（今浙江湖州）。

苏轼走的那一天，全城百姓拥挤在道路两旁送别这位曾同他们生死与共的父母官。之前离开密州时，苏轼心有不舍，是因为密州仍然千疮百孔，匪盗丛生，苏轼舍不得那里的百姓受苦；今天，苏轼同样不舍，是因为他曾在这里豁出性命、取得成就，他深深眷恋这里的一草一木。情动之下，苏轼写道：

🌿 罢徐州，往南京，马上走笔寄子由五首·其一

父老何自来，花枝袅长红。
洗盏拜马前，请寿使君公。
前年无使君，鱼鳖化儿童。
举鞭谢父老，正坐使君穷。
穷人命分恶，所向招灾凶。
水来非吾过，去亦非吾功。

时年四月，苏轼在扬州蜀冈（今江苏扬州邗江区）驻足，不是因为扬州太守的挽留，而是因为这里的平山堂是先师欧阳修任扬州知府时修

建的。二十年前，欧阳修对初出茅庐的苏轼寄予厚望，说："我老将休，付子斯文。"十年前，苏轼赴任杭州前专门来此拜会欧公，师生宴饮于此，第二年欧阳修过世，如今苏轼再过平山堂，看到墙上欧公留下的墨宝，感慨道："十年不见老仙翁，壁上龙蛇飞动。"

如今，苏轼不负老师嘱托，已成为北宋文坛的领袖，然而宦海沉浮，苏轼的个性始终与朝堂不合，外放多年，归期仍如梦，殊不知一个天大的祸事将要降到他头上。

"地理发现"

徐州燕子楼

燕子楼，建于唐贞元年间，是武宁军节度使张愔镇守徐州时为爱妾关盼盼而建，楼飞檐挑角，形如飞燕，每逢春天，南来燕子便栖息其间，赋予了楼宇更深的寓意与情感。

千百年来，燕子楼历经沧桑，屡毁屡建，见证了徐州历史的风云变幻。1985 年在日本友人的捐助下，燕子楼再次得以重建，今天我们才能在云龙公园知公岛上欣赏这座古香古色的阁楼。楼前的石碑上还镌刻着白居易《燕子楼》的诗句："燕子楼中霜月夜，秋来只为一人长。"寄托着对往昔岁月的缅怀与对未来友谊的祝愿。

现在，这里已成为游人观赏游览、了解徐州历史文化的一处景点，更是中日文化交流的桥梁。

人在家中坐，
祸从天上来

　　元丰二年，公元 1079 年的四月，苏轼风尘仆仆抵达湖州。湖州虽不比杭州，却也是"环城三十里，处处皆佳绝"。本来舟车劳顿，但苏轼深吸两口南方特有的温润空气，顿觉疲惫全消，恨不得马上大干一场。

　　苏轼骑马绕城一周，心里已有盘算，回到任所，立刻上书给皇帝《湖州谢上表》。大宋有新任知府谢上的惯例，可苏轼万万没想到，自己的这份上表竟给他引来滔天大祸。

59

哪里来的祸呢？自然是朝堂之上，小人口中。苏轼离开京师的这十年，朝堂发生了很多事：王安石以及变法主力已被罢免，反对派富弼隐退、司马光闭门著书，韩琦、欧阳修过世多年。如今的朝堂，是庸才倾轧、小人当道，这些宵小抱成团，嫉贤妒能，专门打击报复干实事的、声望大的。苏轼从入仕就"名动京师"，被仁宗赞为"太平宰相"，外放后因徐州治水大受皇帝表彰，近两年又在文坛颇具盛名，自然就成了朝中小人打击的对象。

揣摩圣意、构陷忠良，对于这帮小人来说简直手到擒来。他们深知神宗已经做了十几年的皇帝，早已养成独断专行的毛病，再也听不得反对意见，所以即便神宗再喜欢苏轼，他们也有九成的胜算。所以，当苏轼的《湖州谢上表》呈上后，他们立刻察觉到，里面大有文章可做。

时年六月下旬到七月初，权监察御史里行何正臣、舒亶等人接连针对《湖州谢上表》以及苏轼的诗集上书弹劾，他们倒是煞费苦心，不知反复读了多少遍这些诗句，才断章取义摘出一些诗句加以附会，说苏轼"谤讪君上""愚弄朝廷"，还不忘最后总结说苏文"触物即是，应口所言，无一不以讥谤为主"。

当这些诗词和诽谤在神宗心中扎下根时，权御史中丞李定最后出场"下了一场雨"，助它"发芽、成长"。他上奏皇帝列出苏轼的四大罪状，条条当诛：

说苏轼不干实事，闲来无事做文章诋毁朝政，此其一；

苏轼非但不知悔改，还仗着陛下的宽容越来越骄横，此其二；

苏轼的这些诗文，是在蛊惑民心，混淆视听，此其三；

说苏轼枉读圣贤书，自己私欲不满就背后写诗文泄愤，说人坏话，这是明知故犯，此其四也。

这些罪状总结起来就一句话：苏轼在诋毁您啊，陛下！

天天接到诉状，宋神宗再也忍不了了，终于下一道圣旨把苏轼一案移送御史台"根勘闻奏"，就是说苏轼案成了御批的大案，是要立刻刑拘的。

这还了得！苏轼在京师的朋友着了急，最先得到消息的是皇帝的妹夫王诜，王诜与苏轼交往甚密，立刻派人通知在南都（今河南商丘）任职的苏辙，苏辙又遣人报信，希望能赶在御史拘捕之前告知苏轼。而苏轼此时正浑然不知，正与儿子在家中晒书晒画，第二天又会见了从徐州赶来探望他的朋友，之后又带着朋友游览湖州风光，好不惬意。

真是人在家中坐，祸从天上来。好在苏辙的书信赶在了御史的前头，苏轼淡定地向州府告了假、不慌不乱地将事务移交给通判，等着被刑拘。七月二十八日，御史捕头气势汹汹地闯入苏府，逮捕了苏轼，然后就要掏出诏书宣读。

妻子王闰之这才得知苏轼出了事，哭着求御史稍后再宣旨，好让家人能道个别。

苏夫人这么一哭闹，给御史整蒙了："只不过是革职进京的旨意，有什么好诀别的。"

苏夫人这才破涕为笑，一会儿又想都革职进京了，一定是不小的案子，又哭了起来。

苏轼一时不知如何安慰妻儿，突然想起杨朴觐见宋真宗的故事，于是对妻子说："你就不能学着杨朴之妻写首诗送给我吗？"

王闰之见这副情形下苏轼还想着逗她一乐，才稍稍放下心来。然而，事情究竟会发展到什么地步，苏轼其实心里一点儿谱都没有。都说欲加之罪何患无辞，人家想着法儿诬陷你，你纵使有一百张嘴，也难以自证清白。

临行前，苏轼长子苏迈苦苦哀求，终于征得御史同意，与父亲一路随行，好有个照应。苏轼虽然刚任湖州太守，百姓们却蜂拥相送，苏轼的门人、好友无一不前来送别。

一时间，湖州城内悲怆万千。

"地理发现"

湖州飞英塔

浙江省湖州市吴兴区矗立着一座历史悠久、文物价值极高的古塔——飞英塔。这座八边形七层楼阁式塔始建于唐代，原名为"舍利石塔"，后改名为"飞英塔"。塔分为内塔和外塔，内塔为石雕小塔，外塔为砖壁木檐的楼阁式大塔，内部雕刻精美，展现了独特的建筑艺术风格。飞英塔在历史上颇受重视，元、明、清等朝代均有修复或重建。

1988年1月13日，飞英塔被中华人民共和国国务院公布为第三批全国重点文物保护单位。

飞英塔的建筑风格独特，是湖州市的重要地标之一，也是游客在湖州参观的重要景点。其"塔中塔"的设计令人叹为观止，体现了古代建筑工艺的精湛性和创意性，反映了中国古代建筑艺术的精华所在。

之于文字，此去声名不言休

公元 1079 年 **汴京** [43岁]

汉代御史台四周遍植青柏，招来数千只乌鸦栖居于此，黑压压一片，本就庄严的御史台更增添一分阴森肃穆之气，所以人们习惯将御史台称为“乌台”或“柏台”。元丰二年八月十八日，苏轼刚被押解至京，就被关押进了阴森寒冷的乌台。而苏轼这个御批的大案，史称“乌台诗案”。

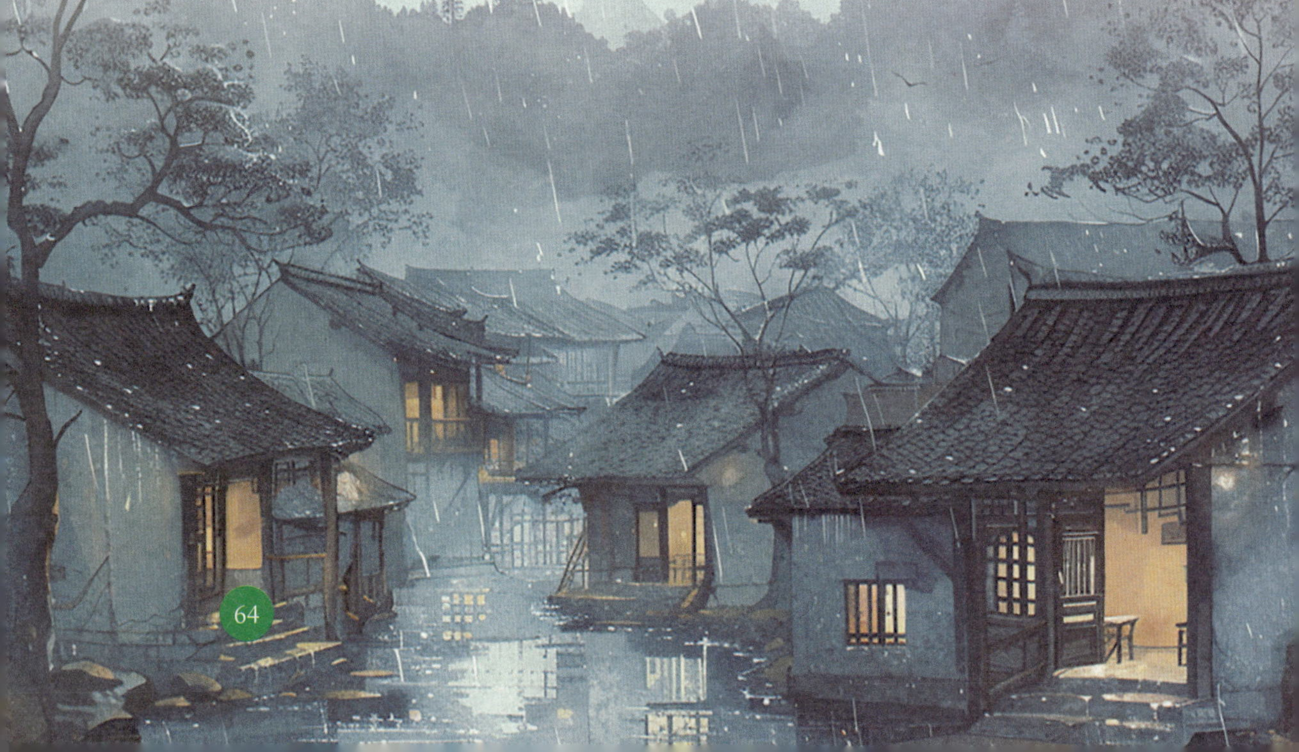

话说，苏轼前脚刚走，朝廷就下达了搜查苏府的旨意，尤其着重搜苏轼的诗文集。御史的人走后，苏夫人看着满府的狼藉，怒不可遏："要这些做什么？"一把火将所剩诗文烧了个一干二净。

关押半个月后，御史台才开始了对苏轼的审讯。苏轼向来心直口快，没什么城府，而御史台这帮小人玩的就是捕风捉影的文字游戏，他们按照审问死刑犯的流程对苏轼展开了审讯，先给了苏轼一个下马威，以攻破他的心理防线。接着这帮老狐狸从天气到吃食，从老百姓日常生活到对青苗法的看法，东一榔头西一棒子，像寻常聊天一样就把苏轼套了进去。于是御史们污蔑苏轼先"隐晦不说"，而后"再勘方招"。

但御史台并没有善罢甘休，继续追问苏轼指控外的诗词，想让他多多招供。为了达成目的，他们竟然向民间广招苏轼散落的诗文，这下可好，单杭州就追缴上来数百首。于是，御史台对苏轼展开了新一轮的折磨，还要他招供与谁来往密切，这些人有没有嘲弄过新法，吟诗唱和时有没有做过讥讽朝堂的文章？苏轼自己认罪可以，让他污蔑友人，牵连他人，那是打死都不能从的。

御史台于是故伎重施，反复磋磨苏轼，一次次提审下，果然揪出来不少人，一时间，满朝人人自危，纵然当朝有"不杀士大夫及上书言事人"的祖训，但满朝的文人依然噤若寒蝉。

这天，在群臣等候早朝的时候，李定突然冒出一句："苏轼真是个奇才！"大家正觉莫名其妙、不知所以时，他接着说："二十年前的诗文拿出来，每一篇每一句都能讲出典故出处，不差一字，这不是奇才吗？"说完着实感叹了一番。大臣们各个默不作声，只在心中惋惜这千年一遇的文坛才子。

审讯持续了两个多月，供状竟记录了两万字之多，御史们整理后呈递给圣上，只待结案。

这时的苏轼已经心灰意冷，不但自己稀里糊涂认了罪，还累及家人和友人，再加上听说弟弟苏辙不惜以自己的官位替兄赎罪，更觉万念俱灰。于是在一个寒冷而凄凉的雨夜，黯然神伤，写下凄怆哀怨的《狱中寄子由二首》。

🌿 狱中寄子由二首·其一

柏台霜气夜凄凄，风动琅珰月向低。
梦绕云山心似鹿，魂飞汤火命如鸡。
眼中犀角真吾子，身后牛衣愧老妻。
百岁神游定何处，桐乡知葬浙江西。

苏轼在诗中交代了后事，本意就是不想再牵连家人友人，然而朝堂之上、朝堂之外不断有人站出来为苏轼仗义执言。杭州、湖州一带的百姓自发组织起来为苏轼请命，前吏部侍郎范缜、已经隐退的三朝老臣张方平、当朝宰相吴充纷纷为苏轼求情。

神宗读了苏轼的诗，不禁潸然泪下，心中不免犹犹豫豫，一直不肯结案，这天神宗前去探望祖母曹太后，曹太后看出了神宗的心事，借机提起当年仁宗皇帝称苏轼兄弟为"两个太平宰相"的事情，而后劝说神宗："写几句诗就获牢狱之灾，我朝从未有过这样的事啊！"

这时，已经罢相的王安石也听说了这件事，立刻上书神宗问道："安有盛世而杀才士乎？"一句话点醒了神宗。

十月十五日，神宗诏令大赦天下，这意味着苏轼至少已无性命之忧。这年十二月底，终审判决：苏轼得到轻判，被贬官至黄州，责授检校尚书水部郎、团练副使一职，驸马王诜却因一个"泄密"的罪名被革职削爵，苏辙被贬至筠州（今江西宜春高安市），王巩因与苏轼交往过密被贬至宾州（今广西南宁宾阳县），其余张方平、司马光、黄庭坚等与苏轼有牵连的一众人均遭罚铜处分。

至此，苏轼的牢狱生涯得以结束，出狱那天，他满心欢喜，禁不住高声大喊："平生文字为吾累，此去声名不厌低。"我苏轼尽管遭此罪，但这辈子势必要与文字死磕到底的！

苏轼终于"活了过来"，接下来被贬黄州，他又当如何应对呢？

"地理发现"

汴京大相国寺

　　大相国寺，坐落于河南省开封市自由路西段，是一座历史悠久、气宇非凡的佛教寺院。

　　大相国寺初建立于北齐天保六年（公元 555 年），当时叫作建国寺，后因种种缘由毁于战火，又被郑景改为宅院。唐代佛教兴起后，名僧慧云发起筹款建寺，最终在神龙二年（公元 706 年）将一尊高达 6 米的弥勒像运至开封，经过一系列传奇经历，大相国寺得以重建。延和元年（公元 712 年），睿宗亲自题写了"大相国寺"四字匾额，赐予寺中。

　　北宋时，大相国寺不仅是京师最大的佛寺，更是全国寺院的管理中心。帝王常来巡幸，大臣、亲王祈祷祭神，文人雅士赋诗题咏，皆在此举行。因此，这座皇家寺庙承载着无数历史事件和文化盛事，更是中外佛教及文化交流的中心。

　　1948 年起，大相国寺经过多次修缮而焕然一新，于 1992 年 3 月重新使用。自此，大相国寺这座宏伟壮丽的建筑院落，作为中华文明的瑰宝，吸引着无数人前来探寻历史。

初到黄州，
寂寞沙洲冷

公元 1080 年 **黄州** [44岁]

公元 1080 年的春节，瑞雪并没有挡住汴京城热闹非凡的喜庆气氛。有人欢喜有人愁，苏轼在差役的押送下，冒着漫天的飞雪踏上了去往黄州的征程，而弟弟苏辙则要去往筠州任职。

　　兄弟二人约定在陈州（今属河南周口市）小聚，然后再由苏辙负责将两家人送往各自的任职地。苏轼倍感欣慰又不免辛酸，想到身为兄长却总要弟弟为自己操心，受自己连累，又深感愧疚，猛然忆起父亲当年作《名二子说》时对兄弟俩的劝诫，果然应验。

　　陈州一聚，苏轼命长子苏迈跟苏辙操持两家搬迁事宜，自己随差役独自上路。辗转一个月的旅程，即将到达黄州时，不想苏轼竟在途中遇到一位故人，正是初仕凤翔时陈希亮太守的儿子陈慥。年轻时，二人就结下了深厚的友谊，如今人到中年，竟不期而遇，心中暖意融融。苏轼追忆陈慥之父陈希亮在凤翔时对自己的"磋磨"，经此番遭遇才真正明白陈太守当年的良苦用心。

　　告别陈慥后，苏轼继续上路，终于在二月份抵达黄州任上，虽然挂着一个"团练副使"的头衔，但朝廷又明令必须在"本州安置，不得签书公事"，也就是说这就是一个无权无职的虚职，而且还不能出黄州。

　　既是犯官，又不涉公事，自然是不配住官舍的。初到黄州，苏轼身无分文，只得在一座寺庙内安顿下来，等待苏辙和长子苏迈带着家人搬过来再做打算。

一个人，身负罪名，又在一个陌生的地方，该如何自处？不过是借酒浇愁、自吟自和罢了。内心烦闷时，苏轼会来到江畔静静地坐着，任听江水轰鸣而过，一坐就是一整天。一日傍晚，苏轼见一只孤雁在半空盘旋，像是迷了路，找不到可以栖息的树枝，如此孤独寂寞，这不正是自己吗？于是写下这首《卜算子·黄州定慧院寓居作》。

卜算子·黄州定慧院寓居作

缺月挂疏桐，漏断人初静。谁见幽人独往来，缥缈孤鸿影。
惊起却回头，有恨无人省。拣尽寒枝不肯栖，寂寞沙洲冷。

一个人独处久了，便能感悟到某些哲理。当苏轼在孤独寂寞中苦苦寻觅自我救赎的方法时，苏辙正带着两大家子人辗转奔波在路上。一想到这里，苏轼哪还有闲工夫坐看云卷云舒！苏轼本就靠俸禄过活，多年来为官清廉，又懒得经营，哪有什么积蓄。如今朝廷扣掉一大半的俸禄，又不给官舍，叫他如何安排家人？最后在友人的帮助下，终于在官府废弃的水上驿站临皋亭得到几间房屋。五月底，苏轼终于盼来了家人。

劫后余生，一家人悲喜交加。

接下来，一个极为现实的问题摆在眼前——夫人带来的积蓄，满打满算也只够一大家子支撑一年的。一年之后呢？苏轼也来不及想那么多，暂且顾好眼下吧！

这一年，上天给苏家的打击注定还未结束：十四岁来到苏家，养育了苏家几代人的乳母过世了；不久又传来苏辙那十二岁女儿染病身亡的噩耗；同时，在成都任职的堂兄子正过世。苏轼痛不欲生，将这接二连三的变故归咎到自己身上。

同一时间，朝廷里的小人还在见缝插针地构陷苏轼，说苏轼任职徐州时没有察觉到李铎、郭进谋反，这是严重的失职。神宗虽然最终没有再深究，但足以让苏轼心惊肉跳一阵子了。

在夫人的劝诫下，苏轼戒了酒，怕酒后失言，给朋友写信时也变得十分谨慎，叮嘱友人不要给别人看信，最好看完烧掉。

飞来的横祸，家中的变故，让苏轼不得不痛定思痛，对自己进行了深刻的反省。初到黄州的日子，苏轼在定慧院养成了禅坐的习惯，终于在梵香缭绕中，苏轼意识到自身的问题，正如父亲告诫过他的"锋芒过盛，不懂假饰"。对于看不惯的事，他轻易发表意见，而那些话不过是些空话、废话，对朝廷社稷一点儿益处也没有，这本就是恃才傲物，所以才落下话柄，遭人构陷，怨不得别人。再掐指一算，已是四十好几的人了，丁点儿的荣辱算什么，大丈夫怎能怨天尤人？不如"忘躯为之，祸福得丧，付与造物"。

苏轼本就胸中辽阔，一旦解开了心灵桎梏，人就开朗起来，开始苦中作乐，享受人生。他写信告诉苏辙自己的人生领悟："吾兄弟俱老矣，当以时自娱。此外万端皆不足介怀。所谓自娱者，亦非世俗之乐，但胸中廓然无一物，即天壤之内，山川、草木、鱼虫之类，皆吾作乐事也。"

一个超然豁达的苏轼满血复活。

"地理发现"

黄州定慧院

定慧院，这个让东坡参透人生、满血复活的地方，如今在湖北省黄冈市黄州区青砖湖社区内，紧靠黄州古宋城东门遗址。

苏轼初来黄州，曾在这里短暂居住过一段时间，并写下了《卜算子·黄州定慧院寓居作》《寓居定慧院之东杂花满山有海棠一株土人不知贵也》等名篇，定慧院也因此名扬。

明弘治年间所编《黄州府志》中记载，定慧院在黄州府城东南，后来定慧院破败废弃，于公元1500年在故址上重修一处建筑予以纪念，称"坡仙遗址"。20世纪50年代，定慧院只留下一处坑洼不平的空地，其上杂草丛生，后有人在此建房时挖出刻有"定慧院"字样的砖石，以及数座僧人坟墓。2011年，黄冈市在原址上重修定慧院古寺，才有了如今的模样。

请叫我东坡，一个热爱生活的自耕农

公元 1081 年 **黄州** [45岁]

　　一转眼，一年过去了，苏轼学会了省吃俭用，但家里本就不多的积蓄还是见了底。接下来该怎么办呢？苏轼心中自有盘算。这半年来，他穿布衣踏草鞋，时常出入山野江边、田间地头，与百姓拉家常，看他们劳作。一来二去，他想如果自己也能有一块自耕地，就不愁养活家人了。

这还得靠苏公平时积累下的好人缘，很快在朋友的奔走下，地方政府批给他一块地。这块地本是一处废弃的营地，五十亩有余，就在城东的一处山坡上，因荒了很久，杂草丛生、瓦砾遍地，闲着也无用，便给了苏轼。苏轼喜出望外，一开春，便找了一个好日子一把火烧了荒，带着全家开始田间劳作。

曾经的太守下地劳作？这事儿真新鲜！邻里乡亲们纷纷跑来看热闹，有的说肥地尚且难耕，何况这片荒了这么久的营地，有的说开荒倒还容易，这往后灌溉怎么办？

看人家劳作容易，自己下地怎就这般狼狈？苏轼这才体会到田间劳作的艰辛，但大话都说出去了，只能一干到底。多日后，一片荒地终于有了耕地的模样，只是这灌溉着实是个大难题。

正蹲在田头发愁之际，家童欢喜来报，说附近有个地方正在冒水，想必是处暗井。苏轼顺着水流探寻源头，发现远处山岭上有一处水塘，水塘平时干涸着，一旦下大雨便会蓄满水，前几日大雨，池塘的水过满而溢，便流到了这荒地上。苏轼于是带着家人挖沟引水，就这样解决了灌溉问题。

几个月后，苏轼在这块自耕地收获了第一批果实——二十余石麦子。苏轼亲自带着家人捣麦，一有时间就钻研麦子的各种烹法，竟让他真的钻研出别具风味的吃法来。

苏轼就这样成了一个快乐的自耕农。有了第一次成功，苏轼大胆地种下稻谷、各种果树，甚至还有朋友寄来的橘树、蔬菜，还计划着解决基本温饱问题后，向安国寺的和尚讨一些茶苗来种。最后，他又凑钱买下一头耕牛，自此专事农耕。

日出而作、日落而息的农家生活，让苏轼倍感充实，仿佛自己成了陶渊明、白居易。白居易也曾在任职之地的东坡上开垦种花，而苏轼这片耕地恰好也在黄州东门的坡地，于是他给这片地取名"东坡"，并自号"东坡居士"。

耕地已经解决，但还需要一处读书歇脚的蔽所，思来想去，他认为还是临田建几间房舍比较方便。又一年正月，苏东坡终于在这片土地上另辟一处平坦开阔的地方，营建了五间房舍。建成时正值春雪纷飞，房屋虽粗陋，远远望去却别有一番风味。于是，苏轼给这房舍命名"雪堂"。

苏轼天性开朗，喜爱热闹，很快这雪堂就聚集了一群朋友，热闹起来，有高不可攀的大人物，也有黄庭坚、秦观、陈慥这样的年轻学子，还有郭子仪的后代、侠客的后代，以及曾经看热闹的左邻右舍。这群人身份悬殊、性情各异，正如苏轼自己所说：上可以陪玉皇大帝，下可以陪卑田院乞儿。

苏轼喜欢这些市井中人，喜欢他们对生活的热爱，因此常常与他们喝酒畅谈、切磋厨艺。苏轼是过得逍遥自在，但苏辙这个做弟弟的不得不为哥哥操操心了，他时常劝诫苏轼不要忘了之前的教训，交朋友一定要小心再小心，但苏轼可不管那些，回信说："吾眼前见天下无一不好人。"

一日田间劳作，遥听家童哼起了小曲，东坡放下锄头环顾四周，泉水汩汩、小溪潺潺、鸦鹊、山亭、山川、斜阳，世间之物怎会如此美好？当下合着拍子填词一首。

🍃 江城子 · 梦中了了醉中醒

梦中了了醉中醒。只渊明，是前生。走遍人间，依旧却躬耕。昨夜东坡春雨足，乌鹊喜，报新晴。

雪堂西畔暗泉鸣。北山倾，小溪横。南望亭丘，孤秀耸曾城。都是斜川当日景，吾老矣，寄余龄。

有一种人，世间万般凶险在他眼中是一马平川，苏轼就是这种人，所以劫后余生，他也能怡然自得，把苦日子过甜：美恶在我，何与于物。

"地理发现"

黄州遗爱湖公园

如今黄州科技经济开发区西侧有一片占地5400余亩的水泊,从天上鸟瞰,这泊湖堪比西湖,湖水河汊沟通,湖湖相扣,湖中还遗留着座座小岛。这便是遗爱湖。

千年前,这里便有这么一泊湖了,只不过当时还没有这么美的名字。苏东坡在被贬谪至此后,赋予湖畔小亭"遗爱亭"之名,虽然遗爱亭早已随历史的风尘而逝,但苏轼却留下了一篇《遗爱亭记》。20世纪90年代,黄州人将城郊的东湖、西湖、菱角湖纳入城市发展规划,并依苏轼的《遗爱亭记》将这片水泊命名为"遗爱湖"。

2006年,黄冈市委、市政府投入4亿元资金,历时5年将遗爱湖打造为一个集休闲娱乐、旅游观光为一体的开放式公园。如今的遗爱湖已经焕然一新,湖水清澈如蓝,湖畔垂柳依依,波光粼粼,流淌着温柔的诗意。

月夜泛舟，
绝唱于赤壁

初来黄州时，苏轼终日郁郁寡欢，长子苏迈便提议陪父亲游历黄州名胜，而这对父子游览的第一处名胜就是赤壁。赤壁实则是一块褐红色的石崖壁，就在黄州城西北的长江岸。这块崖壁突出于江岸，形似鼻子，当地人将这块崖壁称作赤鼻矶。自唐以来，文人墨客时常将赤鼻矶与三国时期的赤壁之战联系起来，久而久之，赤鼻矶就成了赤壁。

79

　　公元 1082 年，苏轼谪居黄州已满两年，农忙时下地耕种，农闲时诗画惬意、思索人生，平日里朋友们也时不时来访，日子倒也过得津津有味。渐渐地，苏轼的心境已与初来时大不相同，好似超然于外物，眼中所见、心中所想，无不优美、无不淡然。

　　这年四月，春耕之后，苏轼再次游览赤壁，徒步登崖，观长江滚滚东流，就像自己坎坷的前半生，已然一去不复返，忽然遥想三国英雄胸中有感而发，写下这旷世名篇——《念奴娇·赤壁怀古》。

念奴娇·赤壁怀古

　　大江东去，浪淘尽，千古风流人物。故垒西边，人道是，三国周郎赤壁。乱石穿空，惊涛拍岸，卷起千堆雪。江山如画，一时多少豪杰。

　　遥想公瑾当年，小乔初嫁了，雄姿英发。羽扇纶巾，谈笑间，樯橹灰飞烟灭。故国神游，多情应笑我，早生华发。人生如梦，一樽还酹江月。

这首怀古词，虽是吊古伤怀，却将浩浩荡荡的江流与千古英雄并收笔下，意境开阔博大、感慨深沉而内敛，开豪放一派，成为中国文学史上一座不可攀越的高峰。

后来，这首词又招来一拨拨旅客，苏轼的那些友人读了这词无一不想要来看一看这赤壁。所以，这年整个夏天，苏轼都忙于招待来来往往的朋友，与他们几次泛舟赤壁，吟诗唱和、吹箫弄曲，时不时地再来一点儿小酒，于是在一个诗情画意的月夜，伴着清风习习，东坡先生兴之所至，对着天上的明月展开吟咏："月出皎兮，佼人僚兮。舒窈纠兮，劳心悄兮。"众人大赞"好"，值此时分，月亮仿佛听到了诗人的夸赞，像一个娇俏的美人从山顶一跃而出。一时间，清风明月、白露灼灼。众人仿佛进入了仙境。

朋友的箫声忽然变得凄怆，苏公正襟危坐问："这是为何啊？"朋友说："遥想当年那场大战，曹公顺江而行，一路拿下荆州、夺下江陵，五彩战旗迎风飘扬，何其威武！可如今呢？不都化作了尘埃。英雄尚且如此，你我这般更渺如蜉蝣！生命真是短暂啊！"

苏公劝道："客亦知夫水与月乎？逝者如斯，而未尝往也；盈虚者如彼，而卒莫消长也。盖将自其变者而观之，则天地曾不能以一瞬；自其不变者而观之，则物与我皆无尽也，而又何羡乎！"意思是说，人之生死、月之圆缺，本就是自然规律，人只要顺应规律，就不会被悲喜所困。天地万物，若不是你的，分毫也不能强求。不如欣赏当下的美景，你看此时这江上的清风、山间的明月，就是你我的！

朋友们听了苏公一番话，皆放下伤怀，开始饮酒作乐，直到天明。后来，苏轼将当晚的情形记录下来，成就旷世名篇《赤壁赋》。

81

这一年，《念奴娇·赤壁怀古》和《赤壁赋》为天下人所唱，苏轼的朋友更是蜂拥而至，都要来蹭一蹭赤壁的热度。

十月十五，苏轼的雪堂迎来两位朋友。一行人带着刚刚烹好的美酒佳肴，伴着皎洁的月光来到赤壁，泛舟而游。然而十月的江水深不可测，赤壁看上去更加险峻肃穆，忽然一只孤鹤从东面顺江低俯而来，苏轼着实吓了一跳。

返家后，苏轼便梦到那孤鹤化身一名道士与他交谈，问他赤壁之游是否尽兴。苏轼陡然惊醒，忙打开门追出去，但除了晚秋的冷风，什么也没有。苏轼于是漏夜将当时的情形记录下来，成就了名篇《后赤壁赋》。

《后赤壁赋》被认为是《赤壁赋》的后续，前篇是苏轼洗尽铅华后的大彻大悟，后篇则以奇诡梦幻的写法寄托了他出世的思想。苏轼在人生低谷时，思想境界得到升华，殊不知他这低谷之于后世文学却是大幸、万幸！

地理发现

黄州东坡赤壁

坐落在湖北省黄冈市黄州区古城汉川门北面的一座山，陡峭如壁，因其红色山石而得名"赤壁"。北宋元丰年间，苏东坡因乌台诗案被贬至黄州，常在此畅怀雅兴，留下《念奴娇·赤壁怀古》及前后两篇《赤壁赋》等传世之作。后人因此将赤壁与苏东坡紧密相连，称之为东坡赤壁。

自晋以来，这里就建起了横江馆、涵晖楼、栖霞楼、月波楼和竹楼等著名建筑。2006年，这里被中华人民共和国国务院批准列入第六批全国重点文物保护单位名单。

如今，东坡赤壁风景区占地面积400余亩，拥有九亭、三楼、三阁、三堂和一座高大的苏轼立像。苏轼像前是二赋堂，始建于清代，还保存着李鸿章亲题的匾额。酹江亭内有康熙皇帝临摹赵孟頫手书的《前赤壁赋》书帖石刻和历代名人石刻。到赤壁一游，仿佛梦回千年，与苏东坡和历代文人墨客交流。

东坡仙逝了？

不，坡仙只是爱上了吃肉

人生低谷时，东坡还将一条泥泞不堪的黄泥之路走出了别样的姿态，但也闹出了不少笑话。

雪堂建成以后，便成了苏轼读书创作、接待友人的寓所，而家人则住在原来的水上驿馆临皋亭。从临皋亭到雪堂，苏轼要走过一段长长的土路，因黄州经常下雨，所以这条路一年有大半的时间都泥泞不堪。苏轼就这样踏着这条泥泞之路风里来雨里去，每日往返于东坡和临皋亭。

人人都觉得这泥泞之路难行，唯有东坡乐在其中，还专门写了一首词歌咏这条黄泥路，"朝嬉黄泥之白云兮，暮宿雪堂之青烟"。有时，苏轼喝醉了酒，夜里走着走着便醉倒在了路旁，便"草为茵而块为枕兮，穆华堂之清宴"。到了第二天清晨，乡亲们赶着牛羊从这里过，怕踩坏了他便将他唤醒，大梦初醒的苏公这才急忙赶回家，嘴里还嚷着："归来归来兮，黄泥不可以久嬉。"

于是草鞋蓑衣、泥里打滚的形象就成了东坡在黄州时的标配，进出城门见了侍卫，不免遭受嘲笑："哟！这就是文坛领袖苏公啊！"东坡从不觉难堪，总是一笑置之。

有一次，苏轼与朋友喝了很多酒，在雪堂醉了醒，醒了醉，夜半三更才迷迷糊糊想到该回家了，于是摇摇晃晃地走在黄泥路上。好不容易走到城门，却发现城门已关。叫门门不应，苏轼急了，趁着酒劲儿，一个跟头就翻了过去。

终于到了自己家门口，可苏轼敲了半天，就是无人来开门。忽然，醉意汹涌而来，东坡诗兴大发，转头跑到江边，冲着滚滚江水大声吟咏起来。

临江仙·夜饮东坡醒复醉

夜饮东坡醒复醉，归来仿佛三更。家童鼻息已雷鸣。敲门都不应，倚杖听江声。

长恨此身非我有，何时忘却营营？夜阑风静縠纹平。小舟从此逝，江海寄余生。

东坡仙逝了？不，坡仙只是爱上了吃肉

85

吟诵完，东坡力尽，倒在江边就呼呼睡了起来。第二天，苏夫人见东坡一夜未归，觉得蹊跷，心想东坡虽然嗜酒回来得晚，却从来没有整夜未归过，于是便让家童沿路寻找。家童很快跑了回来，说一直找到雪堂，也不曾见家公的身影，倒是听说先生昨晚又填了一阕词，传遍了整个黄州城。

一听这话，苏夫人脸色变得惨白：该不会又被抓了吧！于是又让家童赶紧去知州府打听。

家童刚要出门，迎头碰到了知州徐君猷。原来，黄州城传遍了这首词，而且越传越离谱，说有人看到苏公唱完这阕词后，真的"挂冠服江边"，随江而去了呢。知州能不担心吗？一来他与苏轼私交不错，二来苏轼要真的逃了，朝廷是要拿他问责的。

消息一传十、十传百，不一会儿全城纷纷议论，说苏公在江边乘风而去，羽化而登仙了。正当大家急得团团转时，苏轼睡眼惺忪地推门而入，原来他躺在江边石缝中睡了一宿。

众人啼笑皆非！

不过，吹了一宿冷风的东坡自此一病不起，先是得了疮疖，后风火之毒又伤了眼睛，差点儿失明。苏轼只得闭门谢客，哪知这一病就是几个月，坊间又谣言四起，说苏轼病逝了。而且这谣言竟传至京城，令他那些朋友和神宗皇帝神伤了好久。

公元1083年的七月，苏轼才痊愈，恢复了往日的生活，谣言不攻自破。不过，从这些谣言可见苏公的影响力非同一般。

众人都知东坡是个鼎鼎有名的"饕客"，平生离不开"一爵一肉"。到黄州后，生活困苦，已被苏轼纳为妾室的王朝云，为了能让他吃到肉，特意买来廉价的肥猪肉，切成大方块，小火慢煨，直到烘得方肉香糯滑软，肥而不腻，这肉就成了苏轼在黄州时解馋的佳肴。后来，苏轼将"东坡肉"的做法写到《猪肉颂》中，自此，"东坡肉"在黄州一带流传开来。

东坡这一病就是大半年，患病期间，大夫千叮万嘱要他忌肉食素，这可愁坏了这位"吃货"。为了这张嘴，苏轼还真是煞费苦心，又钻研出了一道东坡羹。这羹没有一丝半点荤腥，只以蔓菁、荠菜、瓜类、茄子、赤豆、粳米等食材烹煮而成，吃起来竟像肉糜一样美味。苏轼于是又写下《东坡羹颂》，详细记录了它的做法。

靠天吃饭的田园生活哪里是诗中歌咏得那么美好，一旦来个水灾旱灾的，一年就白忙活了，所以苏轼也不得不无奈地哀叹："阴阳有时雨有数，民是天民天自恤。"但这位热爱生活的"自耕农"硬生生把艰难困苦当柴烧，烧出顿顿美食佳肴，在他看来，没有什么事是一顿饭解决不了的。

"地理发现"

黄州临皋亭

苏轼谪居的黄州，其实就是今天的湖北黄冈市黄州区一带，但当年荒凉不堪的黄州早已不再，所以无论苏轼家人居住的临皋亭还是东坡，都已无踪迹可循，但既然临皋亭是曾经的水驿，那么它必然是临水的。

根据记载，北宋时的黄州城西有举、倒、潴三水，东有巴、浠、蕲三水，城外还有长江绕城而过，可见当时黄冈的水域是江、河、湖连成一片，很是壮观。再加上苏轼在《临皋闲题》中提到过，临皋亭当时与大江仅数步之遥，可以推测，临皋亭的遗址应该在黄州区北、宋时临江之处。所以，如今人们在遗爱湖附近重建临皋亭，缅怀这位有趣可爱的文学巨匠。

四十七年真一梦，去令归令

元丰七年的一天，正要下地干活儿的东坡突然被几个侍卫拦下，要他接旨听诏："苏轼黜居思咎，阅岁滋深，人才实难，不忍终弃……"原来，神宗要调他去汝州（今河南汝州）任团练副使，但仍然州内安置，不得签书公事。

这算哪门子诏令？换个地方继续思过？

苏轼内心的疑惑很快得到了解答。京中的朋友纷纷来信，说神宗听闻东坡病逝是如何神伤、知他无碍又如何欣喜，又是如何跟那帮变法派周旋，才把苏轼调回了京师附近，以待寻机起用。

苏轼感念神宗的惦念，尤其那句"人才实难，不忍终弃"足以化解他积郁多年的忧愤。然而谪居黄州的这几年，他尝遍了世间冷暖，看透了世事艰难，好不容易返璞归真，过上了怡然自得的世外生活，还真不想重返仕途了。

再说了，这苏家上下二十余口，一路舟船颠簸，受点儿罪倒无妨，只是一路开销也是个不小的数目，谪居这几年，尚勉强过活，哪来的积蓄。然而，皇命难违，在去与不去间，他没得选择。

这年三月，苏轼在陈慥的陪伴下率先出发，长子苏迈带着苏家一众人后出发，说好到九江会合。苏轼先一步到九江后，直奔筠州，去探望那五年未见的弟弟，而后再返回九江与家人会合。

然而，当苏轼返回九江时，家人并未如期而至，而此时好友佛印禅师正好邀苏轼同游庐山。正是这次的庐山之行，苏轼写下了名篇《题西林壁》。

题西林壁

横看成岭侧成峰，远近高低各不同。
不识庐山真面目，只缘身在此山中。

与家人会合后，一家人乘船走水路绕道湖口，是为了送儿子苏迈赴任，原来苏迈被任命为德兴（今江西德兴）县尉。在那里，苏轼同长子苏迈同游石钟山，留下了览胜名篇《石钟山记》。长子赴任，苏轼当然高兴，但经历黄州这几年，他看事情已经与之前大不相同了，所以不论是《题西林壁》还是《石钟山记》都充满了哲理，同时苏轼告诫儿子为官者要始终保持一颗慈悲心。

多年来，苏轼经杭州、密州、徐州外任，再加上黄州五年，亲身经历了民间疾苦，这让他站在民生立场上开始重新思考熙宁变法，也终于看到了新法于民生而言的确有很多可取之处。所以，苏轼做了一个令人意外的决定——前往金陵（今江苏南京），拜会老宰相王安石。

见面之前，苏轼心中忐忑不安，不知王安石如何看待自己，然而真到了见面那一刻，他心中的忐忑立刻化成了阵阵酸楚，眼前哪里还有当年叱咤风云的宰相，只有一个目光如炬、瘦弱干瘪的小老头儿。一时间，二人语塞，良久才相视一笑，仇怨全消。

抛开政见的二人，竟成了惺惺相惜的密友，苏轼频繁出入王安石的居所谈诗论道，这一蹉跎，不想一个月过去了。后来，王安石还劝说苏轼干脆留在金陵，与自己比邻而居。

正当苏轼与友人沉浸于诗酒酬唱、游览名胜的美好时光时，朝云所生的小儿子不幸夭亡。小儿还不满一岁就跟着家人一路奔波，终于被疾病所缠，病死在了金陵。朝云整日以泪洗面，苏轼看了更是伤心欲绝，再次动了拒绝奔赴汝州的念头。

告别王安石后，苏轼应邀去往镇江金山，与佛印、秦观等人相见。友人的陪伴、秀丽的山水渐渐抚平苏轼的丧子之痛，在朋友的纷纷劝说下，苏轼终于下定决心，请求朝廷允许他在常州安置。

然而直到第二年春走到泗州（今江苏淮安盱眙县）时，依然没得到朝廷的答复，于是，苏轼再次上书《乞常州居住表》，给神宗写了一封长信："我本就身无积蓄，奔赴黄州路途遥远，拖家带口，只能乘船走水路。一家人跟着我舟船颠簸，苦不堪言，我的小儿子也不幸病亡了。现在只到泗州，我身上的盘缠就快用尽了，可距离汝州还那么远。全家二十多口，没房住、没粮吃，实在难办。幸好我在常州有些许薄田，尚能养活全家，望陛下垂怜，允我住在常州。"

这一次，朝廷终于批准了苏轼的请求，然而正当他感念君恩，又为自己无力回报而心怀愧疚时，传来一个天大的噩耗——神宗驾崩了。

"地理发现"

庐山西林寺

庐山西林寺正是苏轼当年写下《题西林壁》的地方，所幸这座已有近1700年历史的古刹还安然坐落在江西省九江市庐山西麓上。

西林寺由慧永法师于公元367年创建，有"庐山北山第一寺"的美誉。

如今的西林寺规模宏大，总建筑面积达13.5亩，包括天王殿、阿弥陀佛殿、地藏殿、观音殿、藏经殿、大客堂、大斋堂和两座佛池。寺内最为独特的珍宝莫过于七层千佛宝塔，这座塔始建于唐代，后经多次修复，如今内外供奉着1008尊佛像。除此之外，西林寺还收藏着《十八罗汉图》《五百罗汉图》等珍贵画卷，以及各类佛学经典。

擢升，擢升，又擢升

公元1085年，元丰八年三月五日，38岁的神宗大业未成而中道崩殂，带着满腔遗恨离开了人间。苏轼想起过往种种，提起笔来，写下不少挽词，悼念这位一腔抱负、励精图治的君王。

这年五月底，苏轼一家终于结束了艰难的漂泊生涯，抵达常州。常州是苏轼好不容易选定的地方，介于扬州、镇江之间，不但山清水秀、美食颇多，更重要的是离友人都很近，交游方便。

就这样，苏轼终于过上了梦寐以求的田园生活，每日除了钻研食谱，就是去金山寺找佛印和尚斗嘴，日子好不快活！

而此时，朝局再次动荡。即位的哲宗年仅十岁，朝政便交到了神宗母亲太皇太后高氏的手里。太皇太后高氏历来站在变法的反对派一边，三月十七日，神宗刚刚驾崩 12 天，太皇太后高氏就下诏书"母改子政"，推翻了神宗一朝的变法之风，同时诏司马光入京。

五月底，司马光拜相，开始有计划地召回外放、贬黜、隐退的反变法派大臣，其中就包括苏轼。六月底，苏轼便接到了朝廷的诏令，复朝奉郎，起知登州（今山东烟台蓬莱市）军州事。

苏轼终于结束了犯官生涯！家人喜极而泣，朋友争先道贺，哭笑之声不绝于耳，苏轼却沉浸在自己复杂的心绪中：宦海浮沉、九死一生，他什么没经历过，此番起用，谁又能保证哪天不被弃用？高官厚禄不如田园之乐，人活于世，图的不过是一爵一肉！

想通了这些，苏轼反倒不急于上任了，一路仍旧游山玩水、访亲探友。从七月下旬走到十月中旬，苏轼才终于抵达登州。谁知刚安顿好家人，朝廷再次下达擢升的诏令：以礼部郎中召还。

又是一番周折！十二月初，苏轼抵达汴京。到汴京的第十天，苏轼再次被擢升，迁为起居舍人。这相当于皇帝身边的机要秘书，是一个无上荣耀的职位，但苏轼并不想离天子那么近，于是连写两道辞表，只是均未得到批准。

任职未满三个月，苏轼再次被擢，任中书舍人兼知制诰，而且免试。知制诰历来都是先考试再任命，而大宋历史上免试任命的只有三人，苏轼就是其中之一。

擢升，擢升，又擢升

95

公元 1086 年，元祐元年九月，苏轼再次被擢，升为翰林学士知制诰，正经的正三品机要大臣，欧阳修、王安石、司马光都是从这个职位擢升为副宰相、宰相的。更何况，苏轼还兼任经筵一职，也就是"帝师"。

不到一年的时间，苏轼从一个编外犯官一路擢升至朝廷要员，这才真的是"扶摇直上九万里"！

一朝天子一朝臣，苏轼无疑成了哲宗一朝最炙手可热的人。这些年来，苏轼在诗文上的造诣已无人能及，真正应了欧阳修那句"他日文章必独步天下"。苏门三杰的诗文甚至流传到了辽国、西夏、高丽等周边国家，大受欢迎，尤其在王公贵族间引起宋词热。因此，但凡有使臣来宋，都要会一会苏公，苏轼则以他的人格魅力和才思学识与来使诗文切磋、唇枪舌剑一番，为大宋增光添彩，也留下不少的佳话。

一次，辽国使臣冥思苦想终于想到一个好点子，连忙"请教"苏公："我辽国有一个对子，上联是'三光日月星'，一直无人能对，不知苏公可否赐教呢？"苏轼信手拈来，回道："四诗风雅颂。这种对子我大宋七岁娃娃随口就能对得出。"还不等辽国使臣做反应，苏轼再次说："四德元亨利。"辽国使者一想不对啊，四德怎么只有三德，立刻像抓住了天大的把柄提出疑问。苏公不急不慌说："我朝历来避皇帝讳，自然去掉'贞'，只留元、亨、利。"辽使无言以对。

除了诗文，苏轼在书法和绘画的成就也到达了巅峰，说一字千金一点儿也不为过。时人以得到苏公墨宝为荣，当时一位武将为了托友人要到苏公的墨宝，每次送给友人十几斤的羊肉，后来这件事传开，人们戏称苏公的书法为"换羊书"。

当时，与苏轼交往密切的书画家除了门下几人外，还有王诜、李公麟、米芾。搞艺术的人都有些怪脾气，偏偏脾气最怪的米芾与苏轼更投缘，二人在书画切磋中结下了深厚的友谊。这些脾气古怪的人凑到一起，找一处清静之地，以酒助兴，写诗的写诗、作画的作画，大约是激发了头脑风暴，为后世留下不少名篇佳作。《惠崇春江晚景二首》正是苏轼此时写下的著名题画诗。

🌿 惠崇春江晚景二首·其一

竹外桃花三两枝，春江水暖鸭先知。
蒌蒿满地芦芽短，正是河豚欲上时。

🌿 惠崇春江晚景二首·其二

两两归鸿欲破群，依依还似北归人。
遥知朔漠多风雪，更待江南半月春。

苏轼回朝不久，苏辙也于元丰八年被召回，与哥哥苏轼一样，几年内不断擢升，元祐七年官拜门下侍郎，稳稳当当成为副宰相。不过，苏轼刚过了几年如鱼得水的官场生涯，倔脾气一上来又开启了自毁前程的模式，再次自请外任，去杭州做知州了。

"地理发现"

登州蓬莱阁

登州在今山东省烟台市一带。苏轼的登州之任来去匆匆，但他却对登州的名胜古迹歌颂咏叹了一个遍，其中就包括天下名楼蓬莱阁。他在《蓬莱阁记所见》中写下"登州蓬莱阁上，望海如镜面，与天相际"。而如今蓬莱阁中"人间仙境"的大匾正是东坡的手迹。

传说蓬莱、瀛洲、方丈是海中的三座仙岛，为神仙居住之所，曾是历代帝王寻仙访道之地，充满神秘的传说和美丽的故事。如今的蓬莱阁景区由三清殿、吕祖殿、苏公祠、天后宫、龙王宫、蓬莱阁、弥陀寺等多组祠庙、殿堂、阁楼、亭坊组成，建筑群错落有致，真如神话中的仙境画卷一般。

阁楼高耸于山巅，绿树掩映，仿佛是仙宫凌空而立，让人如入仙境般心旷神怡。蓬莱阁下方还有精美奇特的仙人桥，传说八仙过海即在此地出发。蓬莱阁，不仅是一处建筑群，更承载着丰富的历史文化。

筑堤，全力抢救西子湖

东坡这个倔老头儿又犯了什么轴呢？原来是与宰相司马光杠上了。

司马光作为顽固的反变法派，拜相后干脆利落地废除所有新法，不留一点儿余地，而苏轼这些年在地方的经历和黄州五年自耕农的生活，让他认识到新法确有可取之处，可以徐徐图之，于是将心中所思所想向私交不错的司马光和盘托出，结果二人因政见不合不欢而散。

二人的政见不合很快被有心人利用，上升为朝堂纷争，导致"洛蜀朔党争"，苏轼身陷程党（洛党）、蜀党、朔党（河北派）之间，成为漩涡的中心。正在这个节骨眼上，司马光轰然离世，而苏轼近年连连高升，本就遭到不少人的嫉妒，于是成为大家群起而攻之的对象。

官场上风光无限的背后是云谲波诡，黄州的日子虽然辛苦艰难，内心却是安稳恬静的，苏轼越来越怀念作为东坡的日子，于是一再请求外任，还写下了这首《如梦令·有寄》来怀念黄州东坡。

如梦令·有寄

为向东坡传语，人在玉堂深处。别后有谁来，雪压小桥无路。归去，归去。江上一犁春雨。

终于，公元1089年，元祐四年，苏轼得偿所愿，朝廷批准他任杭州知州。

当年七月，苏轼抵达杭州任上，终于见到了心心念念的西子湖，然而他却没有半分闲情欣赏美景——杭州正逢大旱，等待他的是一场大饥荒和肆虐的瘟疫。苏轼认为即便不能解救庄稼，至少要保障百姓饮用水，最好的办法就是借湖水一用。苏轼于是将受灾的民众组织起来，重新修通了唐代李泌开凿的六井，重引西湖水。

疏浚两河、重修六井，除瘟疫、灭饥荒，苏轼上任不足一年，扎扎实实做出了不少政绩，因此深得老百姓的拥护。不过，引用西湖水虽然解决了老百姓的饮用水问题，但同时引发了新的问题——西湖水量骤减。

怎么会这样呢？原来，西湖湖底长满了茭白根，从唐朝起，就必得每年疏浚治理，但宋朝立国后，这项工程就停止了，致使茭白根积为田，看似西湖水满，实则没有多少存水量。所以，西湖水一旦引入六井，就暴露了问题。

元祐五年四月，老百姓自发组织向州府请愿，希望苏轼拯救西湖。于是，一场全力抢救西子湖的行动迫在眉睫，经多番考察，苏轼与水利专家一致认为黄梅雨后葑草浮动的时候是开工的最佳时机，于是利用手头尚存的救灾余款召集民工，于当年四月二十八日开掘葑滩，疏浚西湖底。同时，苏轼上奏朝廷，阐明疏浚西湖的重要性，争取拨款。

正值青黄不接之际，老百姓干劲十足，但很快又遇到一个新问题，清理出来的茭葑淤泥该怎么处理呢？不清不知道，西湖底的淤泥积了百年，那挖出来的体量可真不小。苏轼想到一个一举两得的办法，就是将挖出来的这些茭葑淤泥就地筑堤，将西湖南北连起来。后来，西湖就有了一条南起南屏山、北至栖霞岭的"苏堤"了。

　　疏浚西湖是个大工程，苏轼一面清了湖底的淤泥，一面筑起一道"苏堤"，同时给老百姓创收，可谓一举三得。整个过程中，苏轼一有时间便到工地现场监工和劳动，与百姓同吃同住。端午节那天，杭州百姓感念苏轼之功，得知苏公爱吃肉，便抬了猪肉和黄酒送给他。苏轼不收，百姓不肯走，最后只得收下，然后让家人将猪肉切成方块，按照黄州时与朝云研制出的方法烘了，再送回到工地，与大家一起分食。百姓尝了这肉，肥而不腻，润滑可口，纷纷叫绝，苏轼这道流传千古的名菜"东坡肉"就此名扬天下。

　　疏浚西湖的工程进行了整整八个月，才把西湖底部的淤泥水草清理干净。再看湖面，水波荡漾、碧水清澈，果然焕然一新。为了将这一波碧水长久保留下去，苏轼将西湖划分为两部分，一部分禁止农人种植茭白，一部分可以种植茭白。这样，既不耽误百姓创收又能保证西湖免于淤积。

　　时光飞逝，转眼杭州任期已满，太皇太后高氏迫不及待地将苏轼召回京师，当时苏辙已身居高位，此举正是想提拔苏轼兄弟以制衡相权。而朝中小人怎会不知太皇太后用意，因此蠢蠢欲动，欲再次构陷苏轼兄弟。苏轼为保苏辙，必然不能留在朝中，于是频频请求外任。那么，这次，他又将去哪里呢？

"地理发现"

杭州苏堤春晓

南宋时期，西湖以及围绕西湖逐渐形成了十处特色风景，包括苏堤春晓、曲院风荷、平湖秋月、断桥残雪、柳浪闻莺、花港观鱼、雷峰夕照、双峰插云、南屏晚钟、三潭印月。苏堤春晓中的"苏堤"正是苏轼疏浚西湖底时修筑的那条堤坝。

后人在苏堤的基础上，多番点饰，又新建了六座拱桥，而成为西湖十大经典风景之一。元代时，因为苏堤上的六座桥以及两排杨柳，这处风景又被称为"六桥烟柳"。

苏堤全长近三千米，起自南屏山麓，止于栖霞岭下，作为连接西湖南北两岸的重要通道，沟通整个西湖水域，为游人提供了最佳的观赏视角，是欣赏整个西湖风光的理想之地。

寒冬过后，苏堤迎来春天，沿途花木盛开，杨柳嫩绿。春日的早晨，柳絮缭绕，鸟鸣报春，苏堤春晓的美景尽显眼前，仿佛置身于画中，令人心旷神怡。明人有诗赞之曰：

"杨柳满长堤，花明路不迷。
画船人未起，侧枕听莺啼。"

二年阅三州，又见扬州

公元 1091 年，元祐六年，苏轼获准以龙图阁学士出知颍州（今安徽阜阳颍州区），朝廷因爱惜人才，特意赐衣、赐金腰带，苏轼就这样带着满身的荣耀抵达颍州。

虽说颍州是个无甚政务的小州郡，但风景秀丽、物产丰富，申请外任本就为了远离朝堂，所以一到颍州，苏轼就喜欢上了这里。更何况，颍州是恩师欧阳修告老之地，现在欧公的两个儿子仍留居这里，苏轼便觉颍州更多了几分亲切。

到了任上，苏轼更开心了，通判赵德麟与苏轼性情相投，州学教授正是"苏门六君子"之一的陈师道。同僚都是自己人，再加上欧公的两个儿子，这几人性情相投，时时聚在一起，抚琴吟诗、喝酒唱和，逍遥自在！苏轼更与他们结下了儿女亲家，亲上加亲，苏轼在这里的日子真是好不快活。

不过，这种逍遥日子也就过了半年，正当他打算收收心拼业绩时，朝廷再次下诏，调他去往扬州。年过半百的苏轼，两年来辗转杭州、汴京，如今刚到颍州，又要前往扬州，终于经不起折腾，发了顿牢骚："二年阅三州，我老不自惜。团团如磨牛，步步踏陈迹。"

第二年刚过完春节，苏轼就一脸不开心地告别颍州好友前往扬州去了。途中郁郁寡欢时，侍从来报说扬州通判前来迎接。苏轼纳闷，哪个通判这么好心千里迢迢来迎接我呢？结果一掀帘子竟是晁补之，苏轼的得意门生。这一路上，山也清了，水也绿了，师徒二人谈笑间就抵达了扬州任上。

苏轼把外任扬州的这段时光与陶翁相比，写下二十首《和陶饮酒》，甚至将陶渊明看作自己精神上的知己，日萌归隐之心。然而，事情总是不能尽如人意。元祐七年，哲宗皇帝亲政，苏轼只在扬州待了五个月便接到朝廷要他返京的诏令。皇帝郊祀大礼，苏轼不敢怠慢，于九月底抵达汴京，但在来京的路上他已经呈上几道辞呈，请求大典一过继续外任。

这时，弟弟苏辙已经官至门下侍郎，相当于副宰相，而苏轼又在大典后接连升迁，直至礼部侍郎。兄弟二人在京中更加谨言慎行，然而依然有人想要旧事重提，借苏轼当年的过失生事。而哲宗自亲政后，一改往日作风，行为越来越专横跋扈、脾气日渐暴躁，作为帝师的苏轼一面力劝皇帝，一面对朝堂失望至极，只能一次次请求外放。

晦暗无光的日子就这么一天天挨着，到了第二年。苏轼在京中没有等到放他外任的诏令，却迎来了人生中另一场悲剧——妻子王闰之病逝。

王闰之自熙宁元年到元祐八年整整陪伴了苏轼25年，而这25年也是苏轼人生起伏最大的时期。王闰之带着一大家子人，跟着苏轼辗转于杭州、密州、湖州、黄州等十四地，陪他一起熬过了人生至暗时刻，也见证了他的人生巅峰。所以，发妻王弗之于苏轼是年少相知，而王闰之之于苏轼却是长久的陪伴和相守，是已化作柴米油盐中的夫妻恩情。

苏轼被贬黄州时，微薄的薪俸根本不够支付基本的家庭开销，王闰之就想了个办法，每个月一领到钱就把它分为三十串，悬于房梁，每天早上挑下一串作为当天的用度。如果当天有剩余，就存放于大竹筒中，待哪天来客便拿出来应对。

也是在黄州，在王闰之的牵线下，开朗、能干的王朝云成为苏轼的妾室，妻妾二人携手将苏家在黄州的苦日子过得活色生香。所以说，苏轼能开开心心地捱过那段人生至暗时刻，离不开王闰之的温柔贤惠、开明大度。

57 岁的苏轼，吃过苦、做过大官，人生已到迟暮之年，本想辞官，带着妻子归隐故里，却不想夫妻二人竟天人永隔！无尽的悲伤宣泄于纸上，成就了这篇《祭亡妻同安郡君文》。

> ### 🍃 祭亡妻同安郡君文（节选）
>
> 我曰归哉，行返丘园。曾不少须，弃我而先。
> 孰迎我门，孰馈我田。
> 已矣奈何，泪尽目干。
> 旅殡国门，我实少恩。
> 惟有同穴，尚蹈此言。

苏轼本想扶柩返乡，将妻子安葬在苏家祖坟，然而朝中又发生了一件大事——太皇太后高氏病逝。太皇太后崩，朝中必然大乱，不知又会生出怎样的变故，苏轼同苏辙商议后，将妻子暂时安葬于京师，日后再做打算。不想，这件事竟成了苏轼毕生的遗憾，直到十年后苏轼去世，苏辙才将二人的尸骨同葬一处。

"地理发现"

扬州玉钩亭

苏轼任职扬州时，听闻当年隋炀帝即位后，曾携带数千名宫妃三下扬州巡幸，队伍极其壮观。然而每次出行，隋炀帝都要胁迫一千名女子在龙舟前方光着脚拉绳索，推动龙舟前行。这些女子被称为"御脚女"，因长时间辛苦劳作，许多人在途中不幸死去，她们的尸骨便被埋葬在扬州一处斜坡上，后人称此处为"宫人斜"。唐代李夷镇守扬州时，修建了一座"玉钩亭"，专门悼念这些苦命的宫人。

苏轼读了皇甫湜所作《玉钩亭记》，于是遍访扬州，想寻找此亭踪迹，然而并未发现蛛丝马迹。后来，文人墨客但凡到了扬州，都要寻一寻此地。后世发现乾隆《江南通志》中有记载："在府城西吴公台下，一名玉钩斜，亦名宫人斜。"而此地正是扬州瘦西湖湖畔的一处高坡，名曰蜀冈西峰的地方。

如今，蜀冈西峰被打造成一处风景宜人的生态公园，这个天然的氧吧成了扬州市民游玩打卡的好去处。

风雨欲来，也要亮出一郡之守的担当

元祐八年九月，在太皇太后高氏崩逝前，这位历经四代王朝的老人预感到在她死后，朝堂必然迎来一场暴风骤雨。于是，她临死前将吕大防、范纯仁等顾命大臣叫到跟前，说："风雨欲来，尔等最好尽早求退，以期自保……"

109

　　果然，太皇太后高氏前脚刚走，哲宗就料理了一拨老臣，又刻意提拔了元丰时期被打压的自己的宠侍，虽然这件事因遭到前朝大臣的激烈反对而搁浅，但这将使呼之欲出的风雨来得更为猛烈。

　　幸运的是苏轼在太皇太后高氏去世前终于得偿所愿，远离京城，这次他就任翰林学士侍读知定州（今河北保定定州市）军州事。国丧之后，苏轼以翰林侍读和帝师的身份向哲宗辞行，本来有良多肺腑之言想与哲宗说，结果哲宗一句"公务繁忙"便将苏轼打发了。这件事给苏轼留下一个不好的预感。

　　离京那天，京师已步入深秋，寒风裹挟着冰雨拍打在枯黄的梧桐树上，树叶纷纷而落。苏辙就在东府这棵梧桐树前给哥哥饯别，苏轼写下这首《东府雨中别子由》。

🍃 东府雨中别子由

庭下梧桐树，三年三见汝。
前年适汝阴，见汝鸣秋雨。
去年秋雨时，我自广陵归。
今年中山去，白首归无期。
客去莫叹息，主人亦是客。
对床定悠悠，夜雨空萧瑟。
起折梧桐枝，赠汝千里行。
归来知健否，莫忘此时情。

这棵沐浴在秋雨中的梧桐树，一年又一年见证我的来来去去，而它又不知见证过多少历史兴亡，迎送过多少像我一样于宦海中沉浮的宾客。苏轼转念想到即将呼啸而至的滔天巨浪，不知什么时候才能重温兄弟"夜雨对床"的约定呢？"等我下次归来时，不知还能否健全安好呢？"

抵达定州任上时，已是十月末。这里北风萧瑟，辽阔的天地间一派肃杀之气，苏轼不自觉就想到了那些边防将士的不易。定州处于宋辽边境，虽然大宋王朝自澶渊之盟用每年三十万岁币换来了边境的安宁，但任何有识之士都知道那只是暂时的。

苏轼知定州军州事，自然首先就要视察一番边防军事。这一视察才发现自订立澶渊之盟后，朝廷从上到下，从君到臣，从将到士，都陷入了一种麻痹松弛的状态，致使军纪荒废，将官贪赃、兵士整日酗酒赌博，用苏轼的话说，简直是"边政颓坏"，让人大跌眼镜。

所以，一到任上，苏轼就亮出军州事的担当，开始大力整顿军纪，严惩贪腐，更在军中戒酒废赌，让将士勤加操练，修葺军营，整肃军容。但大宋的这些将士显然荒废太久了，稍微一操练就上气不接下气，这要是大战一起，岂不是被人家一击即溃？苏轼思忖良久，决定重新组建一个民兵团，让朝廷给予物质上的优待，平时配合正规军守边驻防，一旦发生战事也能相互照应。

在苏轼的督促下，当定州军终于勉强重操起边防重事时，朝堂上的那场政治大风暴终于来了。哲宗亲政后不久，改年号"绍圣"，老一代反变法派告老的告老，求退的求退，朝政自然又重新倒向了变法派。然而，现在的变法派也只是打着一个变法的旗号，正经事不做，却把打击报复"元祐党人"当成了核心要务，首当其冲的就是苏家兄弟。

公元 1094 年三月，苏辙遭罢黜，四月吕大防、范纯仁被罢职，御史虞策等人竟然故伎重施，再生"乌台诗案"弹劾苏轼。闰四月，朝廷撤销苏轼端明殿学士和翰林侍读的身份，再撤定州知州，只以左朝奉郎（正六品上）知英州（今广东清远）军州事。

山雨终是来了，年近六十的苏轼只是淡然地接过御诏，镇定地书写《谢上表》，有条不紊地收拾行囊，然后启程向遥远的岭南出发。

这次的路途太过遥远，苏轼不想再拖累家人，尤其朝云的身体又弱，根本经不起这样的周折，所以正盘算着怎么绕道汝州，见一见弟弟苏辙，一来与他商议如何安置家人，二来向他讨一些经济援助。弟弟苏辙果然如父亲所说是个有筹谋的人，危难时总是靠得住的，苏轼又想到自己过日子毫无盘算，不遭难还好，一遇事就囊中羞涩，拖累家人。

正当他深感羞愧时，朝廷的第二道降职的诏令接踵而至，苏轼再次被降职，为充左承议郎，仍知英州。这一夜，苏轼彻夜难眠，不知这是朝廷的最后一道降职诏令，还是接连降职的发端。

"地理发现"

定州东坡双槐

　　苏轼任职定州的时间虽只有短短八个月，但他所做出的功绩却为当地百姓所感怀，因此他亲自种下的两棵槐树也受到当地百姓格外的珍视和保护，这才使得千年后的我们能一览此景。据《定州志》记载，"东者葱郁如舞凤，西者槎丫竦拔如神龙"，因此又被称为"龙凤双槐"。当地百姓更将它们戏称为"爱情树"。

　　这对古树虽历经千年风雨，却"干枯而枝绿"。它们生长在刀枪街文庙院内，东西相对，十分具有特色。东边的古槐根部突出，仿佛一条庞大的龙爪蔓延在地面上，树干空洞呈片块状，根与干交错纠缠，粗壮的树干令人叹为观止，需要五六人才能合抱。而西边的古槐树干则分裂成两部分，向东西延伸，中空，内部宽敞，七八岁的孩童可以在其中躺卧或站立。

　　如今，这对古槐已入选"中华人文古树保护名录"，成为定州有名的打卡胜地。

一贬再贬，身如不系之舟

公元 1096 年 **惠州** [60岁]

　　当终于绕道汝州与弟弟苏辙会面时，苏轼接到了朝廷第三道诏令，这次诏令没有降职，但终止了苏轼升迁的可能。原本宋朝官员只要没有重大过失，到了一定年限是可以升迁的，但朝廷如此下诏，就是断了苏轼升迁的念想。

苏轼兄弟经商议，决定让苏迈带着家人迁回宜兴，苏轼曾在宜兴置办过一些良田。苏辙又拿出自己七千缗（相当于七千贯钱，一贯钱为一千文，可见数目不小）的积蓄，好让苏迈在宜兴妥当安家。

兄弟话别后，苏轼继续南行，六月抵达金陵时，苏迈已经带着一家老小等在那里向苏轼辞别。这时，朝廷的第四道降官诏令又到了：落左承议郎，责授建昌军司马，惠州（今广东惠州）安置，不得签书公事。

原本还只是降职，这下成了不能涉公事的犯官，与黄州时的情形一般无二。这次，苏轼决定不能再拖累家人了，要只身前往惠州，让其他人都跟着苏迈回宜兴安置。然而，朝云就是不肯，最后苏轼只得带着小儿子苏过、妾室朝云和照顾他生活起居的仆役一同前往惠州。

八月，朝廷再下诏令，贬苏轼为建昌军司马、宁远军节度副使，仍于惠州安置，同时剥夺了苏轼乘船的资格。苏轼抬头望月，想到中秋将至，而一家人却再次跌入人生低谷，同样身如不系之舟的弟弟苏辙又奔波在哪里呢？家人是否已妥当安置在宜兴？伴着赣州（今江西赣州）怪石林立的险滩，苏轼感慨万千而作《八月七日初入赣过惶恐滩》。

这年十月，苏轼终于抵达惠州。惠州现在位于广东省东南一带，在北宋属于瘴气横生、荒蛮不开化的岭南地区，常作流放之地。然而，这样一处令人闻之色变的地方，在苏轼眼里却成了如杭州一般"仿佛曾游岂梦中"的好地方，他当即作下《十月二日初到惠州》。

诗中说，他初到这里就感觉梦中曾相识，而当地的父老乡亲听说来了这样一位大文豪，都纷纷出门相迎，十分热情，于是他立刻被这里淳朴的民风、秀丽的风光迷住了。

其实迷住东坡的何止于此，还有当地的特产荔枝："日啖荔枝三百颗，不辞长作岭南人。"平生第一次来岭南，苏轼立刻开启饕客模式，探索这里的特色美食。

当时的文人流行吃羊肉，但惠州的羊肉特别贵，且集市上每天只杀一只羊。苏轼无钱买羊肉，便同宰羊的人讨一些廉价的羊脊骨。羊脊骨上能有多少肉？但苏轼和朝云经钻研，竟也琢磨出一种美味的吃法：将羊脊骨焯水煮熟，捞上来浇上米酒，撒一些盐巴，于火上烤至微焦，这么啃上一块，津津有味！苏轼欣喜地将这个做法告诉弟弟，说："如食蟹螯，率数日辄一食，甚觉有补。"后来，这道烤羊蝎子像东坡肉一样流传开来。

如果说苏轼在黄州是把清贫的日子过得有滋有味，那么他在惠州，则是把这片荒蛮的贬谪之地变成了文人的乐土。他的身边聚集了一大群身份各异却性情相投的朋友，苏轼与这些人游山玩水、吟诗作赋，真是一样也不耽误。

来惠州第二年，天下大赦，唯有元祐诸臣不在列，苏轼顿觉北归的希望渺茫。第三年，苏轼决定在惠州买地建屋，邻里乡亲、亲朋好友纷纷前来相助。谁知白鹤新居尚未建成，苏轼便迎来一个天大的变故——朝云病逝了。

朝云十二岁便来到苏家，后被纳为妾室，对苏轼一心一意、不离不弃，是苏轼生活和精神上的依托。他曾夸赞朝云多才多艺如白居易的樊素，深情款款像伶玄的通德，勇敢坚强又堪比李络秀，不仅如此，她还会读书、善习字，能谈禅论道，是苏轼的红颜，更是知己。

朝云临死前，凄婉哀唱二人最爱的那首《蝶恋花·春景》。

🍃 蝶恋花·春景

花褪残红青杏小，燕子飞时，绿水人家绕。枝上柳绵吹又少，天涯何处无芳草。

墙里秋千墙外道，墙外行人，墙里佳人笑。笑渐不闻声渐悄，多情却被无情恼。

那年杏花微雨，隔墙听到一位少女荡着秋千，传出银铃般的笑声。后来，笑声逐渐听不见了，自己仿佛受了那少女的情伤。如今，竟真的听不到那少女的笑声了，从此，苏轼再不唱《蝶恋花》。

地理发现

惠州西湖玉塔

惠州也有西湖？是的，只不过惠州西湖本名"丰湖"，苏轼被贬惠州时，时时游览此湖，更为它写下无数诗词，从那时起，丰湖改名"西湖"。

惠州西湖素以六湖、九桥、十八景而闻名，但西湖附近有一座塔，苏轼对它情有独钟。每当月明星稀、微风拂过湖面时，屹立在西山的泗洲塔倒映湖中，别有一番韵味。

其实，这座塔本是唐中宗为纪念西域名僧而建，但苏轼当年非要称它为"大圣塔"，更写下"一更山吐月，玉塔卧微澜"的佳句，成就了"玉塔微澜"一景，更改泗洲塔为"玉塔"。

玉塔于明嘉靖年间倒塌，万历年间得到重建，如今已有四百余年的历史，是惠州现存最古老的建筑物之一。

一叶孤舟至儋州，还是想吃肉

公元 1096 年底，白鹤新居终于建成。得知朝云仙逝后，长子苏迈和三子苏过携全家跋涉千里奔赴惠州，与爹爹共享天伦，苏轼在子孙的笑语祝福中度过了六十大寿。

然而，朝廷竟连苏轼最后的一点儿幸福也要剥夺。公元 1097 年三月，遥远的朝堂传来噩耗，元祐诸臣再遭重责。四月，朝廷诏令已至，责授苏轼琼州别驾，昌化军安置，不得签书公事。

琼州就是现在的海南岛，北宋时可不是什么旅游胜地，而是徼边荒凉之地，在当时放逐海南仅比满门抄斩之罪轻一级。起伏一生，苏轼已经看淡了一切，他认为此番去海南注定有去无还，于是与长子苏迈促膝长谈，吩咐了身后事。

四月十九日，一家人哭哭啼啼江边话别，苏轼本欲只身前往儋州（琼州所辖），但三子苏过执意要陪伴父亲，苏轼拗不过，只好带上苏过，正是"江边空忍泪，我亦肝肠绕"。

五月，苏轼在路上听说弟弟苏辙被贬雷州（今广东雷州），现在已经走到了藤州（今广西梧州藤县），于是二人约定在藤州相会。五月十一日，兄弟于藤州相会；六月十一日，苏辙在雷州徐闻海边送别苏轼，而这一别竟是兄弟二人的诀别。

七月二日，苏轼一叶孤舟至儋州，终于抵达荒凉闭塞的海南岛。这里的荒凉远远超出了苏轼父子的想象，除了裹挟着一股子海腥味的炎热，什么也没有，想找一处破庙打打坐都困难。这次，苏轼再也无法说出"梦回故里"这种话来骗自己了。

苏轼父子无奈地相视一笑，只好先在破旧的官舍里住下，日后再做打算。最初的日子很难熬：这里太热了，还无地洗澡；饮食与内陆迥异，连个猪尾巴、羊蝎子也没有；这里语言不通，当地人不知读书为何物，文房四宝都少见。

　　然而，苏轼硬生生挨过了最初的苦日子，又变回了那个"上可陪玉皇大帝，下可陪卑田院乞儿"的苏东坡。他努力学习方言，了解当地风俗民情，与邻里和睦相处，甚至帮忙调解夫妇打架。当新任昌化军使的张中抽出时间来访苏公时，苏轼已经是一个地道的海南老头儿了。

　　张中久仰苏轼大名，又是命士兵修葺官舍，又是召集当地朋友施以援手。很快，苏轼便与张中、城东南的黎氏兄弟打成一片，经常饮酒游乐。为了聚会方便，大家甚至凑钱给苏轼建了一座"载酒堂"。

　　苏轼再次以他的人格魅力征服了这个荒蛮的地方。这里不仅民风朴实、人心良善，更没有朝堂上的钩心斗角。刚来这里时，他无米下锅，邻居总是多做一碗饭给他；素不相识的人还会送他一些家用东西；这里的人们还不受礼数窠臼的束缚，可以随时串门；还会跟他这个曾当过大官的翰林大学士开玩笑……苏轼简直迷上了这里。

　　苏轼的一举一动，一言一语，在当地人眼中新奇可爱。有一个七十岁的老婆婆说他的"昔日富贵"不过是"一场春梦"，以至于苏轼见了这个婆婆就叫她"春梦婆"，并多次把她写入诗中。

　　还有一次，苏轼走在路上，突然下起急雨，便向路边一农妇借了斗笠和木屐。人们听说此事，纷纷跑去观看这位头戴斗笠、脚穿木屐的大学士，还为他作了一幅画。后来，苏轼改良了这种帽子，于笠前沿围上一圈黑布以防晒。从此，这个斗笠在海南有了一个新名字——"东坡笠"，且流行至今。

　　在偏远的海岛上，苏轼终于感受到了慢节奏生活的惬意，渐渐培养了三大爱好：旦起理发、午窗坐睡、夜卧濯足。

　　哎呀，生活如此美好，要是再实现吃肉自由就完美了！

121

"吃货"认真起来，不愁没有肉吃！不久，苏轼就发现当地一种美食——生蚝，无论煮着吃还是烤着吃，都十分鲜美。这件事可把他乐坏了，连忙写信告诉儿子："食蚝而美……无令中朝士大夫知，恐争谋南徙，以分此味。"儿子呀，你可千万别告诉朝中那些士大夫，万一他们抢着来海南，就把我这美味分走了！

苏轼在儋州并非只接受邻里乡亲的施与，他也尽力将平生所学回馈给海南人民。他以一个自耕农的身份教乡亲们农耕，又扮作先生给人开方治病，后来更把"载酒堂"改为东坡书院，"讲学明道"、编写教材、教化百姓，以至于各地学子纷纷慕名而来，听这位文坛巨子开坛讲学。苏轼正是在这时培养出了海南有史以来第一位进士——姜唐佐。

这次贬谪，苏轼不但把自己的日子过得活色生香，更造福了一方百姓，给蛮荒之地带去了文明的火种。后来，姜唐佐接过苏公文明的火种，并传播了下去。

不知不觉，来海南已两年，元符二年正月，苏轼漫步在田间陌上，感受着海南浓浓的春意，写下这首轻快的小词《减字木兰花·己卯儋耳春词》：

🌿 减字木兰花 · 己卯儋耳春词

春牛春杖，无限春风来海上。便丐春工，染得桃红似肉红。
春幡春胜，一阵春风吹酒醒。不似天涯，卷起杨花似雪花。

轻快的笔调、喜悦的心情跃然纸上。显然，苏轼已经把海南当作了第二故乡。不知朝中那些小人听了这惬意的唱词，会不会又坐不住了呢？

"地理发现"

儋州桄榔庵

　　苏轼来儋州第二年，被赶出了官舍，父子俩于是在城南桄榔林买地建屋，在当地百姓的帮助下，仅一个月时间就建好了三间茅屋，因建于桄榔林，苏轼便命此居为"桄榔庵"。当地无水井，百姓吃水紧张，苏轼于是帮助乡亲们打了一口水井，这泉井水十分甘甜，被乡亲们命名为"东坡井"。

　　苏轼离开海南后，当地百姓感念苏轼恩德，小心维护桄榔庵，经历代修葺营造就成了今天的模样，而那口清甜的井水也从未枯竭过。如今，儋州市人民政府又拨出款项，重新修复了桄榔庵，将有关苏轼的历史文物陈列其中，缅怀苏东坡的同时吸引游客来访。

东坡仙逝，山河同悲

公元 1100 年的正月，哲宗崩逝，因无子嗣，由弟弟赵佶即位，是为徽宗，就是那提拔大臣都要相一相面貌的艺术家皇帝。这可是个好消息，再加上神宗的皇后向氏垂帘听政，苏轼得到这个消息后，竟然夜里梦回惠州。

　　果然，到了二月，朝廷大赦天下，元祐诸臣终于解脱，五月，苏轼得诏往廉州（今属广西北海）安置，仍不得签书公事，但这是个好兆头。六月，苏轼打点好了一切，告别儋州，由于苏公在这里太得人心，哭哭啼啼前来送别的人太多了，他情难自已，写下《别海南黎民表》："我本海南民，寄生西蜀州。"

　　登船那天，他又写下《六月二十日夜渡海》，其中有言："九死南荒吾不恨，兹游奇绝冠平生。"大概意思是，虽然在这南荒之地九死一生，但我毫不遗憾，因为这次游历是我人生中最奇妙的经历。

　　登岸后，苏轼马不停蹄赶往徐闻，秦观早已等候在那里。师徒相见，百感交集，秦观即兴而作《江城子》，其中有言："饮散落花流水、各西东。后会不知何处是，烟浪远，暮云重。"感慨不知此一别还是否后会有期。二人于是为自己写了挽词和墓志铭，可谁承想竟一语成谶，很快应验了。

七月四日，苏轼跋涉千里终于抵达廉州，然而一切还没收拾妥当，就收到朝廷授予舒州（今属安徽）团练副使、永州（今湖南永州）安置的诏令。不得已，苏轼再次踏上征程，然而没多久秦观病逝的噩耗就传来。长久的奔波，已经把坡仙老头儿折腾个够呛，突闻噩耗，苏轼悲痛难以自已，接着又昼夜不停地赶到藤州，想送秦观最后一程。

九月，长子苏迈带全家与苏轼会合，一家人浩浩荡荡地奔赴永州。途中，苏轼再次接到朝廷诏令："复朝奉郎，提举成都府玉局观，外军州任便居住。"显然这是个虚职，但可以领取不少俸禄，而且可以随便居住。这个消息对这一大家子人来说是个天大的好消息，这意味着他们终于可以永久地安定下来了。弟弟苏辙选择去颍昌（今河南许昌），好友建议他去龙舒（今属安徽舒城），最后一家人商定，还是回常州。

第二年五月，苏轼在前往常州安置的途中去了趟金山寺，看了看李公麟为他画的那幅苏轼像。看到画中的自己，回想奔波的一生，苏轼作《自题金山画像》。

🌀 自题金山画像

心似已灰之木，身如不系之舟。
问汝平生功业，黄州惠州儋州。

我的心好似终于达到了物我两忘的大境，身体就像无拘无束的船儿一样获得自由。你问我平生最高的成就，我认为是黄州、惠州、儋州之行。

如果问一个人能达到的最高境界，那一定是人生最低谷时的反弹，而这一点，苏轼于千载前就领悟到了。

五月底，苏轼因身体不适而决定放缓脚程，让苏迈、苏迨兄弟先走一步，好早些到常州打点一切。没想到苏轼竟然在真州（今江苏仪征）碰到了米芾，二人喜不自胜，一连数日促膝夜谈。

六月，苏轼再次上路，然而一年来的长途跋涉，路途上的悲喜交加，到底摧残了他的身体。六月初，苏轼腹泻不止，不见好转，他决定坐船回常州，到了常州，好友钱济明已早早前来迎接。

七月十四日，卧床多日的苏轼病情骤然恶化。二十八日，苏轼已到了弥留之际，他淡然地向三个儿子交代后事，而后说："吾生不恶，死必不坠。"临终前径山寺长老附在苏轼耳边轻声说："学士啊，心里默念西方极乐，定能安然前往。"

苏轼却喃喃答道："西方不无，但个里着力不得！"意思是说，纵有西方世界，却并不是用力就能追求到的，还是看造化吧！

朋友钱济明劝道："固先生平时履践至此，更须着力！"

苏轼答道："着力即差！"

这一句，便是他临终之言了。苏轼自始至终都是一个活得通透、看得明白的人，在他看来，无论西方世界还是现世世界，并无差别，均是越强求、越不得，越松弛、越极乐。所谓的极乐与否，完全在于自己的内心。

一代文学巨匠，颠沛一生，终与世长辞。消息很快传遍四方，各地百姓自发吊唁，可谓山河同悲共泣。

"地理发现"

常州东坡公园

　　江苏省常州市有一座东坡公园，正建在当年苏东坡来常州弃舟登岸之地，是在南宋遗留下来的舣舟亭的基础上扩建而成的。

　　舣舟是停舟靠岸的意思，苏东坡乘船来到常州府，常在此处停船上岸。到了南宋的时候，常州人民为纪念这位宋代大文豪而建造了舣舟亭。后来，康乾二帝南巡时，也曾多次登临此亭。这座舣舟亭建于公园最高处，是一座四角双檐九脊建筑，亭顶有二龙戏珠、苍松仙鹤、神龙游鱼等精美砖雕和木雕，具有非常高的艺术价值。

　　东坡洗砚池位于御碑亭东北的假山旁，池长1米，宽0.5米，深0.5米，以青石凿成，是苏东坡晚年洗涤笔砚之处。洗砚池原本设在东坡晚年借住的藤花旧馆院内，后来为方便乾隆下江南时观看而搬迁于此。

　　如今，这座以东坡元素为主题的园林景致已成为市民游客打卡拍照的地标性建筑。

萧萧树 ◎ 著

大宋少年游 李清照

花山文艺出版社

河北·石家庄

图书在版编目（CIP）数据

大宋少年游．李清照 / 萧萧树著．-- 石家庄 ：花
山文艺出版社，2025．2． -- ISBN 978-7-5511-7617-0

Ⅰ．K825.6-49

中国国家版本馆 CIP 数据核字第 20245WD642 号

明水镇的顽皮女娃

　　公元 1084 年，这一年，司马光完成了《资治通鉴》，大宋文坛"顶流"苏轼和王安石在金陵（今江苏南京）会面。也是这一年，大宋第一才女——李清照出生了。

1

　　章丘明水镇，是李清照的出生地，位于今天的济南章丘区西北。济南风景秀美，有长白山、长城岭环绕，济水流经，还有闻名于世的趵突泉、百脉泉。四季宜人，山水环绕，这里称得上是风水宝地，因此也成了避世隐遁的好去处。李清照的祖上就是慕名而来的。

　　李家的故事要从临淄（今属山东淄博）说起。临淄，一个历史悠久的地方，曾经是"战国七雄"之一齐国的都城，也是稷下学宫的所在地。稷下学宫，是齐国的官办高等学府，培养出了许多优秀的人才。学宫的学风自由、宽松，吸引了好多读书人来这里著书立说、施展抱负。齐威王统治时期，稷下学宫迎来了最辉煌的时刻，一度吸引了各国的读书人，他们自由论辩，百家争鸣，开创了学术盛世。后世将这种浓郁的学术氛围称为"稷下学风"。李家的祖先也深受稷下学风的影响，出了不少有学问的人。

后来，李家搬到了明水镇。在这里，李家人一直保持着读书传家之风，非常重视子女的教育。在明水镇，李家可是有名的书香门第。一提到李家人，人们都会夸有学问、有见识，让人敬佩。

到了李清照爷爷这儿，李家人开始在朝做官。李清照的爷爷是谁，具体什么官职，今天已不好查证，但我们可以找到一些线索：李清照曾在诗中提到"有易安室者，父祖皆出韩公门下"，里面的"韩公"正是北宋的"三朝宰相"韩琦，能"出韩公门下"，可见她的爷爷并不是普通的小吏，至少在朝廷有些门路。

李清照的父亲李格非也在朝为官，26岁那年，李格非中进士，从此开启了宦海生涯。他先后在河北、山东、河南等地做过官，还曾供职当时的最高学府太学。他还是苏轼的得意门生，与当世的廖正一、李禧、董荣并称为"苏门后四学士"。李格非死后，《宋史》收录了他的传记，可见他在北宋是有一定影响的。

李格非是个什么样的人呢？

他做官刚正不阿，尽职尽责；人品也不错，为人忠厚，对人真诚。作为父亲，他也非常合格。李格非40多岁才有了第一个孩子，就是出生于1084年的李清照，这也是他唯一的女儿。李格非对这个宝贝女儿非常疼爱。唐代大诗人王维的《山居秋暝》中的"明月松间照，清泉石上流"，是李格非挚爱的诗句，他从中各取一字，给女儿取名为"清照"。在女儿的成长过程中，李格非给予了很多关爱。

同样给予李清照关爱的还有她的母亲。关于李清照的母亲是谁，一直众说纷纭，有的说是宰相王珪的女儿，有的说是状元王拱辰的孙女。为什么会这样？因为李格非确实娶了两位王氏，但不知道李清照为哪位王氏所生。宰相王珪的女儿是李格非的第一任妻子，不幸的是，结婚没几年就去世了。后来李格非又娶了状元王拱辰的孙女，即另一位王氏。不过，不管李清照的母亲到底是哪位王氏，有一点是肯定的：她的母亲出身名门望族，是名副其实的大家闺秀，在学识、教养方面都很出色。

在李清照的教育上，开明的父母观念非常一致，那就是让她从小读书认字，做一个知书达理的人。李清照小的时候，李格非常年在外做官，只能偶尔回来，所以教育她的任务多数由母亲完成。母亲有学识、有教养，清照也从小就聪明机敏，学什么都学得很快。李格非喜欢经学，家里藏着大量的书籍，闲暇时间，李清照常常与书为伴。

在李氏大家族中，与李清照同辈的孩子有五六个，除了清照外，其他都是男孩，李清照自然成了"团宠"。平时混在男孩堆中，她自然而然地受到男孩子豪放不羁性情的影响，但也保持着小女生的细腻灵动。学习时她是反应最快的那个，玩闹中她又是笑得最欢的那个。

明水镇的童年，对李清照来说，是美好又难忘的。

"地理发现"

章丘

章丘，位于今天济南市章丘区西北，北宋时期，这里属于齐州，章丘是李格非、李清照父女曾生活的地方。此外，战国时期的邹衍、唐代的房玄龄、明代的李开先、清末民初大商人孟洛川的家乡也在章丘。

章丘历史悠久，文化深厚，是"龙山文化"的发源地，同时，还是铁匠文化、清照文化、商贾文化等的发源地。

章丘因为境内泉水密集，而有"小泉城"之称。章丘境内的百脉泉与趵突泉齐名，泉水清澈甘甜，四季恒温。

百脉泉公园中还有著名的漱玉泉，"漱玉"一词由《世说新语·排调》中的"漱石枕流"演化而来，古人有"泉流北涧瀑飞琼，静日如闻漱玉声"的赞美。传说该泉是李清照梳洗打扮、作诗填词的地方，所以她的《漱玉集》就以此为名。中华人民共和国成立后，人们为了纪念李清照，在漱玉泉旁边建了"李清照故居"。建筑物仿照宋代建筑风格，设漱玉堂，其内摆放着一排屏风，上面记录了李清照一生的足迹。漱玉堂还陈列着不同时期研究李清照的学术资料，这些资料是研究李清照的重要文献。

烟花三月赴京都

　　公元 1089 年，李清照 6 岁。这一年，父亲李格非调任京都，担任太学正一职。有一天，父亲李格非给家里写来一封信，告诉他们一个好消息：他在京城买了房子，一家人可以团聚了！听到这个消息，李清照激动万分。虽然对明水镇非常不舍，但她更想去看看那繁华的京城，去体验新的生活。

　　烟花三月，正是草长莺飞、花红柳绿的好时节，母亲携李清照、弟弟李远踏上去往京都的路。他们从章丘出发，沿着官道向西，路过兖州、巨野等地，就到了京都。这是小清照第一次离家，前往一个完全陌生的地方。一路上她都很期待，京都真如人们说的那般美好？

6

汴京（今河南开封），是北宋的京都。这里地处中原，交通便利，是全国的政治、经济、文化交流中心。这里拥有当时世界上最多的人口，大街上车水马龙，繁华无限。布局上，汴京城仿照唐代的长安城建造，四条主干道将城区围成大方格，旁支干道又划分出若干小方格，千万座庭院又装点在小方格内。春意正浓，此时俯瞰整个京城，几乎整个城区都花团锦簇，蜂蝶飞舞，但在西城有一户院却与众不同，院里全是绿竹，显得分外清雅。这里不是别处，正是李格非购买的宅院，也是李清照的落脚地——李府。

虽初来乍到，小清照并不觉得生分。她喜欢这个新家，喜欢院里的绿竹，更喜欢父亲的书房。她有时在书房一待就是半天，读书，识字，遐想……沉醉其中，惬意得很。父亲明显忙了起来，因为小清照会拉着他问各种各样的问题，他们谈论古今、赋诗咏词。

天生活泼的小清照很快结识了新伙伴，邻居家的几个女儿和李清照年纪相仿，之后她们更是玩闹在一起。院子的一角还有个秋千，那是父亲亲手做的，本是无忧无虑的年华，秋千当然荡得越高越好……

春光明媚，夏日悠长，秋风萧瑟，冬日寂寥。不知不觉间，李清照长成了一个亭亭玉立的少女。

如何形容此时的她呢？说她是明眸皓齿、清丽动人的美人儿，只是常规评价，并不全面。这世上，好看的女子并不稀缺，而李清照身上有当世女子最稀缺的东西：才华！李清照之所以是李清照，正是因她满身的才华。

李清照虽是"千里马"，但身为女子，在古代难以出头，还得有伯乐相助，这个伯乐不是别人，正是她的父亲李格非。

"地理发现"

汴京

　　北宋的京都汴京，最初叫"启封"，这个地名诞生于春秋时期，意思是"启拓封疆"。如今叫开封，位于河南省。开封有4 000多年的历史，4 000多年中，先后有八个朝代在此定都，因此开封被誉为"八朝古都"，大梁、陈留、东京、汴京、汴梁等都是开封的古称。

　　北宋时期，汴京城是当时著名的国际大都市，之所以这样说，是因为当时汴京的人口已经突破了百万，而同时期欧洲的大城市，规模不到汴京的五分之一。当时，汴京是北宋经济最发达的城市，夜生活也十分丰富，是大宋的"不夜城"，比如"州桥夜市"，经常到半夜才打烊。

　　流传至今的国宝级文物《清明上河图》记录的就是北宋汴京城的日常，在5米多长的画卷中，绘有人物、街坊、船只、桥梁等，生动再现了当时的社会生活，再现了当时的市井百态，它也是繁华汴京的见证。

才力华赡，
李家千金
名噪京都

公元 1099 年 **汴京** ［16岁］

事情的缘由，始于《读中兴颂碑》这首诗。

李格非的好友张耒路过浯溪（今属湖南永州）时，读了刻在溪边上的《大唐中兴颂》碑文，有感而发，写了《读中兴颂碑》。张耒是当时有名的文学家，与秦观、黄庭坚、晁补之并称"苏门四学士"，擅写诗词。诗中张耒对郭子仪等人平定安史之乱、恢复唐室的功绩赞美了一番，之后张耒把诗寄给了李格非。恰好，李清照也读了这首诗。

9

　　此时，李清照虽是个花季少女，但她博览群书，天资过人，对很多事颇有见地。看到《读中兴颂碑》的时候，她已经读了父亲的《洛阳名园记》，父亲李格非在文章里除了赞美洛阳城里各大园林的美景，还赞扬了当时政治的清明。他也点出从园林的兴废可以看出洛阳的兴废，从洛阳的兴废可以看到天下的太平或者动乱。对此，李清照深表认同。加上涉猎了不少历史方面的书籍，李清照就对兴废有了自己的想法。看到这首诗，她内心汹涌的表达欲再也按捺不住了，简直不吐不快。

　　于是，次日清晨，李格非的案几上多了两首工工整整的唱和诗。李格非读完甚是骄傲——女儿小小年纪，咏史的功力可不比他差。他挥笔为这两首诗加上了诗题《浯溪中兴颂诗和张文潜二首》，就将其寄给了张耒。

　　几天后，坐在书房的张耒拿着回信，捋着胡子看得津津有味。

咏史诗主要借历史抒发胸中块垒。所和诗里，李清照写道"何为出战辄披靡，传置荔枝多马死"，指出之所以发生安史之乱，让唐王朝军队溃不成军，根源是唐王室耽于享乐，致使佞臣当道。李清照将矛头直指唐室，可谓一针见血。与张耒的歌颂相比，这个鞭挞更大胆，也更有力量。

自此，礼部员外李格非家的千金"能诗"的消息就这样传开了。汴京城里，凡是读书人聚集之地，人们都争相阅诵。大家看了，也一致竖起大拇指。就这样，李清照成为北宋诗坛一颗冉冉升起的新星。同时代的人夸赞她"自少年便有诗名，才力华赡，逼近前辈"。其实，在轰动诗坛之前，李清照的词已经在京都流传。什么是词呢？词有别于诗歌，是一种抒情小调，萌芽于南朝，发展于隋唐，全盛于宋代，到了北宋后期大为流行。北宋的市井文化发达，词成了人们日常生活的调味剂，也成为与诗比肩的时髦文体。人们除了和乐演唱消遣外，也会填词助兴，当时的顶流诗人也都有词作。

李清照爱填词，而且信手拈来。父母的开明、学识的积淀、少女的天性，让像花儿一样美好的李清照潇洒恣肆，填的词也清新脱俗。她将日常的游山玩水、推杯换盏全都写进了词中。比如她这一时期写的《如梦令·常记溪亭日暮》，就是记录游玩之作。

🌀 如梦令·常记溪亭日暮

常记溪亭日暮，沉醉不知归路。兴尽晚回舟，误入藕花深处。争渡，争渡，惊起一滩鸥鹭。

11

　　溪亭的落日大概是清照最向往的景色，以至于沉醉其中，竟忘了回家。不过，正因为天色已晚，才有了"惊起一滩鸥鹭"的邂逅。藕已成，花盛开，清照用"藕花"这一清新典雅的词，一下子让她眼前的景物有了灵魂。晚霞为伴，鸥鹭惊起，共同点缀她的少女时代。

　　在李清照的词里，抒情并非一成不变，而是让整个世界有了生命。

怨王孙·湖上风来波浩渺

湖上风来波浩渺，秋已暮、红稀香少。水光山色与人亲，说不尽，无穷好。
莲子已成荷叶老，青露洗、萍花汀草。眠沙鸥鹭不回头，似也恨，人归早。

　　山水本没有生命，鸥鹭本不解人情，但到了李清照这里，物与人之间的心意相通得以实现。水光山色与她亲近，鸥鹭恨她归去尚早，想见天地万物，都是少女的一念。虽是深秋，"自古逢秋悲寂寥"的落寞丝毫没有影响少女，李清照只想表达自己，以及她所见的美好。这样一个集才气、灵动为一体的人，怎么不让众人欣羡呢？

　　世间有很多种美好，在最好的年华遇到心上人算一种。

　　谁又那么幸运呢？

"地理发现"

洛阳

李格非的《洛阳名园记》描写的是洛阳园林的情况。洛阳，在北宋时期叫西京，公卿贵戚集聚于此，十分繁华。

洛阳，因地处洛水之阳而得名，是中华人民共和国国务院首批公布的历史文化名城。洛阳历史悠久，以洛阳为中心的河洛地区是华夏文明的发祥地。

洛阳居天下之中，处九州之腹，地理位置优越。有5 000多年的文明史、4 000多年的城市史，1 500多年的建都史，历史上先后有13个王朝在此建都，它是中国建都最早、历史最长的城市。

洛阳也是一座山水交融的旅游名城，是牡丹文化之都、文创艺术之都、剧本娱乐之都，不仅有世界地质公园黛眉山、国家森林公园白云山、"北国第一洞府"鸡冠洞、"山岳经典·十里画屏"老君山、"北国水乡"重渡沟等自然风光，还有五大都城遗址。除此之外，还有龙门石窟、中国大运河、丝绸之路等世界文化遗产。

元宵灯会
邂逅意中人

16 岁的李清照到了待字闺中的年龄。以她当时的知名度，李家早就被媒人踏破门槛，但李父以女儿年纪尚小为由，全都回绝了。实际上，李父是想擦亮眼睛给女儿找个好归宿，但看得上眼的女婿哪有那么好找呢？

李清照对嫁人没一点儿兴趣，她依旧沉浸在自己的小圈子里，每天玩耍嬉闹，遇到开心的事，还要喝上几盏酒，完全把母亲那些该出嫁了，须注意下形象之类的嘱咐忘在了脑后。

很快，扬言不嫁的李清照忽然改变了主意，因为她遇到了心上人，这个人就是赵明诚。

他们在哪儿相遇，又是如何遇到的呢？答案是，大相国寺和元宵灯会。

一般的寺庙会选择建在深山，远离尘世，而大相国寺却与众不同，建在繁华的市中心。这里不仅是寺庙，还是集市，是汴京城最热闹的地方。

一年一度的元宵节灯会如期举行，地点就在繁华的大相国寺附近。李清照一行来到灯会，碰巧遇到了也来看灯的赵明诚。在古代，年轻男女见面的机会其实很少，元宵灯会就是一次难得的机会，这天相当于今天的情人节，年轻男女可以借着看灯寻找意中人。

李清照与赵明诚就这样在人群中相遇，只一眼，就互生爱慕。李清照早就听说赵家三公子赵明诚风流倜傥，且是个金石爱好者，见到了本人，果然仪表堂堂。当时，赵明诚的父亲赵挺之担任吏部侍郎，是朝廷三品官，而且是宰相身边的红人。赵明诚作为高官贵子，身上却看不出半点儿纨绔子弟的做派。这么一个翩翩少年站在面前，李清照的心里不免泛起了涟漪。而赵明诚是不可能不知道这位名动京都的才女的，他早就熟读她的诗词，有的都能背诵了。虽然赵明诚早就属意李清照，但苦于无缘相见，如今不期而遇，心上人就站在自己面前，能不激动吗？

之后，赵明诚主动邀请李清照一起看灯，李清照爽快答应了，二人边看边聊，好不默契。情到浓处时，赵明诚大方承认：窈窕淑女我喜欢；李清照也不扭捏：谦谦君子我亦向往。就这样，两人一直相处到灯会结束，才各自回家。

回到家的李清照又回到了从前的生活，仍然与小姐妹约会、喝酒、游玩，兴致来时，写诗填词，但心里也有了小小的变化，她期待有朝一日能再见到赵明诚。

因为父亲，李清照总能读到流行的诗词，了解诗词的创作动向，这也让她站在了诗词发展的前沿，写诗填词的功力日渐深厚。虽然此时的李清照已经小有名气，但她并不是很在意这些，在她看来，成名本是理所应当的事，并不需要刻意强调。写诗填词对她来说，不是为了博得名声，而是发自内心的喜欢。她觉得诗词能让她大胆诉说、表达自己，所以她始终保持着对诗词创作的热情，孜孜不倦。

毕竟到了憧憬爱情的年纪，尤其大相国寺与赵明诚别后，李清照也有了少女闺情，开始关心起身边的花来。一次，醉酒的夜晚，风雨交加，第二天醒来，李清照睡眼蒙眬，抓住侍女就问：外面的海棠花怎样了？

🌿 如梦令·昨夜雨疏风骤

昨夜雨疏风骤，浓睡不消残酒。试问卷帘人，却道海棠依旧。知否？知否？应是绿肥红瘦。

　　侍女才没有心思去关心海棠花是去是留，只随意回了一句，倒惹来了少女的不满，她极力纠正，应该是绿肥红瘦才对！后来，这句"绿肥红瘦"，又让她圈粉无数。看到这里不得不说，李清照作词出口便是，却又让人惊喜不断。但透过只言片语，我们也能感受到，此时的李清照，有了惜花之情，惜花的同时，何尝不是在惜自己，这匆匆逝去的年华！

　　可封建社会的女子并没有多少自由，生为女子，不能抛头露面，不能轻易表露心意。婚姻大事，有父母之命、媒妁之言，之后才是自己。婚姻上，她注定没有太多的话语权。这大概是李清照借词惋惜的真正原因。

　　不经意间，李清照诵出"花开堪折直须折，莫待无花空折枝"的诗句，那个让她等待的折花人，什么时候才能再见？

"地理发现"

大相国寺

　　始建于北齐的大相国寺，原名建国寺，是著名的佛教寺院。唐代，才改称大相国寺。北宋时期，大相国寺深得皇家尊崇，成为皇家寺院，迎来了鼎盛时期。经过多次扩建，大相国寺成了当时全国最大的寺庙以及佛教活动中心。不仅如此，大相国寺还是皇家的外交枢纽，天子常在这里招待外国使臣，进一步促进了各国在政治、经济、文化上的交流。大相国寺上通御街，下连汴河，是连接水陆的重要中转站，这里也自发成了集市中心，周边店铺林立，行人络绎不绝。

　　今天的大相国寺位于河南省开封市自由路，占地约30亩（2公顷），寺内有钟楼、鼓楼、天王殿、大雄宝殿、八角琉璃殿、藏经楼、大师堂等殿堂古迹，历史文化气息浓厚。钟楼内有一口高约4米、重万余斤的巨钟，有"相国霜钟"之称，是寺内的一大奇观。

再遇意中人，倚门嗅青梅

这边赵明诚回到家，没有跟父亲赵挺之说起灯会上与李清照的偶遇，而是卖了个关子。赵明诚告诉父亲他做了个梦，梦见一个相面的老道长，给他留下一句话：心系金石，言与司合，安上已脱，芝芙草拔。赵明诚直言不明白意思，特地来请教父亲。那天赵父心情很好，他一边喝茶一边猜字：这"言与司合"是个"词"字，"安上已脱"是个"女"字，"芝芙草拔"的"芝芙"都去掉"艹"不是"之夫"吗？所以谜底是"词女之夫"，明诚会成为词女的丈夫。话刚说完，赵父心里了然，原来儿子是有意中人了。一说汴京城的词女，谁不知道是李家的千金李清照啊。

19

赵父心里盘算着：李格非素来品行端正，如果与他成为亲家，也还不错。但赵父也耳闻，这李清照个性张扬，怕儿子降不住，就多问了几句。赵明诚这个人，与父亲最大的区别是志不在做官，而在金石学问。他认为另一半也得有才华，所以他认定了才女李清照。赵父看儿子心意坚定，于是选了个良辰吉日，带着儿子亲自登门了。

李府花园内，李清照荡完了秋千，一身香汗，正坐在秋千上休息。忽然听到有客人来了，还没来得及跑开，客人就到了花园。李清照抬头一看，发现了人群中的赵明诚，这下清照更慌了，鞋也顾不上穿，只穿着袜子就想跑开。也因为心急，头上的金钗什么时候掉的也不知道。等跑到门口，李清照觉得就这样进去又不甘心，于是走到青梅树下拽几颗青梅嗅了起来。但"醉翁之意不在酒"，青梅只是她的幌子，偷瞄心上人才是目的。

古代结亲讲究门当户对。李家和赵家都在朝为官，并都身处要职，也算登对。而且两家的老家都在山东，也是老乡。更难能可贵的是李清照和赵明诚两个人早已心意相通，可以说这门亲事水到渠成。李父本就务实，自然也对实诚的赵明诚很满意，于是两家一拍即合，定下了亲事。

李清照自然满心欢喜，激动的心情到晚上还未平息，躺在床上翻来覆去睡不着的她干脆起来填词。于是就有了这首《点绛唇·蹴罢秋千》。

🍃 点绛唇·蹴罢秋千

蹴罢秋千，起来慵整纤纤手。露浓花瘦，薄汗轻衣透。
见客入来，袜划金钗溜。和羞走，倚门回首，却把青梅嗅。

这首词在回忆白天的情景，字里行间都在表达自我，写玩耍，写害羞，也写调皮，灵动、俏皮的个性表露其中。后人怀疑这首词不是李清照所作，理由是无论"袜划金钗溜"还是"却把青梅嗅"，在他们看来都不合礼数，在他们心中，李清照这样的大家闺秀，应该是循规蹈矩，大门不出二门不迈的。如果真是这样，就不是她李清照了，也不会有大宋第一才女了。

众所周知，李清照爱喝酒，并且在词中还大胆地讲。甚至汴京城里还有些不好的说法，李清照才不在乎。因为她有底气让那些看不上她的人心服口服。但凡见过李清照的人，都会被她的性情、谈吐折服，也会感慨她花一样的容貌，却又是女中豪杰。

一首不过瘾，李清照去州桥玩了一圈之后，又填一首，这次的词溢满了甜蜜。

浣溪沙·闺情

绣面芙蓉一笑开，斜飞宝鸭衬香腮。眼波才动被人猜。

一面风情深有韵，半笺娇恨寄幽怀。月移花影约重来。

　　词人极力掩饰自己的喜悦，但喜形于色，根本藏不住。即使寄去了情书也难解相思，最后希望再次见面。此时的李清照沉浸在甜蜜的爱情中，留下了"眼波才动被人猜"的绝美句子。

　　李清照悠哉地填词，家里大人可是够忙的，纳采、问名、纳吉、纳征之后，结婚的日子定了下来。很快，李清照就要嫁到赵府了。

"地理发现"

州桥

州桥是一座横跨汴河的大桥，南北长25.4米，宽度将近50米。该桥修建于唐朝，名为"汴州桥"，五代时更名为"汴桥"，北宋时期，改名为"州桥"，也称为"天汉桥"。

自从宋代都城定在汴京之后，人们对汴京城进行了扩建，城内共有13座桥，而州桥最为壮观，因此也成了市中心。站在桥上，向南可以看到朱雀门，向北可以看到宣德楼。在白天，桥下流水潺潺，桥上人来人往，非常热闹。到了夜晚，明月照在湖面上，州桥倒映在水里，临河赏月，别有一番风味，因此，"州桥明月"也成了"汴京八景"之一。

州桥在当时非常有名，很多人慕名而来，当然州桥也出现在不少文人笔下，宋代的梅尧臣、王安石、范成大等都在这里留下了诗作。

可惜的是，州桥在一次水患后，被埋藏在了地下。1984年，考古人员在今天的开封市中山路与自由路交叉口附近发现了州桥的遗址，这座藏于地下数百年、曾见证繁华汴京的古桥得以重见天日。

宴尔新婚，为父求情

公元 1101 年，18 岁的李清照一袭红装，嫁给了 21 岁的赵明诚。

婚后小两口的生活十分甜蜜，但遗憾的是两人聚少离多。因为赵明诚当时的身份还是学生，还在太学上学，只能每月的初一、十五才能回去。每月仅有的两天，被这对小夫妻过成了神仙眷侣的生活。

假期，两人会相约到大相国寺的集市上"淘宝"，御街的店铺是他们经常逛的地方。收藏文物着实有点儿烧钱，虽然赵明诚家并不缺钱，但赵家素来节俭，断不会给还是学生的赵明诚太多的钱。况且，赵挺之一直不喜欢小儿子的这个"不务正业"的爱好，断然不会给他什么支持。

但这些并没有使赵明诚放弃这个爱好，没有钱买，赵明诚就抄，他常常抄写《诗经》以外的诗歌、正史之外的逸史，还会抄写古文经传、竹简上的古文字，这些积累起来，逐渐有了一定规模。说实话，李清照虽为女子，但学识并不比丈夫差，她的加入无疑给赵明诚带来很大的帮助，他们可以彻夜聊金石话题。遇到满意的金石文物，他们爱不释手，很默契地当了衣服，去换他们的心头好。有时急着用钱，李清照还会将自己的首饰拿去当了。

买下宝贝后，他们通常会把剩下的钱买零食、果子。回到家，两人边吃边把玩文物，常常忘记了时间。李清照后来回忆这段难忘的时光，称自己和丈夫是"葛天氏之民"，觉得那时的自己和丈夫好比人类最初的状态，单纯而快乐。当然，有些是他们买不起的。一次，他们看上了南唐徐熙画的《牡丹图》，非常开心，一问价钱，要二十万文钱，他们根本没有那么多钱，于是他们将《牡丹图》借到家里，细细把玩了两天，才不舍地还了回去。两人为此还惋惜了好多天。

有时，他们也会邀请朋友到家里饮酒品茶，鉴赏文物，所谓"谈笑有鸿儒，往来无白丁"，说的正是他们，他们因此结交了很多文人墨客。

购置文物算是一大乐事，另一件乐事就是比拼诗词了。赵明诚每出去一段时间回来，李清照总会拿出新填的词在他面前炫耀一番，尤其是自己满意的词作，她会亲自念给丈夫听。而赵明诚也会逐一评论，与李清照互相切磋。那段岁月里，李清照沉醉在新婚的快乐中，所填词里装满了甜蜜。

🌿 减字木兰花·卖花担上

卖花担上，买得一枝春欲放。泪染轻匀，犹带彤霞晓露痕。
怕郎猜道，奴面不如花面好。云鬓斜簪，徒要教郎比并看。

在封建社会，男子常常是大胆、主动的一方，因此，词中有"众里寻他千百度，蓦然回首，那人却在灯火阑珊处"的邂逅，有"执手相看泪眼，竟无语凝噎"的缠绵，不过，这些都是男子视角写成，男性主导，女子却很少表达爱意，女子似乎注定是被动的一方。然而，李清照可不是寻常女子，她才不要被动，她要做主动的一方。"怕郎猜道，奴面不

如花面好。"她怕花的美盖过自己，偏要拉着丈夫与花比个高下。这里也像是告诉所有人，在丈夫赵明诚的心里，我李清照必须是独一无二的存在。

正当李清照还沉浸在二人的甜蜜时，娘家忽然出了状况，父亲李格非被革职了，过几日要被赶出京都了，而这一切与她的公公赵挺之脱不了干系。

北宋时期，朝堂党派斗争激烈，以王安石为代表的新党和以司马光为首的旧党一直斗争了数十载，之后王安石、司马光相继去世，但新旧党之间斗争不仅没有结束，反而愈演愈烈。再往后，新旧党之间在一段时间内矛盾缓解。宋徽宗即位后，重用了蔡京，而蔡京是新党领袖，他上台之后，开始打击旧党，他们做了个"元祐党人名单"，李格非就在名单上，他就被革职了。

而赵挺之呢，在蔡京的推荐下，步步高升，官做得越来越大。这次的"元祐党人名单"，赵挺之也是推进者之一。看到这里，你或许会有疑问，既然两家分属新旧党不同的阵营，为什么会促成李赵两人的婚事呢？其实，李赵谈婚论嫁时，新旧党派暂时放下斗争，和平相处。并且那时赵挺之还没有高升，李格非也不是旧党的代表，只是苏轼的学生。如果放在这时，这婚事恐怕就谈不成了。

李清照怎么能眼睁睁看着父亲被革职呢？此时她万分着急，但也没有好的办法。弟弟还小，不能独当一面。封建时代，女子不能和男子一样抛头露面，只能锁在深闺中。此时的李清照恨自己不是男子，父亲有难，却无能为力，目前想到的唯一办法是向赵挺之求情。

然而，李清照只能在早上请安的时候才能见到赵挺之，但那个场合求情并不合适，于是给赵挺之写了封请求信。信中，她言辞恳切，希望赵挺之能为她的父亲说情，其中有"何况人间父子情"这样的肺腑之言。虽然这封信只留下了这句话，但也能看出这是一封言辞恳切的信。即使这样，最后请求信并没有感动赵挺之，赵挺之还是直截了当地拒绝了李清照。

面对赵挺之的无情，李清照十分愤怒，可怜父亲一生清正，落得如此下场，于是她写下了"炙手可热心可寒"的诗句，讽刺赵挺之：你官做得越来越大，人却越来越无情。耿直如她，直接将满腔的愤怒写入诗里。

最终，李父还是被发配到遥远的广西，而李清照依然留在赵府。失去家人庇护的李清照，有了孤独之感，好在丈夫赵明诚对她像往常一样体贴，她才不至于过于伤心。

有时她也忧虑：父亲不知道什么时候才能得到平反，唉……

"地理发现"

御街

御街，顾名思义，是指皇帝巡游的街道。北宋的御街设在汴京的南北中轴线上，北起皇宫宣德门，经州桥和朱雀门，直达外城南熏门，长达十余里。御街的沿线设有国家的权力机构，三省、枢密院等都在街边。

御街的宽度超乎想象，根据《东京梦华录》里的记载，御街宽约200步，道路中间为御道，是皇家专用道，道路的两旁挖着河沟，种满了荷花，岸边还有桃树、李树、杏树等。御街的东西两侧设有御廊，这里店铺林立，主要功能是供平民交易。李清照和丈夫赵明诚经常光顾这里。

由于种种原因，北宋御街被掩埋在泥土之下，无法重见天日。1988年，在御街遗址上，新的御街建成，其功能定位为仿宋商业街，再现了往日的繁华。今日的御街位于开封市龙亭区中山路北段，这里仿北宋御街而建，所挂的匾额、楹联、幌子，以及所拟的字号等都出自《宋史》，古香古色，别有韵味。

相思漫漫，抵不过朝堂风云骤变

公元 1103 年 **京都赵府** [20岁]

这一年，赵明诚从太学毕业，他终于有时间发展一下爱好了，他先是立下了要游遍全国、收集天下的古文奇字的愿望，之后出去游历了一番，这一去就是几个月。回来后，赵明诚立即上任京官，李清照与他照样聚少离多。李清照本是一个活泼爱闹的人，但再热闹，因为没有丈夫的陪伴，她也难免郁郁寡欢，提笔写词，思念便成了"主旋律"。

30

李清照的爱是大胆的、热烈的。与丈夫的聚少离多，让李清照注定要不断思念丈夫，于是她将无尽的思念写进词里，贯穿春秋。

怨王孙·帝里春晚

帝里春晚，重门深院。草绿阶前，暮天雁断。楼上远信谁传，恨绵绵。
多情自是多沾惹，难拼舍。又是寒食也，秋千巷陌，人静皎月初斜，浸梨花。

春天，李清照每天思念着丈夫，绵绵的思念虽可以依靠鸿雁传递，但等待回信时的煎熬，不仅没让思念变少，反而使思念更加浓烈。"楼上远信谁传，恨绵绵"，正是词人此时的心境。

一剪梅·红藕香残玉簟秋

红藕香残玉簟秋，轻解罗裳，独上兰舟。云中谁寄锦书来？雁字回时，月满西楼。
花自飘零水自流，一种相思，两处闲愁。此情无计可消除，才下眉头，却上心头。

可以想见李清照，一个绝代佳人，在某个秋日，独自坐在兰舟上，看见大雁时，心情激动万分，这大雁是不是来送信的？但看到远去的大雁显然不是，此时希望破灭，思念又开始蔓延。李清照并不想困在思念里，欣赏这大好秋色岂不好啊？但最终没有奏效，一句"此情无计可消除，才下眉头，却上心头"脱口而出，道出思念无处不在，那些刻意的忘掉，只是徒劳。

值得欣慰的是，李清照寄给丈夫的每一份思念都被丈夫回应着。外出时，他们鸿雁传书；归家时，他们会花上大把的时间促膝长谈。这一年的七夕前后，赵明诚刚迈进门，就迫不及待地向李清照讨要作品，于是李清照拿出一首新作的《行香子·草际鸣蛩》给了赵明诚。

🌿 行香子·草际鸣蛩

草际鸣蛩，惊落梧桐。正人间、天上愁浓。云阶月地，关锁千重。纵浮槎来，浮槎去，不相逢。

星桥鹊驾，经年才见，想离情、别恨难穷。牵牛织女，莫是离中。甚霎儿晴，霎儿雨，霎儿风。

七夕是我国的传统节日，相传这一天是天上的牛郎和织女见面的日子。历代的诗人、词人在这天留下了许多作品。李清照这首词以牛郎、织女相遇为开端，但也为他们的相遇铺垫了很多，"霎儿晴，霎儿雨，霎儿风"，给两人的相见增加了不少困难，本来一年一次的相见，又因

为阴晴不定，风雨交加，变得困难。

"霎儿晴，霎儿雨，霎儿风"本是大自然的现象，这里也隐喻当时政治的风云变幻。在政治面前，个人的前途、爱情微不足道，无论此时的李清照和赵明诚如何两情缱绻，在风起云涌的大环境下，都显得如此单薄无力。

此前李清照的父亲李格非因党争被革职，如今轮到了赵家。起因是赵挺之与蔡京互相争斗，最终赵挺之落败，受到排挤。赵挺之决定辞官还乡，但只过了5天，就突发疾病去世了。

赵挺之死后没几天，蔡京就把赵家三兄弟抓进了大牢，审讯长达四个月。由于没有证据，最后三兄弟被无罪释放。蔡京并不甘心，继续发难，使赵明诚的两个哥哥先后被贬，赵明诚更是被剥夺了官职。看来京都是待不下去了，夫妻二人商量，先回山东青州老家待一段时间吧。

公元1107年的冬天，一个飘雪的日子，天还未亮，就有十几辆马车从京都城门驶出，其中一辆载着李清照和赵明诚，他们踏上了去往青州的路。

"地理发现"

青州

青州，是古九州之一，与当时的冀州、兖州、徐州、扬州、荆州、豫州、梁州、雍州并称九州。其中，青州作为历代东方之重镇，扮演着重要的角色。《尚书·禹贡》中记载"海岱惟青州"，它的范围大体在今天的渤海以南、泰山以北，包括河北、山东的一部分。

宋代，青州的辖区在山东省中部，涵盖今天的潍坊、淄博、济南、青岛等地。如今的青州，指山东省下辖县级市青州市。

青州历史悠久，是东夷文化的发祥地，境内有北辛文化、龙山文化、大汶口文化等遗址。除此之外还有田齐王陵、驼山石窟、龙兴寺、真教寺等名胜古迹。

青州还出过很多历史名人，北宋时期，寇准、范仲淹、欧阳修、富弼、王曾都在这里做过官。大宋第一才女李清照曾与丈夫赵明诚在青州待了20多年。

青州『归来堂』，
琴瑟和鸣
录金石

公元 1107 年 **青州老宅** [24岁]

到了青州，李清照住进了赵家老宅，这一年她 24 岁。

老宅依山傍水，位置极好，开窗就能看到对面的云门山，四周还被碧水环绕。另外，让李清照开心的是，这里远离京都，能轻松过活。京都自古是非多，远离了京都，也就远离了尔虞我诈。

　　李清照把大大小小的箱子分门别类，安置到了合适的位置，唯独剩下几箱子金石文物无法安置，干脆都堆进了书房。她环顾洒满阳光的书房，心想该给书房起个名字。李清照素来羡慕陶渊明，他的《归去来兮辞》更是家喻户晓，于是李清照给书房起名"归来堂"。

　　有了名字，书房变得亲切了许多。赵明诚觉得这名字也很应景，于是亲自写下"归来堂"三个正楷大字，命人装裱并挂了上去。李清照将居室命名为"易安室"。"易安"也出自陶渊明的《归去来兮辞》，当年陶渊明辞官归隐，坐在自家小屋的南窗下写道："倚南窗以寄傲，审容膝之易安。"意思是，靠着南窗可以寄托我狂放不羁的本性，虽然住的地方狭小，只能容下膝盖，但我却如此心平气和。李清照极其羡慕陶潜先生的活法，所以她也要在青州"易安"。

李清照很快适应了青州的生活。不过，赵明诚却忧心忡忡。以前他是宰相之子，高高在上。但如今父亲去世，自己也被罢免了官职，还经历了牢狱之苦，不得不回老家。都说"荣归故里"，显然赵明诚不是，他是落魄而归。虽然赵明诚并没有多大的政治抱负，但出仕的愿望还是有的，现在身处青州，前途未卜，内心的苦闷可想而知。

李清照看出赵明诚的心思，不免担忧。她决定给赵明诚找点儿事做，忙起来自然没有时间难过了。干点儿什么呢？看着"归来堂"里堆放的几箱金石，她心里一喜，办法有了。李清照随即找到赵明诚，建议他继续发展他的金石爱好，还建议他将金石上的文字整理成册，流传后世。这一提议让赵明诚心动。他想反正闲在家中，不如著书立说，何况这也是爱好呢。说干就干，夫妻俩立即动手，赵明诚负责整理，李清照就在边上帮忙。

金石，指的是古代那些刻有文字的钟鼎碑碣，上面的文字不仅能证明历史，还能弥补历史记载的不足。赵明诚的工作主要是整理钟鼎彝器的铭文款识和碑铭墓志，所以他给自己的书取名《金石录》。在外人看来，金石整理既枯燥又乏味，但他们夫妻二人却不这样认为，反而很有兴趣。赵明诚撰写时，李清照就在一旁帮他整理，还和他一起分析、研究、校对。有时找到一件珍贵的字画，夫妻二人还会秉烛赏玩，直到蜡烛燃尽还意犹未尽。夫妻二人这种学问上的契合，心灵上的默契，恐怕世上少有。

但金石工作并不简单，光是购买金石就要花一大笔钱。目前，财力有限，但李清照还是决定把大部分开支用在金石上，她平时"食去重肉，衣去重采，首无明珠、翠羽之饰，室无涂金、刺绣之具"，意思是吃得清淡，衣服朴素，不需要佩戴珠宝首饰，房间也不用华丽。为了支持丈夫的工作，她还把自己的大部分首饰珠宝当了换钱。首饰珠宝，这些寻常女子珍视的东西，在李清照看来只是身外之物，没有什么可留恋的，而他们的金石不仅能保存下来，还能流芳百世。

金石除了费钱还耗费精力，赵明诚时不时地需要外出搜集石刻文字，跋山涉水、舟车劳顿也在所难免。

不过，他们的收藏也逐渐有了规模，归来堂成为北方有名的藏书之地。由于书籍日渐增多，他们便建起了私人图书馆，并将藏书分门别类，有序放置，从而实现了对书籍的科学化管理。

整理时，赵明诚遇到迷惑的地方，李清照总能三言两语解开，这让赵明诚心服口服。空闲时间，李清照也是生活上的开心果，经常给丈夫带来惊喜，这让赵明诚逐渐释怀。赵明诚对李清照也是发自内心的喜欢。李清照31岁时，赵明诚在她的小像上题词："清丽其词，端庄其品，归去来兮，真堪偕隐"，说李清照无论才华还是相貌都是极好的，可以称得上我的如意伴侣。言语之间，也能看出赵明诚对妻子的感激与肯定。

就这样，李清照和赵明诚在青州一待就是20年，他们在这段时间基本完成了《金石录》的整理工作。

"地理发现"

云门山

　　青州城区以南有一座山，名为云门山，海拔 421 米。虽然海拔不高，但山上悬崖峭壁，怪石林立，以奇闻名。这里曾是寓居青州的李清照常去的地方。

　　云门山自古以来是佛教、道教圣地，山上存有大量的石佛。另外，古代的诗人骚客也喜欢到此地游玩，留下了不少诗作。人称"铁面御史"的赵抃、黄庭坚的父亲黄庶都曾在此地做官，也曾登上云门山，盛赞它的美。

　　如今的云门山是国家重点风景名胜区，也是国家地质公园，有云门洞、云窟、望寿阁、万春洞等景点。2017 年，云门山景区作为青州古城旅游区三大板块之一，成为国家 5A 级旅游景区。

书房里的「高端局」

　　对于李清照来说，青州是个温柔乡。在那里的时光，她和赵明诚夫妻俩虽没有优越的物质生活，但琴瑟和鸣，自得其乐，在他们的书房"归来堂"，他们一起著书立说，还自创了娱乐项目——赌书。

　　什么是赌书呢？即一个人说出典故，另一个人回答典故的出处，说出答案后再去找书验证。称得上大宋"最强大脑"的李清照，让学问扎实的赵明诚不能大意，很多时候，李清照略胜一筹。高光时刻，李清照甚至能清楚地说出在书的第几卷第几页第几行，这不得不让人佩服。果然，两位优秀的人连日常消遣都泛着高雅。

40

赌书赢的一方可以优先饮茶。赢了丈夫的李清照沾沾自喜，端起茶杯打算喝时，却看到丈夫赵明诚吃瘪的样子，忍不住大笑了起来，这一笑不要紧，上好的茶没进肚里，反而洒在了身上，真是可惜。不过当时的美好是那样的真实，满是幸福与惬意。"赌书泼茶"的典故就来源于此。

二人的娱乐项目一度为时人效仿，但大多只能学个皮毛，精髓难以学到。效仿他们二人的不仅有时人，还有后人。比如清代的纳兰性德也和妻子玩"赌书泼茶"的游戏，在妻子去世以后，纳兰性德还在词里写道"赌书消得泼茶香，当时只道是寻常"，通过回忆那段"赌书泼茶"的美好时光表达他对亡妻的思念。

住在青州期间，李清照十分悠闲，也在这个时期，李清照迎来了创作的高峰期。随着李清照在阅历、学识方面的提升，她的词称得上炉火纯青。刚到青州，她喜欢咏物，而咏得最妙的就是梅花。《渔家傲·雪里已知春信至》这首最为经典，这首词赞美了梅花的美以及遗世独立的品格。

🍃 渔家傲·雪里已知春信至

雪里已知春信至，寒梅点缀琼枝腻。香脸半开娇旖旎，当庭际，玉人浴出新妆洗。

造化可能偏有意，故教明月玲珑地。共赏金尊沈绿蚁，莫辞醉，此花不与群花比。

自古以来，咏梅的诗人众多。宋初诗人林逋最有名的诗作是《山园小梅》，其中的"疏影横斜水清浅，暗香浮动月黄昏"更是把梅花的姿态写绝了。要想超越前辈，谈何容易，只能另辟蹊径。李清照是怎么处理的呢？在李清照之前，无论诗人还是词人都喜欢用花比喻美人，而李清照来了个反转，用美人来比喻花，让梅花有了新的高度——能和美人比肩，并用美人来衬托。由此看来，李清照就是李清照，从不落窠臼。所咏的梅花高洁傲岸，遗世独立，我李清照也如梅花一样，不与世人比，也不屑别人怎么看。

除了咏物之外，她的词里仍有无尽的相思。可能你会好奇，丈夫赵明诚明明在青州，想必也每天见面，怎么还相思呢？事实并非如此。前面也提到，赵明诚为了搜集金石，经常外出。刚开始，赵明诚的活动范围在青州附近的州县，几天就回来了。州县附近穷尽了，就得到更远的地方，最远还到过湖北。赵明诚一走，李清照可不又是一个人？仍然是漫长的等，无尽的念。

一次，赵明诚和好朋友刘跂一起去泰山寻找碑文。但到了约定回来的时间，赵明诚迟迟未归，李清照心里不免担心起来，不会是遇到贼人了吧？眼看到重阳节了，赵明诚还没回来，李清照更着急。门外响起叩门声，这下终于有了消息，然而，李清照等来的不是归来的丈夫，而是刘跂的书童。原来书童来转告李清照，他们家老爷和赵明诚还要在外面多待些日子。听到这个消息，李清照安心了，但心情也变得低落。

好你个赵明诚，我李清照在家茶不思饭不想地担心你，而你却贪恋外面的花花世界，枉我为你担心。随即填了一首《醉花阴》，塞到衣服里让书童捎过去。

此时赵明诚借住在朋友陆德夫的家里，看到衣服里夹着信，打开一看，原来是自家娘子新填的一首词。这首词写得好不好，看看赵明诚的反应就知道了，只见赵明诚一动不动地在原地站着，几十个字足足盯了半天，还一直傻笑着。刘跂和陆德夫都很好奇信上写的什么，他们正要抢过来看时，赵明诚赶紧将信揣到怀里，像护着宝贝似的生怕信被抢去。

之后，赵明诚变得反常，他不吃不喝，把自己关在屋子里。好友去找，也不出来。直到第三天的晚上，赵明诚抱着一堆纸出现在好友面前。原来，这三天，赵明诚忙着填词，这堆纸上足足有 50 首。

他填这么多词做什么？至于三天不出门吗？当然了！因为赵明诚读完李清照的这首《醉花阴·薄雾浓云愁永昼》，有被震撼到。

醉花阴·薄雾浓云愁永昼

薄雾浓云愁永昼，瑞脑销金兽。佳节又重阳，玉枕纱厨，半夜凉初透。东篱把酒黄昏后，有暗香盈袖。莫道不销魂，帘卷西风，人比黄花瘦。

这词真是妙啊，简直空前绝后。赵明诚本来想在朋友面前显摆一番，忽然心生一念，他也要填首，与娘子比试比试。但赵明诚填了一首之后，自己都觉得不如李清照的好，于是就有了后来的一幕，关在屋里三天，一直填了50首！赵明诚自信，50首中肯定有一首能胜出的。然后赵明诚把李清照的那首誊写了一遍，混在了这堆词里，拿去给朋友看。

没想到，当两位朋友把他们眼中绝佳的词选出来时，还是李清照那首胜出，真是词不在多，而在妙啊！陆德夫还说这首词里，"莫道不销魂，帘卷西风，人比黄花瘦"三句最为经典，可以流传后世了。这下，赵明诚输得心服口服。

李清照在词里也说了，因为思念赵明诚愈加瘦了。所以没过几日，李清照就看到回来的赵明诚，夫妻又团聚了。

"地理发现"

泰山

被称为"五岳之首""天下第一山"的泰山，位于山东省泰安市，总面积约 25 000 公顷，主峰玉皇顶的海拔约为 1 545 米。泰山是中国第一个世界文化与自然双重遗产，也是第一批国家级风景名胜区。

因其丰富的地理历史文化内涵，泰山被视为中华民族的精神家园，东方文化的缩影。

泰山风景壮丽，有苍松、巨石、云海、日出等景观，这些景观让泰山气势磅礴，雄浑明丽。

泰山也是中国文明与信仰的象征。在古代，先民把泰山看作直通帝座的神山，有"泰山安，四海皆安"的说法，因此，泰山受百姓崇拜，君主祭拜。从秦代秦始皇开始，一直到清代，先后有 13 位帝王在这里举行封禅仪式或祭祀仪式。

泰山有极其深厚的文化内涵。历史上文人墨客先后游历泰山，留下了数以千计的诗文。除此之外，泰山的石刻、碑碣的数量也是空前的，这里的石刻、碑碣涵盖真、草、隶、篆各体，具有很高的书法价值，因此泰山也成了金石学家造访的胜地。李清照的丈夫赵明诚就是众多到访者之一。

《词论》引波澜，夫妻生嫌隙

公元 1113 年，政和三年闰四月，李清照与赵明诚前往泰山搜集碑文，途中经过了著名的灵岩寺，在寺内逗留了几天。之后二人赶往泰山，令人开心的是，他们此行收获了唐高宗的《唐登封纪号文》，这为他们的金石研究增添了分量。

公元 1116 年，李清照又在京都火了起来，这次不同于上次，上次火是因为诗词，这次火则是因为怼人。

为什么要怼人？都怼了谁呢？这要从她的一篇论文——《词论》说起。在青州，李清照对词又有了更深的见解，于是决定写一篇关于词的文章，并给这篇论文起名为《词论》。大家拿到后，一看内容，简直惊掉了下巴，为什么这么说？因为这篇文章里，李清照把北宋词圈的名人怼了个遍。

柳永是被怼的第一人。说到柳永，世人都知道他"变旧声作新声"，还有那首《雨霖铃·寒蝉凄切》简直把离愁别恨写绝了，柳永的名气很大，"凡有井水处，皆能歌柳词"。那李清照怼他什么呢？李清照先肯定了柳永对词的贡献，也说他的词符合音律，但说他的词"词语尘下"，意思是说他的词过于庸俗，土得掉渣。

接下来被怼的是晏殊、欧阳修、苏轼三人。

"至晏元献、欧阳永叔、苏子瞻，学际天人，作为小歌词，直如酌蠡水于大海，然皆句读不葺之诗尔。又往往不协音律，何耶？盖诗文分平侧，而歌词分五音，又分五声，又分六律，又分清浊轻重。且如近世所谓《声声慢》《雨中花》《喜迁莺》，既押平声韵，又押入声韵；《玉楼春》本押平声韵，又押上去声，又押入声。本押仄声韵，如押上声则协；如押入声，则不可歌矣。"

李清照说这三位前辈学识渊博，作词对他们来说简直小菜一碟，就如从海里舀一瓢水那么简单，不过三人作的词却不怎么样，只能算长短不一的诗，和音律完全不匹配。

到了北宋中后期，词的理论相对成熟，词人创作也趋于规范。李清照对这时期的词人该收敛一下了吧？并没有，她先是评价这一时期的代表词人晏几道、秦观、贺铸、黄庭坚这四位是懂词的，音律上也过得去，只是还有别的问题。什么问题呢？

《词论》说秦观的词虽然感情丰富，但很少用典，内容上贫乏，就像普通人家的闺女，虽然漂亮，但缺乏一种富贵气；说晏几道在填词时不擅长写景叙事；说贺铸的词缺乏典雅庄重；说黄庭坚的词虽然充实，但有很多小毛病，就像美玉上的瑕疵一样，会使玉的美感大打折扣。

到此为止，李清照算是把写词的人怼了个遍。当然，李清照怼人并不是逞口舌之快，她的目的是引出自己的词论观点——"词别是一家"，即词是有别于诗的独立的文体，需要自成一体，还需和音律、善用典、长铺叙，只有这样才能写出好词来。

没想到的是，"词别是一家"的观点引起的波澜远没有她怼人出名，青州这个小地方已经尽人皆知，还一度传到了京都，又让李清照火了一回。同辈人是什么反应呢？大多数同辈人不满，李清照收到的批评也异常犀利：有人说她大放厥词，有人说她不自量力，有人说她自恃有才、藐视一切。也有人说她一个妇道人家，怎么如此狂傲？

李清照写《词论》的时候，赵明诚在外搜集金石。听到消息后，赵明诚快马加鞭赶了回来。他第一次没站在李清照这边，也和众人一样，把李清照数落了一顿。欧阳修、苏轼都是赵明诚敬佩的人，如今自己的妻子这么直白地批评前辈，多少有点不敬。更何况苏轼，也算是李父的老师呢。

李清照却不以为然，她解释，对这些前辈的评论并没有恶意，只是客观指出了他们词的不足而已。而且她坦言，既然敢大胆说出来，就做好了被批评的准备，她才不怕呢。

这是夫妻二人第一次有了正面冲突，因为观点不同。

看到赵明诚的反应，李清照很失望，她以为他懂她，其实并不是。也因为此事，两人之间有了嫌隙。

"地理发现"

灵岩寺

李清照和赵明诚途经的灵岩寺，位于今天的山东省济南市长清区万德街道。该寺始建于东晋，是高僧佛图澄的得意弟子僧朗所建。该寺到唐代达到鼎盛，之后的宋、元、明、清，寺院也香火不断。

灵岩寺有着悠久的历史，佛教的底蕴也十分丰厚，在唐代，人们就将灵岩寺与江苏南京的栖霞寺、浙江台州的国清寺、湖北宜昌的玉泉寺并称"海内四大名刹"，且灵岩寺列四刹之首。寺内有千佛殿、大雄宝殿、御书阁、钟鼓楼、辟支塔等建筑，此外，寺内还有唐宋以来的碑碣，其中最著名的是唐代李邕所撰的《灵岩寺碑颂并序》，这些碑碣是李清照和赵明诚在此留宿的主要原因。

今天的灵岩寺是世界自然与文化遗产泰山的重要组成部分，也是全国重点文物保护单位、国家级风景名胜区。寺内有"镜池春晓""方山积翠""明孔晴雪""五步三泉"等自然奇观，游览其间，人们还能欣赏"铁袈裟"以及宋代的彩绘泥塑罗汉等。

自是花中第一流

又一年秋日，依照登高望远的习俗，李清照出发去了仰天山。

这次她是独自前往的，漫步在仰天山的小径上，李清照走走停停，路过一处山谷时，微风拂面，带来了阵阵清香。李清照好奇香味的来源，抬头望去，只见不远处，满树金黄的桂花在秋风中轻轻摇曳，美丽极了。

50

野生的桂花通常生长在深山里，它开着淡淡的小花，却能把香味弥漫到整个山坡。想起当下的处境，李清照心中涌起一股莫名的感慨，于是信手填了一首《鹧鸪天·暗淡轻黄体性柔》。

🍃 鹧鸪天·暗淡轻黄体性柔

暗淡轻黄体性柔，情疏迹远只香留。何须浅碧深红色，自是花中第一流。
梅定妒，菊应羞，画阑开处冠中秋。骚人可煞无情思，何事当年不见收。

"暗淡轻黄体性柔，情疏迹远只香留。"这两句，词人用文字给桂花画了一幅绝美的画像。虽然桂花的颜色不鲜艳，光泽也不炫目，但它却有着温柔的性格，就像一个文静的淑女，不是依靠外表，而是通过内在涵养吸引人。紧接着后一句说桂花虽然生长在高山上，远离人群，但它却把浓郁的香气留给了人间，就像一位隐居的君子，虽然隐居山林，但他却以高尚品德赢得了世人的敬佩。"自是花中第一流"给了桂花最高的评价。但现实中，桂花不被高看，会惹来其他花的嫉妒，连屈原的《离骚》都没有把桂花收入。这里，李清照主要强调桂花的内在美，写桂花的同时，其实是在写她自己。

因为"怼人风波"，她和赵明诚之间有了嫌隙，但李清照并没有觉得自己的言论有任何不妥，她依然坚持自己的观点，毫不妥协。

在李清照看来，世人过于看重声誉和名望，而忽略了词本身的审美价值。她大胆提出《词论》，是希望人们有所改变，完善自身的创作而不是为顾全那些词人的名声和地位，避而不谈。因此，她大胆地表达自己的观点，希望能够引导世人重新审视词。但世人并不理解，不过，李清照也不会在意。

在这首词中，李清照以桂花为喻，表达了自己的决心和信念。桂花以其独特的香气和美丽的形态而著称于世，更被李清照誉为"花中第一流"。李清照以此自比，表达了做自己、追求自我的决心。她不愿随波逐流，更不愿为了迎合世俗而放弃自己的信仰和追求。

这就是李清照，她如同绽放的桂花一般，清雅而不媚俗，她独步于世间，傲然于世俗之外。

"地理发现"

仰天山

李清照秋日登临的仰天山，位于青州城西南 46 千米处。因山上的千佛洞里有天窗，可以仰望天光，故此山得名"仰天山"。

这里的森林覆盖率达 97%，植物资源丰富，还生活着很多脊椎动物，可以说这里构筑了一个天然的生态系统，因此也被称为"天然森林公园"。

山上的景点包括摩云崮、佛光崖、望月亭、文昌阁、灵泽洞。其中灵泽洞是天然岩溶洞穴，长度达 1 500 米，洞里有各种各样的石笋、石柱、石幔、石帘，置身其中，仿佛到了另一个世界。

值得一提的是，李清照的丈夫赵明诚还在仰天山上留下了题刻，该题刻成为研究仰天山的重要历史文物。

武陵人远，一段新愁

公元 1121 年，一个秋高气爽的日子，青州。

李清照睁开眼，已经日上三竿了，不知道做什么的她又填起了词。

一首《凤凰台上忆吹箫·香冷金猊》写就。

凤凰台上忆吹箫·香冷金猊

香冷金猊，被翻红浪，起来慵自梳头。任宝奁尘满，日上帘钩。生怕离怀别苦，多少事、欲说还休。新来瘦，非干病酒，不是悲秋。

休休。这回去也，千万遍阳关，也则难留。念武陵人远，烟锁秦楼。惟有楼前流水，应念我、终日凝眸。凝眸处，从今又添，一段新愁。

这首词字里行间流露出两个字：颓废。你看，大太阳已经晒到帘钩了，李清照才起床。起床后一直发呆，也懒得梳头，任由头发披散着。再看看屋里，香炉里的香早就烧完了，被子还没叠，铺排在床上。桌上的首饰盒，已经落满了灰尘，很明显已经很久没有打开了，这也意味着李清照很久没有打扮自己了。

都说"女为悦己者容"，女子会为自己的心上人刻意打扮，李清照连基本的梳洗都没有，更别提精心打扮了。难道丈夫赵明诚又离家了？是的，赵明诚此时不在青州，而在另一个地方——莱州。但这也不至于让李清照无心打扮，甚至披头散发吧？

先来说说赵家。赵家离开京都后过了几年，赵明诚的两个哥哥先恢复了官职。又过了不久，赵明诚也有了出仕的机会，但这期间具体担任什么官职，做什么工作，今天不得而知。能确定的是，公元1121年这一年，赵明诚赴莱州任职。不知什么原因，他并没有带着李清照，而是独自前往，所以李清照一直待在青州。

聚少离多的日子，李清照一直经历着，词里的思念也是常有的，但颓废的基调第一次出现。她在词中写到自己又瘦了，并且说"非干病酒，不是悲秋。休休"，瘦的原因，不是生病，不是喝酒，也不是悲秋，具体的原因，算了算了，还是不要提了。她的心里，"从今又添，一段新愁"，而且这个"新愁"还只能藏在心里。那是什么样的愁说不得、化不开呢？是什么样的愁能让一向乐观活泼、天不怕地不怕的李清照变成这般？

因为赵明诚有了新欢。

男人有了新欢，自然忘了旧爱。这一年，赵明诚担任莱州太守，从春天离开青州，一直到秋天都没有回来。其间，赵明诚往家里寄了封信，算是正式通知她在莱州纳了妾，除了这封信外，再没有其他消息。

聪明如李清照，其实早就料到有这一天。掐指一算，李清照和赵明诚结婚20年了，但她一直没有生孩子，这也让她遭到了世人的非议，大家都在传她不能生育。面对风言风语，李清照也不能为自己申辩，虽然赵明诚总是护着她，奈何赵明诚的母亲不干，一直让儿子纳妾。"不孝有三，无后为大"，赵明诚原来很坚持，坚决不纳妾，但逐渐动摇了。

在古人的观念里，男人三妻四妾是自然的，尤其在宋代，达官贵人、士大夫养个小妾或者歌伎是常有的事儿。于情于理，李清照应该接受赵明诚纳妾这一事实。但夜深人静时，她也会想起以前和赵明诚的种种，他们一起搜集金石，一起整理，一起填词，一起赌书泼茶，而如今这些美好不复存在，留给自己的只有心痛，还有彻夜的失眠。上一次因为赵明诚失眠还是他上门提亲的时候，现在他却另有新欢了，唉！世事多变。看来这世间的美好都抵不过残酷的现实，感情亦是。

这一年的八月初十，李清照到了莱州，她此行的目的只有一个，她要见丈夫赵明诚。但迎接李清照的既不是热情，也不是关心，而是冷漠。只匆匆一见，赵明诚就推托有事，离开了，留下李清照独自面对漫漫长夜。李清照到莱州写的第一首《感怀》诗前有个小序："宣和辛丑八月十日到莱，独坐一室，平生所见，皆不在目前……"我到了莱州后，一个人孤零零地待在房间里。这里既没有青州满屋子的书，也没有丈夫的陪伴。每个字都透着孤独，传达的感情更多的是怨恨。

李清照来莱州，本是思念丈夫，想与丈夫团聚的，但赵明诚却一整天看不见影子。以前，虽然两人相隔很远，但心在一起，如今两人近在咫尺，心的距离却越来越远。赵明诚的那颗心似乎已经给了别的女子，这是李清照不愿接受，也不能接受的。

李清照又气又恼，待了一天就回青州了，临走时她给赵明诚留了一封诀别信：君若不念伉俪情深，此生不见也罢！

言语坚决，一如她当初表白赵明诚那般干脆。

武陵

　　李清照在《凤凰台上忆吹箫·香冷金猊》中提到了"武陵人远"，其中的"武陵人"出自陶渊明的《桃花源记》，讲的是一个武陵人误入桃花源，体验了一番"黄发垂髫，并怡然自乐"的世外桃源情境，离开后再去找，结果就再也找不到了。武陵因此闻名，俨然成了世外桃源的代名词，那"武陵"在哪里呢？

　　武陵位于今天的湖南省常德市武陵区，是一座历史文化名城。2 000多年前，秦蜀郡守张若在这里建城，所以历史上称"张若城"。武陵的地理位置优越，凭借良好的气候、肥沃的土地，这里成了闻名遐迩的"鱼米之乡"。自古以来，武陵也是南北的交通枢纽，古时人们无论南下苏皖还是北上黔东，都要经过武陵，因此武陵被称为"荆楚唇齿""滇黔咽喉"。

　　武陵在隋、唐、五代、北宋时期，曾被改名为朗州、鼎州。1913年，武陵县改名为常德县；1988年，更名为武陵区，一直沿用至今。

昌乐馆里
诉幽情

赵明诚读了李清照的诀别信，想象李清照写信时的肝肠寸断，很着急，就立刻写了封道歉信，在信中赵明诚诉说自己忙公务是真，纳妾是真，不念旧情却不是真。他提到他很珍惜二人相濡以沫的感情，但依然生气《词论》这件事，所以故意把她晾在一边。写完之后，他差人快马加鞭送到青州。同时，为表诚意，他特意派了两个人到青州，把李清照接到莱州。

　　说实话，对于赵明诚纳妾一事，李清照很痛心，但她满脑子还是赵明诚，她也不矫情，简单收拾了行李，又踏上了去莱州的路。丈夫赵明诚心里还是很在意她的，这让李清照宽慰了几分。但不知为什么，一路上，李清照怎么也高兴不起来。是啊，以前，李清照总是想着念着赵明诚，她一直将他视为知己，不管开心还是难过，她会第一时间说给他。赵明诚在家她就当面说，在外就马上去一封信。可现在一切都变了，她不再是赵明诚的唯一，这个她视为唯一的人有了新欢，一想到这里怎能不心痛呢？

　　从青州到莱州，路上必经昌乐馆，晚上，李清照一行人就在此地留宿。孤灯相伴夜漫长，李清照陷入回忆，她又想起青州的姐妹们，此刻非常想念她们，于是写下了这首《蝶恋花·晚止昌乐馆寄姊妹》。

🍃 蝶恋花 · 晚止昌乐馆寄姊妹

　　泪湿罗衣脂粉满，四叠阳关，唱到千千遍。人道山长山又断，潇潇微雨闻孤馆。

　　惜别伤离方寸乱，忘了临行，酒盏深和浅。好把音书凭过雁，东莱不似蓬莱远。

入了秋，偏巧又下起了雨。都说一场秋雨一场凉，即使坐在屋里也难以抵挡寒意袭来。李清照此时思念起在青州的姐妹们，想起临行前，姐妹们的送别酒喝了一杯又一杯，离别的《阳关曲》唱了一遍又一遍，再情长，也终要分离。李清照想到离开青州以后，自己又是孤零零一个人，不觉泪如雨下，妆也哭花了，薄衫也打湿了。

哭过痛过之后，李清照整理心情，她宽慰自己，莱州并不是传说中的蓬莱，缥缈虚无，而是实实在在存在着的，兴许她还能收到姐妹们寄来的书信。想到这里，她也不那么难过了。李清照就是这样的一个人，她坚强、乐观、生生不息，她遇到那么多困难、非议甚至诽谤，都没有打倒她，孤独更不会。不管在莱州的境遇将如何，她决定收拾好心情，勇敢面对！

到了莱州，李清照和赵明诚怎么样呢？是不是李清照从此就孤独一人呢？并不是，李清照和赵明诚两人感情很稳固，他们不仅是相濡以沫的夫妻，还是志同道合的知己，这样的两个人碰到一起，世上少有。赵明诚虽然娶了小妾，但这小妾与李清照相比，除了年轻貌美，其他方面是无法和李清照比的。所以在莱州的日子，赵明诚大多数时间是陪在李清照身边的。

莱州任满三年后，赵明诚到淄州担任知州，李清照跟随赵明诚到了淄州。一次偶然，赵明诚看到了唐代白居易手书《楞严经》，无论是书写，还是保存情况，这幅字可算得上是极品，身为金石学家的赵明诚高兴得差点跳起来，他快马加鞭，回到家就拉着李清照一起欣赏。

李清照看到了罕见的宝贝也非常开心，她决定拿出夫妻俩平时舍不得喝的小龙凤团茶，因为只有名茶才能配得上这佳作。忘了说，才女李清照还是个茶艺高手，最擅长的是分茶。

什么是分茶？分茶是宋朝流行的一种茶道，和我们今天在咖啡店看到的咖啡拉花类似，不过咖啡拉花用的是牛奶，而分茶则是用茶末。分茶时需要事先把碾好的茶末放进杯中，烧开水，之后一边往杯中冲入开水，一边调整要冲的图案。只见李清照握着茶壶的手忽高忽低，三下两下就冲出了站在枝头的两只喜鹊，命名为"喜上眉梢"，算是呼应他们的当下。这一刻，他们两个人似乎又回到了以前在京都，点烛把玩金石的美好时光。

李清照和赵明诚重归于好，恩爱依旧。李清照出门回来，依然把自己的新词拿给赵明诚品评，赵明诚搜集到金石文物，也会第一时间找到李清照，和她一起赏玩。两人经历了这段波折后，关系似乎比以前更好了。

但世事无常，谁也没有预料到，他们的小家刚稳定，国家却遭了难。

"地理发现"

蓬莱

李清照的词中提到"东莱不似蓬莱远"。其中，"蓬莱"指的是古代神话中的蓬莱山，引申为仙境。而在我国，有一个真实存在的地方也叫蓬莱，它就是位于今天的山东省烟台市的蓬莱区。

蓬莱的历史可以追溯到新石器时代，这里是早期人类聚集的地方。之后，汉武帝东巡时，意外发现了蓬莱山，因此就在这里建城。唐代，设置蓬莱镇。建于此地的蓬莱阁，与岳阳楼、黄鹤楼、滕王阁并称中国四大名楼。

蓬莱的得名多少有些神话色彩，因此蓬莱也成了"东方神话之都"，不仅汉武帝御驾访仙与蓬莱有关，八仙过海的传说也在这里流传，当地海市蜃楼的奇观更是闻名遐迩，蓬莱俨然成了一个令人向往的神仙世界。

蓬莱阁是历代名人的热门打卡地，苏轼曾登上蓬莱阁，留下了"蓬莱海上峰，玉立色不改"的名句。明代抗倭名将戚继光少年时期曾在蓬莱阁成立诗社。长大后，在与朋友重游蓬莱阁时，他写下了"早年结社蓬莱下"的诗句。他在蓬莱任职期间，经常到此地，或登高望远，或感怀赋诗。

山河破碎，亡命江宁

公元 1126 年，宋徽宗把皇位传给了儿子赵桓，这位皇帝就是宋钦宗。

宋钦宗继位后，把年号改为靖康。"靖康"寓意安定、安宁。然而事与愿违，宋钦宗刚登基不久，安定的愿望就被打破了——金兵开始攻打北宋。金兵这次一直打到了黄河北岸，黄河南岸的汴京情况紧急。没过多久，金兵渡过黄河，占领了汴京，宋徽宗和宋钦宗被虏，北宋灭亡。

宋徽宗和宋钦宗、后宫嫔妃、皇亲国戚共 3 000 余人，被押到金国，等待他们的将是失去自由和尊严的囚徒生活，没有人格，亦没有国格，历史上称这一事件为"靖康之难"。

公元1127年五月，康王赵构在南京应天府（今河南商丘）宣布称帝，建立南宋，而赵构就是宋高宗。乱世称帝，赵构并不想大干一番事业，而是选择苟安求活，面对金兵，畏敌如虎，四处逃亡。

北方的战事吃紧，李清照和赵明诚最担心的是两人收藏的金石，这毕竟是他们20多年的心血啊！而且都是有价值的文物，怎么忍心让这些文物落到贼人之手？此时，两人决定要尽力保护这批金石文物。

就在他们全力想办法时，赵家又出事了。一大早，他们就收到来自江宁的信，赵明诚的母亲去世了。赵明诚收到母亲去世的消息，也顾不得他的这些宝贝了，他必须回去奔丧。本来李清照也该启程去江宁，但她还有更重要的任务——整理并运送金石，因此就留了下来。赵明诚嘱咐她把现有的金石文物规整一下，先挑选出贵重的金石，运到江宁。

第二天清晨，李清照就动身到青州。青州家里藏着他们所有的金石收藏，足足占据了十几间房，她要赶快选出第一批贵重文物。好在李清照平时对这些文物非常熟悉，也注重分门别类，所以挑选起来也不费劲。好家伙，这不收拾不要紧，一收拾足足装了15车。

等李清照安排好一切，准备出发时，已经是1127年秋末了。那一年的秋叶落得格外早，寒风格外凉，路上的行人也格外落魄。他们出发了，天门山渐渐消失在车队身后。

行到拐弯儿处，李清照不舍地回头，看了最后一眼。

别了，青州。

车队继续在沂蒙山区慢慢前进，一路向南。大约走了半个月，到了东海，不久，又到了淮河沿岸。在古代，淮河是中国南北的分界线，渡过淮河，也意味着到了南方，李清照不知道的是，这是她第一次南渡，也是最后一次渡淮河。此后，她再也没有机会踏上北方的国土了。

渡河时，李清照一行人租了几条大船，为了防止船走散，她还命人把船连在一起。过了淮河，过长江，下一站到了镇江，距离江宁也越来越近了。不巧的是，他们一行人遇到了强盗张遇。张遇是当时江淮地区出了名的大盗，而且手下的强盗足足有 10 万人，他们烧杀抢掠，无恶不作。李清照在到达镇江之前早就听说了，为了避免 15 辆马车过于引人瞩目，他们分批将金石运送到所住的客栈。但即使这样，也难逃劫难。当天晚上，张遇来犯，镇江城里立刻兵荒马乱，情况如此紧急，李清照根本来不及安排车辆，慌慌张张地随着人群逃命。

李清照一直逃到了江宁，先后历经两个月，她终于见到了丈夫赵明诚。此时的李清照衣衫褴褛，狼狈不堪，所载的金石文物也损失不少。见到赵明诚时，李清照从怀里拿出了蔡襄的《赵氏神妙帖》，分毫无损，这是赵明诚的最爱，她自始至终护着。看到这一幕，赵明诚不免为之动容，妻子为了运送这批金石文物，明显又瘦了很多，脸色也很憔悴，遇到贼人惊魂未定，即使这样，她还拼命护着他的挚爱，赵明诚不由落下了感动的泪水。

李清照时常会心痛那些丢失的文物，她倒不是惋惜丢了价值连城的金石，而是在意这些金石文物将会落到谁的手里。如果落到一位和他们一样爱惜金石文物的人手里，那也不错，怕就怕落到强盗手里，那样的话，这些文物将会被损坏或者贱卖，那就太可惜了。

屋漏偏逢连夜雨，当夫妻二人还在寻找丢失的文物时，青州的战火又烧起来了。

"地理发现"

镇江

有着悠久历史的镇江，位于今天的江苏省镇江市。这里曾出土了国家级文物、西周青铜器——宜侯夨簋。镇江从设立到今天，已经有3 000余年，在这期间，镇江多次改名，朱方、谷阳、丹徒、京口、润州等都是镇江的曾用名。

镇江地理位置优越，长江下游与京杭大运河在这里交汇，因此镇江被称为"十字黄金水道"。另外，其因雄峻显要，历来是兵家必争之地。三国时期，魏蜀吴三国的发轫点是镇江；南宋韩世忠围困10万金兵于镇江的黄天荡，最后打了胜仗。

镇江还是历代文人墨客前来打卡的地方，李白、杜牧、王昌龄、范仲淹、王安石、苏轼、陆游、辛弃疾等都曾来到这里，他们游览胜景，激情抒怀，留下了"洛阳亲友如相问，一片冰心在玉壶""春风又绿江南岸，明月何时照我还""何处望神州，满眼风光北固楼"等脍炙人口的佳句。

乌江之畔
思项羽

　　李清照刚离开青州，金兵就开始攻打山东，齐鲁大地立刻陷入一片水深火热。公元 1128 年正月，金兵攻占了青州，李清照和赵明诚心爱的金石文物被一把火烧了个精光，真的太可惜了。

　　身在南方的李清照时常会思念故国，她也恨自己不是男子，不能上阵冲锋，保家卫国，这些情感只能借诗词来宣泄。

比如这句"南游尚怯吴江冷，北狩应悲易水寒"，在气候温暖的吴江，尚且还害怕寒冷呢，那如果收复了北方，还不是一样会害怕易水的寒冷？诗人在这里是自我安慰，但言语之外，也透露出对故国的无限眷恋。

历史总是惊人地相似，西晋时期，"八王之乱""五胡乱华"导致中原大乱，晋王室被迫南渡。而800多年后，金兵攻陷汴京，宋王室同样选择南渡。幸运的是，西晋时期有王导和刘琨这两位英雄。王导非常关键，他是稳定晋王朝的人，而刘琨则是那个在民族遭遇危难时勇敢站出来，奋勇杀敌的英雄，晋王朝正是因为有了这两位英雄，才得以延续。而南宋朝廷则不那么幸运，南宋没有盖世英雄。所以，李清照在诗中写道："南渡衣冠欠王导，北来消息少刘琨"，反观宋朝的局势，一没有能稳定宋王朝的人，二没有能组织人们奋起反抗的将领，唯一的英雄宗泽，被朝廷掣肘，处处碰壁，最后郁郁而终。所以，李清照感慨正是南宋缺乏王导、刘琨这样的英雄，才会被金兵打得节节退败。

除了诗歌外，李清照也在词中宣泄着她的情思。比如这首《临江仙·庭院深深深几许》。

🍃 临江仙 · 庭院深深深几许

庭院深深深几许？云窗雾阁常扃。柳梢梅萼渐分明。春归秣陵树，人老建康城。

感月吟风多少事，如今老去无成。谁怜憔悴更凋零。试灯无意思，踏雪没心情。

春天本是令人期待的季节，但词人如今却怕见春光，因为如今流落南方，词人怕这大好春光勾起相思。如果说李清照少女时代的作品充满灵动，中年时代充满思念，那此时则充满悲怆。想象当时的局势，国破家亡、朝廷软弱、人如草芥，这些都是李清照悲怆的理由。但李清照还不能直说，只能靠写景来寄托情思。

丈夫赵明诚于公元 1127 年担任江宁知府，李清照后来与他在江宁团聚。而此时此刻，江宁府里每天都有新的战事消息传来，让赵明诚变得非常恐慌。公元 1129 年二月的一天，赵明诚忽然听说自己的部下王亦将要谋反，赵明诚故作淡定，并没有采取什么措施阻止谋反。当天夜里，城里果然火光四起，赵明诚第一反应和宋高宗一样：赶紧逃命。他和另外两个部下找了一根又粗又长的绳子，顺着北城墙滑下去，一溜烟逃跑了。此时，李清照听说了城里起火，她命令仆人赶紧关上大门，握紧武器随时准备战斗。李清照估计丈夫赵明诚此时正忙着指挥士兵，心里担心着他的安危。

她的担心又是多余。这边的赵明诚跑到城外，才想起自己的家眷忘带了。好在这次动乱很快被镇压了，江宁城暂时安全了。而赵明诚的逃跑，让全城人气愤不已，特别是李清照，她无法理解赵明诚为什么第一时间不是抵抗，而是逃跑呢？

李清照对赵明诚一顿痛批，但事已至此，没有补救的机会了。赵明诚因为失职，乌纱帽自然是保不住了，朝廷罢免了他的官职。

之后，赵明诚带着李清照准备一起南下，他们经过芜湖、姑孰，打算到赣水边选个地方定居。

他们在途中经过乌江，看到了项羽庙。炎炎夏日，李清照一袭素衣，衣袂随风飘起，仿佛要与这乱世中的尘埃分离。此时，李清照站在乌江之畔，望着远处，心事重重。她的眼神中透露出一丝忧伤，仿佛在诉说着这个时代的悲凉。李清照想了很多，她想起了汴京的繁华、青州的美好，而这一切随着国家的倾颓全都消失了。现在自己背井离乡，沿途不再是美丽的风景，而是破败的村庄和大批的难民，明天的路在哪儿？大宋的未来在哪儿？

近处的项羽庙，更让李清照感慨万分。项羽作为秦末农民起义军的领袖，能称得上是盖世英雄。他在与刘邦的争斗中败下阵来，逃到了乌江，本来渡过乌江他就可以活命了，但想到当年与江东弟子一起渡江西上，今天却只剩他一个，他觉得没有脸面再见江东父老，于是拔剑自刎。李清照发自内心地敬佩项羽的英雄气概，于是作了一首《夏日绝句》。

🍃 夏日绝句

生当作人杰，死亦为鬼雄。
至今思项羽，不肯过江东。

这首诗格调高远，表明了李清照的人生价值观：人在活着的时候要

做人中豪杰，为国家建功立业；即使死也要为国捐躯，成为盖世大英雄。当时南宋统治者不管百姓疾苦和天下安危，一心只想着逃命的行为，让李清照大失所望。对于丈夫的弃城而逃，李清照更是失望至极，从诗中也能看出她对丈夫的愤怒和失望。可以想象，当赵明诚听到这首诗，自是羞愧难当，堂堂七尺男儿，真不如一个女子的觉悟。李清照就是这样，虽在古代社会中没有多少话语权，但她却有着博大的胸怀和过人的胆识，让男子汗颜！

后人评价李清照，说她是婉约派的代表人物，的确，李清照的很多词不过写景抒情、言闺阁之乐，抒发的不过儿女情长，但这些并不能定义李清照。除了婉约，她还有雄壮的一面，还有宏大的一面，这也成就了她极高的思想境界，使她成为当时，乃至后世的精神楷模。

夫妻俩到了池阳（今属安徽池州）时，赵明诚又接到了来自朝廷的圣旨，朝廷决定起用赵明诚为湖州知州。来不及规划，赵明诚又出发了，李清照独自一人留在池阳。

"地理发现"

霸王祠

霸王祠，又叫项羽庙、项亭、项王亭、英惠庙、西楚霸王灵祠等，位于今天的安徽省马鞍山市和县乌江镇东南，是安徽省重点文物保护单位、国家 3A 级旅游景区。

霸王祠最早被称为"衣冠冢"，西楚霸王项羽死后，人们敬佩这位盖世英雄，将其残骸和血衣葬于此地，称为"衣冠冢"。后代又在"衣冠冢"的基础上建了一座亭，称之为"项亭"。唐代建立了西楚霸王灵祠。南宋时，乌江项羽庙被命名为"英惠庙"。

霸王祠繁盛时，规模庞大。有正殿、青龙宫、行宫、水灵宫等 99 间。殿内还有项羽、虞姬、范增等人的塑像。此外，祠内还有石狮、碑、钟、鼎等文物。历代文人如孟郊、杜牧、苏舜钦、陆游、王安石、李清照等都留下了诗作。李清照的"生当作人杰，死亦为鬼雄"诗句，更是升华了项羽的英雄形象，成为脍炙人口的佳句。

丈夫离世，肠断与谁同倚

听说池阳的九华山风景秀美，秀甲江南。李清照本打算和赵明诚一同前往，如今丈夫赶去任职，她干脆独自前往。九华山果然名不虚传，这趟出游回来，李清照心里一扫几个月的阴霾，又亮堂起来。

74

　　赵明诚离开池阳是在公元 1129 年六月，他需要先到建康（今江苏南京）领取诏书，之后再去湖州。赵明诚出发的那天，李清照好像有什么不好的预感，看到丈夫离去的背影，突然很舍不得，就冲着赵明诚大喊：“假如金兵攻进来怎么办？”

　　赵明诚摇晃着手，说：“跟着大家一起逃吧。万不得已时，先丢掉包裹，再就是衣服被褥，然后是书册卷轴，再就是普通古董。那些宗庙礼器千万不能扔，你要与之共存亡！”赵明诚像是临终托付。说完，他就扬鞭而去了。

　　到了七月的最后几天，李清照就收到了赵明诚的书信。李清照以为丈夫是给自己报平安，没想到信中说他染上了疟疾，病倒了。

　　看了信后，李清照决定赶到丈夫身边。她一刻也不耽搁，雇了快船，一天一夜就到了建康。到了丈夫的住处，顾不上休歇，她赶紧查看丈夫的病情，赵明诚大热天赶路，导致中暑；又因为服用了大量的凉性药物，导致病情恶化。所以赵明诚此时疟疾没好又患上了痢疾，情况有些糟糕。虽然李清照日夜守在丈夫身边，但终究回天无力，不到半个月，赵明诚就撒手西去。

　　从此，二人阴阳两隔。这一年，赵明诚 49 岁，李清照 46 岁。

　　49 岁，人生刚半百，对于漫漫人生来说，往往并不是尽头。以前，李清照时常会胡思乱想，她曾想象她和赵明诚有一天会死去，想象她先于赵明诚死是什么样的，赵明诚死在她之前又是什么样的。但所想的都是他们自然老去，没想到的是赵明诚 49 岁就离她而去。

　　山河破碎已经让李清照四处飘零，丈夫的死更是让她失去了寄托，从此以后，她将孤苦一人，独面悲凉。李清照痛不欲生，她不停地在心里质问赵明诚：难道夫君还在生气我写的诗？夫君你放得下你的那些金石吗？夫君你怎么忍心看我独自留在这儿受苦呢？

强忍着悲痛，李清照埋葬了心爱的丈夫，并写了一篇缠绵悱恻的祭文，只可惜这篇文章已经丢失，只留下了"白日正中，叹庞翁之机敏；坚城自坠，怜杞妇之悲深"两句，第一句表达的意思是，赵明诚死在自己前面，未尝不是一件好事，当然这是她的自我安慰。第二句的意思是，赵明诚，她唯一的依靠倒下了，作为妻子李清照自然痛不欲生。

李清照没有太多的时间去悲伤，当前的局势飘忽不定，她还有更重要的事情要做。战事一天一变，那十几车的金石文物必须尽快安置。但赵明诚半道儿去世，李清照连个栖身的地方也没有了。丈夫不在了，她必须找个安全的地方安置金石文物。她决定将它们放到赵明诚的妹夫那里，当时，赵明诚的妹夫担任兵部侍郎，住所在洪州（今江西南昌）。她只留了几箱不易搬运的文物，剩下的两万卷书、两千卷金石碑刻、文物器皿等，由两个信得过的手下负责，全部运往洪州。这一路倒也顺利，两个手下很快就回来复命了。这下，李清照安心了，但让她没想到的是，没过两个月，金兵就攻陷了洪州。

其实，在决心把文物运到洪州前，李清照仔细思考了一番，是做了周密的计划的。首先，她要找个信得过的人，赵明诚的妹夫在洪州，恰好离自己不远。其次，她觉得洪州是个安全的地方。当时南宋有两大中心人物——宋高宗和隆裕太后。宋高宗在建康，隆裕太后在洪州，这两个地方都有重兵把守，与其他地方相比，无疑是安全的。基于这两点考虑，她才决定把金石文物运到洪州。

那为什么洪州这么快就被攻陷了呢？原来，金兵出兵的目的很明确，抓住这两个中心人物。金兵兵分两路，一路攻打隆裕太后所在的洪州，一路攻打宋高宗所在的建康，洪州自然成了最危险的地方。结果就是，那些金石文物，根本来不及转移，全被毁掉了。

这一年，对于李清照来说，注定是最难忘的一年，丈夫去世，金石丢失，曾给她带来无限快乐的美好，在这一年戛然而止。难过的日子，浑浑噩噩，所填的词里也都是凄凉。《孤雁儿·藤床纸帐朝眠起》就写于这一时期。

> ### 🌿 孤雁儿 · 藤床纸帐朝眠起
>
> 藤床纸帐朝眠起，说不尽、无佳思。沉香断续玉炉寒，伴我情怀如水。笛声三弄，梅心惊破，多少春情意。
>
> 小风疏雨萧萧地，又催下、千行泪。吹箫人去玉楼空，肠断与谁同倚。一枝折得，人间天上，没个人堪寄。

　　可以想象，一个阴雨绵绵的春天，李清照一觉醒来，已经到晌午了。此时香炉里的沉香马上燃尽，只断断续续冒出些烟来，这残烟一如此刻的李清照，失魂落魄。正是听了飘来的《梅花三弄》，才让心情更加悲凉。以前李清照听这首曲子，想象此曲吹开了千万朵梅花，也吹出了很多的快乐。现在再听，只觉得造化弄人，让人更加伤心。更让她不能释怀的是，当年与她一起写诗填词、赌书泼茶的人，却不在这世上了，永远天人两隔，想到这里，泪水止不住流了下来。

　　李清照，一个天生乐观、从不屈服于人的才女，如今遇到这乱世，也变得心力交瘁。46 岁的李清照本该儿孙绕膝，享天伦之乐。可事实是她无儿无女，丈夫也去世了，又有谁来陪伴一个年近半百的李清照呢？

　　李清照还没从悲痛中走出来，更大的灾难又来了。

"地理发现"

九华山

　　李清照所游览的九华山，位于今天的安徽省池州市。它是中国佛教四大名山之一、国家首批 5A 级旅游景区、国家首批自然与文化双遗产地。

　　九华山的自然景观独具特色，群峰林立，怪石嶙峋。境内的九大主峰千姿百态，各有风韵，置身山中，人们还能看到云海、日出、雾凇等独特景象。自古以来，这里便吸引了很多文坛名人，如陶渊明、杜牧、苏轼、王安石等。他们来到此处，或游山玩水，或礼佛修行，留下了一篇篇动人的作品。李白更是三上九华山，写下了数十首诗作，其中最为著名的诗句是"妙有分二气，灵山开九华"。

亡夫被诬，辗转三地追皇帝

已是深夜，几案上的蜡烛即将燃尽，此时李清照还未躺下，她眉头紧锁，心事重重，是啊，一件大事落在了她的头上，这一夜注定是个不眠夜。

　　白天，建康城里流言四起，人们都传赵明诚用玉壶私通金人，成了"卖国贼"，一时间，全城闹得沸沸扬扬。玉壶的事，李清照是知道的，赵明诚曾和她谈起过。赵明诚刚到建康时，有一个叫张飞卿的学士上门，他带着一个玉壶过来，希望赵明诚帮忙鉴定一下。赵明诚看后，说并不是真玉壶，其实壶是珉石做的，这珉石根本不是玉。本来张飞卿来的时候很开心，走时却悻悻的，但还是把玉壶带走了。之后就没有下文了。

　　但为何赵明诚就成了"卖国贼"呢？有人说张飞卿后来投了金国，有人看到金人手上有玉壶，就说赵明诚私通金国，卖国求荣。并且，李清照还听说，有人将此事上报给了宋高宗。这本来是子虚乌有的事，但当时是非常时期，金兵肆虐，大宋江山摇摇欲坠。一旦被扣上"卖国贼"的帽子，那可不是小事。

　　事情有些蹊跷。李清照心里盘算着，大概知道怎么回事儿了，估计有人惦记上了这些金石文物。整个大宋都知道，赵明诚收藏的金石文物特别多。赵明诚在世时，他好歹是一州之长，没人敢对他怎么样。但现在不一样了，赵明诚一死，谁还会惧怕李清照一个寡妇。现在城里流言四起，歹人料想李清照肯定慌得六神无主，四处求救，到时狠狠敲诈一笔，金石文物就到手了。

　　歹人的如意算盘打得很溜，但他们小看了李清照，她可不是普通的女子。歹人想要，她偏不给。她决定把剩下的金石文物全都献给朝廷。这样，一来可以为赵明诚洗脱"卖国贼"的嫌疑。二来上交给朝廷，金石文物还能被很好地保存，如果落到歹人手里，恐怕凶多吉少了。

　　我们脑补一下，李清照做这个决定的艰难：一边是她和赵明诚的几十年的心血，也是她后半生的保障；一边是丈夫的名声。她又想起了乌江畔上作的那句"生当作人杰，死亦为鬼雄"，李清照决定保全丈夫名声，为丈夫申冤！

李清照决定亲自把金石上交给皇帝，正好弟弟在朝廷担任删定官（工作内容是把皇帝的诏令收集起来，分门别类保存），好歹也有个照应。但恰逢时局紧张，金兵穷追不舍，宋高宗一直在逃亡的路上。此时，宋高宗已经逃到了越州（今浙江绍兴），并打算南下。李清照立刻带着金石文物追赶，但因为金石笨重，根本追不上高宗。李清照到了越州已经是十一月中旬，而宋高宗早就在去往明州（今浙江宁波）的路上了。

李清照马不停蹄，又向明州进发，路上遇到了大批的难民。还没到明州，李清照听说高宗在定海那里坐船渡海，打算逃到昌国（今浙江舟山），之后再到台州。

到现在，李清照算是明白了，高宗是追不上了，而且非常时期，再好的金石文物，估计高宗也不稀罕，且生在乱世，金石文物已成了逃命的累赘。李清照决定先找个安全的地方存放这些金石文物，她想到这里离剡县（今属浙江绍兴）不远，那里正好有一位赵明诚的旧识，不如暂时存放在那里。于是李清照登门拜访，说明来意，安顿好了金石文物。

第二年正月，路过台州清修寺。不经意间，李清照看见寺内梅花盛开，忽然想起来以往赏梅的情景，那时天下太平，她和丈夫赵明诚两人相偕赏

花，赋诗填词，多么惬意。一阵风过，寒意把李清照又拉回了现实。如今，李清照与丈夫赵明诚已是天人两隔，再看看这他乡的梅花，悲从中来，于是填了这首《清平乐·年年雪里》。

🌀 清平乐 · 年年雪里

年年雪里，常插梅花醉。挼尽梅花无好意，赢得满衣清泪。
今年海角天涯，萧萧两鬓生华。看取晚来风势，故应难看梅花。

从少女时代开始，每当大雪飘落、梅花绽开时，李清照总要踏雪赏梅。随手还要折几枝梅花插上。如今，虽然梅花在手，却没有了当时的心情，只是漫不经心地揉搓着，不知不觉，泪水已经打湿了衣衫。李清照为何落泪，后面也讲到了，梅花又开了，可李清照却漂泊在外，无依无靠，而且两鬓的头发都变白了。李清照想要单纯的赏梅，但上天却不让她如意，此时吹来了疾风，把梅花都吹落了。李清照此时的词不再有年少时的灵动，而是满满的落寞。

落寞归落寞，李清照还得收拾好心情，继续追赶宋高宗。这一次总算离宋高宗不远了，她十分开心。可是李清照还没见到宋高宗，又听说宋高宗连夜到了台州黄岩，准备渡海去温州。李清照赶紧追赶，慌忙之中，她丢掉了衣服被褥，也坐船跟了过去。

码头满是逃亡的难民，人们乱作一团，哭喊声一片。人群中不乏像李清照一样，出身于大户人家，曾经锦衣玉食、无比体面的人，如今都是一样的狼狈，一样的不堪。

"地理发现"

清修寺

历史上，清修寺曾是宋高宗逃亡期间下榻的寺院。当年，高宗仓皇逃难，到了此地休息，留下了"清修风景千年在，沧海烟岚一笑开"的楹联，另外，宋高宗还在僧房留下了两首绝句。宋高宗走后，李清照紧随其后，也到了清修寺，据说，李清照在寺里看到了盛开的梅花，触景生情，写下了著名的《清平乐·年年雪里》。

清修寺现位于浙江省台州市，传说这里是东晋高僧怀玉的道场，清修寺修建的时间可以追溯到宋仁宗时期。寺院周围环境清幽，非常适合静修。而且山中的雪景也为世人称道，著名的"清修霁雪"说的就是这里。

清修寺里有天王殿、大雄宝殿、三圣殿等建筑物。寺内部分建筑年代久远，如山门和大殿是清代康熙年间建造的，大殿的四根石柱的年代更为久远，传说是宋代所刻。寺内还有一口井，非常神奇，虽然处于高山之巅，但无论旱涝，四季水位不变。

海上闻天语，奔波两载终献金石

在海上漂泊的几天，时间似乎被拉长，李清照正好借此平复一下心情。她望着一望无际的大海，诗兴大发，写下了这首《渔家傲·天接云涛连晓雾》。

🍃 渔家傲·天接云涛连晓雾

天接云涛连晓雾，星河欲转千帆舞。仿佛梦魂归帝所。闻天语，殷勤问我归何处。

我报路长嗟日暮，学诗谩有惊人句。九万里风鹏正举。风休住，蓬舟吹取三山去！

这首词妙就妙在词人营造了一个绝美的梦境，通过梦境书写现实，极具想象力。梦里是一幅绝美的画卷，画卷中海天一色，非常壮美。词人一朝上到天堂，天帝和蔼，询问词人的归处。词人不会放弃倾诉的机会，她抱怨如今长路漫漫无归期，自己空有才华却接连遭遇不幸，内心的郁闷在此时不吐不快。词人并没有叙述天帝又说了什么，只叙述了大鹏正奋翅高飞，见此场景，词人心潮澎湃。最后抒发豪情壮志，诉说日后归去的地方，必定是那海中仙山。

人生之事，悲苦参半。遇到开心的事自是幸运，遭遇不幸，所见的景都在衬托着悲伤，又有几人能坦然面对呢？李清照就是其中的一个。她一人流亡，无依无靠，加上未来无定，本应万分惊慌。但她有大鹏一样的志向和胸怀，词中表现的是她的浪漫主义情怀，与她常写的婉约词相比，这首词显示了她豪放的一面。

在海上颠簸了几天，李清照到了温州。在那里她见到了多年未见的弟弟李远。当年，李父被贬广西之后，于 1106 年被朝廷重新起用，做了监庙。几年后李父就告老还乡了，而弟弟做了皇帝的删定官，以前姐弟俩时不时见上一面，这几年又逢乱世，漂泊不定，姐弟俩已经很久没有见面了。这次见面，两人都流下了激动的泪水。

问过弟弟后，李清照才知道，高宗根本没有精力去管赵明诚是不是"卖国贼"。是啊，金兵步步紧逼，高宗日夜赶路，怎么还顾得上其他呢？李远建议李清照等高宗稳定之后，再去面圣。李清照也觉得在理，面圣的事就先放一放吧。

这几个月，李清照白天赶路，夜晚担心金石的安危，已经很久没有睡个安稳觉了。这一晚，她躺在舒服的床上沉沉地睡去。醒来以后，想到自己也算有个安身之地了，心情好了很多。这么好的心情，当然要出去走走，于是打扮了一番，到附近的江心寺转了一遭。

回想这一路，李清照经过很多的地方。越州的兰亭、大禹陵，明州的雪窦山，这些地方李清照都没来得及看一眼，更不用说细细游玩了。即便到了台州的宝华禅寺，李清照那时也没有好心情，只顾伤神了。如今，漫步在江心寺，给人一种岁月静好的感觉，似乎外面的战事也都平息了。

只是，到了夜深人静的时候，李清照会失眠。本来失眠就很烦躁，偏巧又下起了雨，又是一个不眠夜。睡不着，索性填词吧，一首《添字丑奴儿·窗前谁种芭蕉树》就此写成。

🌿 添字丑奴儿·窗前谁种芭蕉树

窗前谁种芭蕉树？阴满中庭；阴满中庭，叶叶心心、舒卷有余情。伤心枕上三更雨，点滴霖霪；点滴霖霪，愁损北人、不惯起来听！

词中提到的是南方才有的芭蕉树，词人将失眠的原因归结到这芭蕉树上，雨点滴滴答答打在芭蕉树上，不亚于打在自己受伤的心上。这寂静的夜、伤心的雨，让词人联想到自己，家园失去、丈夫死去，一个人孤苦无依，四处飘零。而且更令人绝望的是，这种日子似乎还要继续，归去也遥遥无期。最后，词人只能感慨一句"愁损北人、不惯起来听"，"北人"不像"南人"一样，听惯了雨打芭蕉的声音，而且，"南人"也不像"北人"那样，日夜思念着故乡。在这漫长的雨夜，这些苦楚只能自我排解。

公元 1130 年三月，江南局势有了好转，金兵大批撤回北方。高宗回到越州，打算在越州长期落脚。李清照立刻派人把存到剡县的金石文物取了回来，只是文物交出去时好好的，再回来少了将近一半。金兵虽然没有攻打剡县，但城里曾发生过兵变，负责镇压的李将军趁机夺走了一部分金石文物。李清照此时也不悲伤了，还自我安慰：战火连天，还剩了不少，知足了。她从中挑了两箱，剩下的悉数献给了朝廷。到这里，李清照终于为赵明诚申冤了。

历史上，称赵明诚被诬这一事件为"玉壶颁金"。而李清照为了给丈夫洗脱罪名，义无反顾地踏上了为夫申冤之路。这一路，战乱不断、流寇横行。这一路，金石文物丢的丢、被抢的被抢，损失了不少。

旅途颠簸、风霜侵袭加上日夜担惊受怕，一下子让李清照老了好几岁，她的脸上写满了沧桑。

但最后的结果是李清照想要的，这已足够。

"地理发现"

江心寺

江心寺在今天的浙江省温州市鹿城区江心屿，是全国重点开放的著名古刹。该寺始建于唐代，最初叫普济禅院。宋代，江对面建起净信讲院，宋高宗赐改普济禅院为龙翔禅院。因为寺庙建在了江的中心，人们也称龙翔禅院为"江心寺"。

现存的江心寺是清代所建，面积约2 870平方米，分为前殿、中殿、后殿，其中前殿为金刚殿，殿的两端设有钟鼓楼。中殿为正殿，殿内最为壮观的是楹联匾额，其中正柱的对联是宋代文学家王安石所书。后殿是三圣殿。

江心寺周围的景色优美，谢灵运在担任永嘉太守期间，时常去江心游玩，并留下了谢公亭。公元732年，孟浩然曾与朋友一起游历江心屿，留下了诗作，为纪念这位大诗人，人们在这里建造了浩然楼。此外，李白、杜甫、韩愈、文天祥等诗人都曾游历此地，并留下诗篇。因此江心屿也被称为"中国诗之岛屿"。

难得清闲，盘桓衢州，访老友

连年的战争让百姓流离失所，大片田地荒芜，人们连肚子都吃不饱了，哪儿还有钱交税？南宋朝廷因此陷入经济危机，为了节省开支，朝廷不得不遣散百官，连后宫的嫔妃也都遣散了。朝廷盘算着等情况好转，再陆续召回众人。

此时，听说长江马上禁渡了，李清照随弟弟李远去了衢州。而在衢州期间，李清照有了一段难得的清闲时光。

动乱的年代，地处金衢盆地的衢州无疑是安全的，加上南宋政治中心的南移，有孔庙加持的衢州变得繁荣。也因此，这里吸引了大批的文人墨客前来，曾几、岳飞、汪藻、陆游、杨万里、朱熹，当然还有女词人李清照。

难得清闲，李清照背上行囊，游走衢州。她登上了江郎山、游览了药王山。除了游山，李清照还拜访了老朋友朱敦儒。朱敦儒也是位金石家，李清照和赵明诚早年因为金石与他结识，彼此成了要好的朋友。比李清照大三岁的朱敦儒，写诗填词也是一把好手。尤其填词，朱敦儒能借词抒情言志，在当时的词人中别具一格，因此他被称为"词俊"。

李清照与朱敦儒这两位词坛巨匠，肯定会相互切磋，因此，他们二人有很多诗词往来。就在前一年，朱敦儒生日那天，李清照还为他祝寿填词，写了《新荷叶·薄露初零》。

🌿 新荷叶·薄露初零

薄露初零，长宵共、永昼分停。绕水楼台，高耸万丈蓬瀛。芝兰为寿，相辉映、簪笏盈庭。花柔玉净，捧觞别有娉婷。

鹤瘦松青，精神与、秋月争明。德行文章，素驰日下声名。东山高蹈，虽卿相、不足为荣。安石须起，要苏天下苍生。

世上都传朱敦儒有经世之才，但他喜欢隐逸，朝廷多次征召，他都拒绝了。词中，李清照在表达祝福的同时，也希望他能像谢安一样，能"出山"为国效力、救大宋于水火之中。之后朱敦儒真的"出山"了，许是李清照的建议奏效了。

李清照与朱敦儒的唱和一直不断，在1135年，朱敦儒还写了一首《鹊桥仙·和李易安金鱼池莲》，可见两人交往深厚。而朱敦儒算是当地的社交达人，他的朋友圈里，皇亲国戚、地方长官、世外高人应有尽有。客观上说，李清照通过朱敦儒也接触了这些人。可以想象他们聚在一起，或写诗填词，或谈论金石，在衢州这个地方，形成了一个活跃的文艺圈。

李清照在衢州住了将近四个月，又是出游，又是访友的，肯定有很多感慨，必定也有不少佳作，只可惜并没有流传下来。是啊，诗词唱和并不像写日记一样，往往是一鼓作气，随口说出，如果没有记录，真的无迹可寻了。或许，那些诗人、词人曾经诗情满腹，吟出过更绝、更美的诗词呢！只是今人没有机会再读到。

"地理发现"

衢州孔庙

孔庙不是在曲阜吗？为什么衢州也有孔庙呢？其实不止曲阜、衢州有孔庙，全国各地还有很多孔庙呢。从唐代开始，朝廷为了纪念至圣先师孔子，命令各州县建立孔庙，所以国内建了不少孔庙。但由孔氏子孙奉祀的家庙只有曲阜和衢州两处，因此，衢州孔庙也被称为南宗孔氏家庙。

孔氏子孙为何到衢州建立家庙呢？这要从一段历史说起。公元1128年，孔氏第48世嫡长孙、衍圣公孔端友率领孔氏后人随宋高宗南渡。第二年，也就是公元1129年，孔端友被赐居衢州，并建立家庙。在孔氏子孙以及孔庙的加持之下，衢州成了当时的政治副中心。文人墨客纷纷来此，或定居，或游历。

如今的衢州孔庙位于衢州市柯城区府山街道新桥街，是全国重点文物保护单位。衢州孔庙占地面积约14 000平方米，建筑面积为7 490平方米，由庙门、大成门、俏台、大成殿、东西两庑、圣泽楼、思鲁阁、六代公爵祠、袭封祠和五支祠组成。每年，衢州孔庙吸引着众多海内外游客来此参观。

独居越州，金石被盗

这一年的春天，李清照离开衢州，随着高宗大部队去往越州。到越州后，她不打算再去打扰弟弟，于是她开始找房，很快她在一个幽静的地方找到了满意的住处。房东姓陈，看起来很和善。

94

　　李清照雇了两个人把几箱行李安顿好，正式开始了她的独居生活。最初的一段时间，李清照倒也清闲，翻翻金石，发现金石丢的丢，被烧的被烧，真让她心痛，她再也舍不得将金石放到别处了，干脆带在自己身边。她把金石文物放到床底下，没事儿时就拿出来把玩一下。除此之外，李清照还会四处走走，自得其乐。上次与越州匆匆一别，没有各处走走，这次可以畅游一番了。

　　越州的兰渚山，绵延数百里，山下有一处风景，十分清雅：一片清幽的竹林隐藏在茂密的树木中，竹林里建着一座别致的亭子。一条小溪流淌而过，在亭子处形成一个水潭。潭里溪水清清，映着亭子的倒影，微风吹来，几片叶子落下，浮在水上。这画面美极了。

　　这里就是东晋书法家王羲之写《兰亭集序》的地方，兰亭，是个充满诗情画意的地方。李清照来时正巧是春天，花儿争艳，鸟儿争鸣，一派生机勃勃的景象。李清照深受感染，她对着兰亭集序碑细细品读一番，想象当时王羲之等文人墨客是如何开怀畅饮、寄情山水的。

　　不得不夸，古人连喝酒都透着高雅，"曲水流觞"就是一种独特的喝酒方式。在兰亭，曾经有一帮雅士，他们坐在弯弯曲曲的流水旁边吟诗作对，击鼓传花，如果接不上来，就从流水中取一杯酒一饮而尽，那些妙语佳句，都是在这样的情形下脱口而出的。这就是"曲水流觞"。而这种娱乐方式也成就了王羲之时代特有的欢畅和惬意。李清照一边游玩，一边神往，不知不觉就到了傍晚，才恋恋不舍地回到住处。之后的几天，她还去了大禹陵，拜谒大禹这位大名鼎鼎的治水英雄。

　　美好的时光总是短暂的，对于李清照来说尤其如此。不久之后，就发生了件可怕的事情。

一天夜里，盗贼趁李清照酒醉，在她的床边打了一个洞，把她床底下的两个大箱子搬走了。醒来的李清照非常着急，这可是仅剩的金石文物啊！李清照平静下来后，觉得事情有点儿蹊跷，她因为酒醉所以听不到动静，但住在一个院里的房东一家，自己的房子都被挖开了，却也听不见动静，这就有些可疑了。

李清照随即找到房东，房东躲闪的眼神让她立刻明白，房东也可能参与其中。估计房东看她这么一个女租客，独自一人，出手又那么大方，就想着谋点儿钱财。李清照推测他们要的是钱，未必对那些金石文物感兴趣，于是就许下重金寻找那些金石文物。

李清照不知道这个办法有没有用，但不论结局如何，她必须试试。过了两天，果然有一个姓钟的小伙子，抱着一部分卷轴来找李清照，李清照当即兑现诺言，给了他一大笔钱。

可能你会疑惑，李清照为什么不报官呢？当然是不能报，如果能报官，李清照早就报了，她有自己的考虑。之前李清照为了丈夫赵明诚的

清白，已经将大部分的金石献给了朝廷，这些被留下的金石是万万不能让朝廷知道的。而且，谁又能保证，报官就能追回呢？说不定，最后让官员独吞了。所以，李清照才想到高价买金石的办法。这些剩下的金石，李清照视为生命，只要能找回来，她哪怕花完积蓄也愿意。

李清照还盼望着，之后还有人抱着金石来找她，可是之后再也没人来了。李清照不死心，继续差人打听，后来找到了一些线索。那些金石文物离开了越州，被运到福建，盗贼本想卖个好价钱的，但正处乱世，行情并不好，最后被一个小官用极低的价钱买下了。李清照还知道那个小官也喜爱金石，听到这里，李清照自我安慰：这些金石文物也算找了个好人家，有个好归宿了。

此时，高宗从越州迁到临安（今浙江杭州），弟弟李远建议李清照一同前往，李清照思考再三，决定也去临安。

" 地理发现 "

大禹陵

黄河泛滥，大禹率领民众与洪水斗争，最后解决了水患，让百姓安居乐业。大禹为了治水，都顾不上回家，他曾经"三过家门而不入"，这种无私的精神赢得了百姓的爱戴。大禹死后，人们把他埋葬在了"禹穴"，禹穴也就是后世所称的大禹陵。

之后，很多人会到大禹陵拜谒这位治水英雄。南北朝时期，人们在大禹陵的基础上修建了禹庙。宋代建成若古亭，为乐师奏乐的地方。明代，绍兴知府在此立起了大禹陵碑。

今天的大禹陵位于绍兴市越城区东南稽山门外会稽山麓，其中，禹陵、禹祠、禹庙是主要建筑物，其他附属建筑有享殿、大禹陵碑、龙杠、咸若古亭、大禹铜像、碑廊、禹井、禹穴等。陵内的碑文题刻有着重要的考古价值、文物价值，也许当年李清照来此，是为了搜集相关的金石文献。

临安抱病，再嫁张汝舟

临安城，也就是杭州，位于京杭大运河最南端，历史悠久、人文气息浓厚、四季秀美。宋高宗将杭州改称临安，把行在设在了这里，总算稳定了下来。

李清照暂时住在弟弟府上，这并没有让她安心，接连的打击让她悲痛至极，每天强打着精神。这天，她逛了趟西湖，染上了风寒，本想着休息几天就好了，没想到从此一病不起。

99

金石的丢失，加上长时间的失眠、心情不佳，使本就瘦弱的李清照病倒了。后来她病入膏肓，是人是物都分不清楚，家里人看李清照似乎撑不了多久了，都买回铁钉与石灰，打算给她准备后事了。也许阎王不愿收她，也许李清照还有未完的心愿，总之，她的病情又奇迹般好转了。

此时，一个男子出现在李清照的身边，他就是张汝舟。

张汝舟先是找到李清照的弟弟李远，自报家门，称自己是进士出身，担任诸军审计司、右承奉郎，还是赵明诚儿时的同学。然后他开门见山地说自己非常仰慕李清照的才华，想娶李清照为妻。说到激动处，他还流利地背出了李清照的词。李远看张汝舟也仪表堂堂，倒是可以考虑考虑，但提亲的事他必定不会同意的，太唐突了。李远只应了一声，说要问问姐姐的意思。

后来，李清照见到了张汝舟，第一眼看去，她觉得眼前的男子相貌还算可以，而且温文尔雅，她对张汝舟的第一印象谈不上喜欢，也不讨厌。张汝舟倒是殷勤得很，他时而化身贴心人，嘘寒问暖；时而化身文雅客，背诵李清照的诗词；时而化身痴情人，大胆示爱。

李清照的身体渐渐好转，也到了做决定的时候了，李清照决定嫁给张汝舟。

人在虚弱的时候，最是心软，这一次，张汝舟的出现，让病中的李清照原本坚定的心有了动摇。一直以来，她都把赵明诚当成唯一，赵明诚去世后，她也从未想过再嫁他人。但想起这几年，她一个柔弱女子，饱受凄苦，加上这次病痛的折磨，她真的坚持不下去了。张汝舟的到来，让她感觉到了温暖，感觉到自己被重视，被呵护，她没想太多，接纳了他。

弟弟这边，本想给姐姐找个归宿。所以当张汝舟找来媒人登门时，自己也顺水推舟，答应了这门亲事。

世人对于李清照的再嫁，大多持否定态度，说她晚节不保。但其实，再嫁在宋代也并不稀奇，宋真宗的刘皇后、宋仁宗的曹皇后、宰相杜衍的母亲、王安石的儿媳、范仲淹的儿媳都曾再嫁，这些人能再嫁，李清照为何嫁不得？再说她李清照从来不怕别人说什么，她就这样冲破世人的流言蜚语，毅然嫁给了张汝舟。

没想到的是，李清照顶着外界的压力，决心再嫁的那个人，却是个表面正派、背后使坏的伪君子！

李清照的噩梦就此开始。

"地理发现"

西湖

江南地区，湖泊众多。要说哪里的湖光最美，当数江南的三大名湖，南京的玄武湖、嘉兴的南湖，还有今天的主角——杭州西湖。

李清照不知道的是，当年她所游历的西湖，在后世依然远近闻名，而自古以来流传的白蛇传说、梁祝传说、苏小小的故事等给西湖增添了不少色彩。加上历代名人，先后来到西湖，赏景、写诗，让美丽西湖积淀了深厚的文化底蕴。历史上白居易、林逋、柳永、欧阳修、苏轼、杨万里、辛弃疾等都曾到此游历，并留下了如《钱塘湖春行》《饮湖上初晴后雨》等脍炙人口的诗歌。

今天的西湖，位于杭州市西湖区龙井路 1 号，汇水面积为 21.22 平方千米，湖面面积为 6.38 平方千米。而在西湖基础上形成的杭州西湖风景名胜区，在 2007 年被评为"国家 5A 级旅游景区"，在 2011 年被列入世界遗产名录。今天的西湖代表景点有西湖十景、新西湖十景、三评西湖十景等。

宁愿坐牢，也要休夫

张汝舟所做的一切，其实另有目的。

婚后，张汝舟依然扮演着贴心丈夫的角色。李清照喜欢花，他就每天送她一束，摆在最醒目的位置。李清照喜欢出游，他就带着李清照各处游玩，西湖是他们经常去的地方，逛完西湖，李清照总要到灵隐寺转转，张汝舟也陪同前往。

久经颠沛的李清照以为自己找到了良人，终于可以安定下来了。然而，她把这一切想得太简单了。

103

　　一天，李清照在整理她的金石文物时发现少了一件字画，虽然她生活上马马虎虎，但在金石文物收藏上从不含糊。丢了件心爱之物，她非常着急，把屋子翻了个遍，又前前后后想了一通，依然没有头绪。她不死心，晚上等丈夫回来，她就质问张汝舟，没想到张汝舟竟然大发雷霆，责备李清照冤枉人。事实上，张汝舟真的偷偷地拿了那件字画，给了别人。面对李清照质问，他为了掩盖心虚，虚张声势罢了。

　　张汝舟把文物给了谁呢？这个人就是宋朝名医王继先。

　　这个王继先，以医术精湛闻名，宋高宗、太后都非常宠信他，连当朝的宰相秦桧也有求于他。他虽然精于医术，但人品却不怎么样，仗着得宠，为非作歹，鱼肉百姓。李清照其实早就与他打过交道，王继先有"收藏癖"。当年，赵明诚刚去世，王继先就到府上，想出价300两黄金买下他们的所有收藏。李清照岂是为钱所动的人？她拒绝得很果断。碰了一鼻子灰的王继先并不甘心，于是买通人，四处散布赵明诚以玉壶私通金人的谣言，想让李清照向他求助。但李清照压根儿没想到这件事是他干的，如果知道，也不会向他低头。后面发生的，就是李清照为此吃尽了苦头，捐了大部分的金石文物给朝廷，最终也没让王继先得逞。

　　后来，李清照发现家里的文物又少了，她断定是张汝舟所为，于是派人暗中跟踪，并掌握了大量证据。终于她确定了，张汝舟接近她并向她求婚就是为了那些金石文物，而张汝舟背后之人正是王继先。自己还以为找到了知冷知热的人，真是可怜又可笑。

　　那为什么张汝舟对王继先言听计从呢？原来张汝舟当年在科举考试时曾作弊，当上了诸军审计司后，又虚报军粮，肆意贪污。张汝舟怕事情败露，于是找到了皇帝面前的红人王继先，希望他能帮忙运作，消解祸事。于是，王继先与张汝舟达成了交易——张汝舟把李清照的金石文物骗到手，王继先给张汝舟"洗白"。

现在，李清照知道了这一切，当真是又气又恨，金石文物虽然所剩无几了，却是她最后的寄托，所以她是不会让张汝舟得逞的。然而家贼难防，为避免张汝舟再偷文物，李清照偷偷地把文物运到了弟弟那里。

张汝舟眼见事情败露，立即换了一副嘴脸，他彻底撕下之前温文尔雅的面具，经常对李清照恶语相向，并逼迫李清照交出文物。李清照当然不屈服，他们就这样僵持着。一天夜里，张汝舟回来，喝得醉醺醺的，看见李清照，又让她交出金石文物，李清照就是不从。这下，张汝舟彻底失去了耐心，对李清照大打出手。

此类事情之后时有发生，李清照被折磨得身心俱疲，想死的心都有了。她曾经要求与张汝舟离婚，张汝舟这个无赖才不会同意，他就是要折磨李清照，想让她在忍受不了时交出金石文物。

但李清照从不是个受人逼迫便低头认输的女子，不但不交金石文物，还与张汝舟针锋相对。为此，张汝舟甚至对李清照动了杀心。李清照看清了这一切，与其这样唯唯诺诺被折磨死，不如死得轰轰烈烈。她决定反击，一纸状书将张汝舟告上公堂。

古代不像今天，今天的女子可以自己决定结婚和离婚，如果夫妻之间不和，商量无果，女方可以直接到法院起诉离婚。古代女子根本没有多少自由。结婚是父母之命，由不得自己；离婚呢，只有丈夫一方有权利休妻。更奇葩的是，即使丈夫有罪，也不能轻易将丈夫告上公堂，因为如果丈夫被判定有罪，妻子也要跟着坐两年的牢。李清照不能直接提起离婚诉讼，便决定举报张汝舟的罪行。

这其实不是一着好棋，先不说张汝舟背后有王继先这个靠山，不一定能告倒，就算告倒了张汝舟，李清照还要面对两年的牢狱生活，对于一向瘦弱的她来说很难撑下去。但李清照不怕，就算鱼死网破，她也要与张汝舟斗争到底。

大宋才女李清照将丈夫告上公堂的消息一下成了社会的热点新闻，连宋高宗都有所耳闻。

升堂那天，李清照历数张汝舟的种种罪行，有理有据。最终，张汝舟的罪行坐实，被发配到了遥远的柳州。至此，李清照终于与张汝舟解除了这场不幸的婚姻。

张汝舟被判有罪之后，按照当时律例，李清照也被关入监狱。弟弟李远去看她时，建议她给表妹写封求救信，以免受牢狱之苦。她的表妹不是别人，正是当朝宰相秦桧的妻子。秦桧自是权势滔天，一句话就可以将李清照解救出来。然而，众所周知，当时大宋国难当头，秦桧身为宰相，却一味与金求和。这样的做法为李清照所不齿，所以她宁愿在监狱里待着，也不会找他帮忙。

但是真的要在牢狱里度过两年吗？李清照盘算着，她想起了赵明诚生前的好友綦崇礼，他此时正担任翰林学士，应该能说上话。于是她抱着试一试的态度，给他寄了一封求救信。在信里，她一五一十地叙述了事情的经过，倾诉着自己的不幸。看到李清照的遭遇，綦崇礼立刻上报宋高宗，陈说事实，为李清照求情。高宗批示，李清照很快获救。就这样，李清照在监狱里待了9天就被放出来了。

为摆脱这场精心的骗局，李清照身心俱疲。后来每每想到此事，仍然无法释怀。

"地理发现"

灵隐寺

作为杭州最早的名刹，灵隐寺已经有约1 700年的历史。灵隐寺建于东晋时期，西印度僧人慧理和尚云游到杭州，看见一座山峰，就在山峰前建了寺庙，取名灵隐寺。

灵隐寺在建成初期并不出名。南朝梁武帝命人对灵隐寺进行扩建，使其有了一定规模。唐朝末年，灵隐寺在战火中毁坏。直到五代吴越王钱镠命人重新修建了庙宇，赐名灵隐新寺。南宋时期，皇室南迁，宋高宗和宋孝宗经常到灵隐寺主持事务，让灵隐寺一度成为吸引众多佛教徒、游客前往的胜地。李清照也是众多游客之一。除了游历，李清照还对寺内的经幢、石塔、御碑、字画等进行搜集研究，这些都是珍贵的文化遗产。

今天的灵隐寺位于杭州市西湖区，背靠北高峰，面朝飞来峰。寺内中轴线上有天王殿、大雄宝殿、药师殿等，两边的偏殿有五百罗汉堂、济公殿、大悲楼等，吸引了很多游客。

避难金华，泛舟双溪诉悲愁

公元 1133 年，金兵渡过淮河，江苏、浙江地区局势骤然紧张起来，百姓纷纷逃难。50 岁的李清照也在这股逃难的洪流中，沿着富春江溯流而上，到了金华。

109

李清照找到酒坊巷的一户姓陈人家的房子，简单收拾了一下就住了下来。金华与临安相比，虽是个普普通通的小城，但好在环境清幽、民风质朴，连战火似乎都被隔绝了，李清照一来就爱上了这里。想想前几年的经历，遭遇了国破家亡的痛、颠沛流离的苦，后来丈夫死去，金石丢的丢、毁的毁，再嫁又离婚，弄得自己疲惫不堪。金华幽静，岁月静静流淌，让李清照这颗饱经沧桑的心得到抚慰和休养。她经常站在酒坊，闻着蒸粮食的热气，也会听听街上的吴侬软语，还会与当地的文人围炉煮茶。

眼下的安宁，终于让李清照感到一丝久违的惬意。面对江南美景，她心情极好，随口说出"人生能如此，何必归故家"的感慨。

金华东南角有个著名景点——双溪，因义乌江和武义江汇集而得名，风景优美，久负盛名。这样的美景无论如何不能错过，李清照从小爱游玩，50 岁也挡不住她出游的步伐。趁着春光大好，她立即乘兴而去。

双溪的景色也没让她失望，春光烂漫、舟楫穿梭，让她流连忘返。但喜悦是那么短暂，很快往事涌上心头，瞬时勾起无数悲思。等回到住处，眼前没了美景，再小酌上几杯，心里便升起了落寞。她提起笔，写下一首《武陵春·风住尘香花已尽》。

> ### 🍃 武陵春 · 风住尘香花已尽
>
> 风住尘香花已尽，日晚倦梳头。物是人非事事休，欲语泪先流。
> 闻说双溪春尚好，也拟泛轻舟。只恐双溪舴艋舟，载不动，许多愁。

同样写愁思，李后主这样描述："问君能有几多愁，恰似一江春水向东流。"李清照其他词中也有很多愁，"寂寞深闺，柔肠一寸愁千缕"，愁是千丝万缕的；"惟有楼前流水，应念我、终日凝眸。凝眸处，从今又添，一段新愁"，愁是一段一段的。

但此时的愁却说不得，金兵南下、山河破碎、四处流亡、丈夫去世、金石被毁，哪一件都叫人心碎、叫人愁。"欲语泪先流"，这愁还没开始诉说，就已经让人泪流满面了，何况说出来呢？已是风烛残年的李清照，尝尽了人间悲苦，词中也都是苦和愁。这种苦和愁是家国之愁，舴艋舟也载不动。

不过，愁归愁，该玩还是要玩。

不久后，李清照又到号称"两浙第一楼"的八咏楼游玩，此时她的心绪又有了变化。一日，风和日丽，李清照登上八咏楼，凭栏远眺，面对滔滔江水奔涌东流，家国之愁又涌上心头，不过，李清照此时写下的一首诗一改愁苦，字里行间流露出一股冲天的豪气。

111

🌿 题八咏楼

千古风流八咏楼，江山留与后人愁。
水通南国三千里，气压江城十四州。

　　词中赞美了八咏楼绝佳的地理位置，说它"水通南国三千里，气压江城十四州"，面对这样的便利和气势，为何宋室却如此羸弱呢？但想到自己终究是女子，空有收复失地之心，却报国无门，也不能像花木兰、穆桂英那样为国效力。罢了，罢了，李清照不再想江山社稷的事儿了，还是让后人去烦恼吧。与李清照其他的作品相比，这首诗字里行间流露出豪情壮志，是一首豪放大气的诗。

❝地理发现❞

八咏楼

　　李清照曾登临远眺的八咏楼，位于今天的金华市古子城八咏路。该楼始建于南朝，由著名的史学家、文学家沈约所建，最初叫玄畅楼。该楼建成之后，沈约一连写了八首诗，总共1 803字，刻在了玄畅楼上。这八首诗洋洋洒洒，气势恢宏，一时间成了绝唱。而后，沈约又以"永明体"响彻文坛。

　　后世的文人墨客慕名而来，纷纷登上八咏楼，写诗填词。唐代的李白、白居易，宋代的李清照等都留下了作品。其中，李清照的《题八咏楼》成为历代吟咏八咏楼的代表。

　　今天的八咏楼，占地面积2 485平方米，主体建筑面积696平方米，分为亭楼、正楼、厅堂、楼屋。

逃难如何？
也要玩得
风生水起

在金华的那段时间，李清照还找到了谋生的手段。她开始在赤松宫门前为求签者解签。这件事，这位大才女做得风生水起，"生意"红火。

114

除了解签，李清照还玩起了打马游戏。

什么是打马呢？打马类似于今天的麻将，在宋代闺阁中非常流行。早年，李清照非常热衷于打马，经常通宵达旦地玩，而且很快她就掌握了打马技巧，把把必赢。

如今重新投入游戏，她还写了一本《打马图经》，类似于今天的游戏攻略。她在书的序言里直接说了写书的目的："使千万世后，知命辞打马，始自易安居士也。"就是说，我要让后世知道，"打麻将第一人"是我李清照。

另外，为了很好地说明打马的实战技巧，李清照还特意写了《打马赋》，文章中典故层出，明说棋局，暗说时局，见解独到，妙语连珠。

李清照身为女子，虽然无权过问朝堂之事，但不代表她就没有政治家的眼光。

就在上一年（1133 年），宋高宗派出韩肖胄、胡松年两位大臣出使金国，慰问宋徽宗和宋钦宗。而韩肖胄是北宋三朝宰相韩琦的曾孙，李清照的祖父及父亲都曾得到韩琦的举荐，因此两家算是世交。李清照写下两首《上韩公枢密·其二》为老友送行。她在这两首诗中便以独特的眼光，分析敌我形势，并提出解决策略，实在难能可贵。

上韩公枢密·其二

想见皇华过二京，壶浆夹道万人迎。
连昌宫里桃应在，华萼楼前鹊定惊。
但说帝心怜赤子，须知天意念苍生。
圣君大信明如日，长乱何须在屡盟。

　　这是首送别诗，诗人想象北地百姓热烈欢迎使臣的场面，也想象北地的宫殿依然完好无损。之后由想象转为议论，表达了百姓渴望过上安稳生活的愿望。最后一句，李清照在赞颂君主圣明的同时，也委婉地指出一味求和只会助长一次次战争，这里批判了南宋偏安一隅、一味求和的软弱。

　　李清照在金华大概住了一年，之后又搬回了临安。

"地理发现"

赤松宫

位于浙江省中部的赤松山，是晋代道人黄初平、黄初起兄弟修行得道之所。二人升仙后，当地人为纪念他们，建成赤松宫，后来发展为奉祀黄初平大仙的道观。

到了宋代，赤松宫的香火极为兴旺，而赤松宫的规模也空前巨大，因此，赤松宫被称为"江南道流冠冕"和"江南道宫之冠"。

1996年，赤松宫改址重建，建成后的赤松宫位于鹿田湖东侧山腰。赤松宫内的黄大仙祖宫面积最大，宫殿建筑群占地1.8公顷，再现了原来赤松宫的雄姿。

如今，黄大仙祖宫成了海内外信众的朝真圣地。

富春江上

咏钓台

　　就在金军全力进攻南方时，金国朝廷突然传来消息，完颜晟病危。金国大将金兀术害怕朝中发生政变，于是赶紧班师回朝。金兵撤退后，宋高宗决定返回临安，时局总算好转。

　　李清照也在1135年这一年，从金华返回了临安，这次依然走的水路，顺流而下。一个夜晚，船路过桐庐，李清照看到了富春江上的钓台。

118

钓台，曾是隐士严子陵垂钓的地方。严子陵是东汉时期有名的隐士，他少年时便有才气，与光武帝刘秀是发小，两人一起长大，并一块儿外出游学，交情深厚。后来光武帝刘秀起兵反抗王莽，严子陵为刘秀出谋划策，最终，光武帝得了江山，当上了皇帝。论功劳，严子陵排在前面，光武帝想重赏严子陵，给予他高官厚禄。但他不为名利所左右，仍然坚持初心，选择隐居。他在优美的富春山住下，过着耕田打鱼的世外桃源般的生活。而他的这种抛却名利、自在修行的品格，也让他名闻天下，并影响着无数后人。

这次是李清照第二次经过这里，第一次经过这里是前一年逃难金华时。那时金兵南下的消息传来，上到皇帝下到百姓，全都乱作一团，乡下的人往城里跑，城里的人往乡下躲，人们不知道哪里才是最安全的。李清照随着逃难大部队，只顾着逃难，路过钓台时只是匆匆一瞥。这次不一样了，金兵撤退，南方又安全了，此时李清照心情也放松了下来，良多感慨也都涌上心头，于是写下了这首《钓台》。

🌿 钓台

巨舰只缘因利往，扁舟亦是为名来。
往来有愧先生德，特地通宵过钓台。

这是一首咏史诗，妙就妙在，李清照用她独特的女性视角、细腻的纪实风格加以表现。前两句"巨舰只缘因利往，扁舟亦是为名来"刻画出了世人为了名利不断奔波，当然也包括诗人自己，这里带着些许自嘲。

后两句继续写自己出于惭愧，所以选择了夜晚路过。事实上，诗人只是碰巧晚上路过，此时却刻意强调是出于自己的愧意，其实另有寄托。乱世之中，李清照只是一个柔弱女子，她如草芥一般，加入逃难大军，只为苟全性命。但那些有能力抗争的人，却也和她一样四处逃窜，完全忘了反抗，这是多么讽刺的事实，而表达这层含义也正是诗人的用意。

写罢此诗，船已过了桐庐。过了富阳，就到临安了。等待李清照的，又是怎样的际遇呢？

"地理发现"

严子陵钓台

严子陵钓台，位于桐庐县城南 15 千米的富春山麓，是我国十大钓台之首。严子陵钓台由东台、西台、严先生祠、石坊、碑园、钓鱼岛、富春江小三峡等组成。

当年，严子陵拒绝汉光武帝刘秀的赏赐，隐居在富春山麓，过着深居简出的生活，因此，世人也称富春山为"严陵山"，严子陵垂钓的地方称为"严子陵钓台"。后世的李白、白居易、范仲淹、苏轼、李清照、陆游等名人都曾游历此地，并留下诗文。元代画家黄公望也慕名到此，绘制了著名的《富春山居图》。

今天的"富春江诗文碑林"长廊记录着历代名人留下的墨宝，这里面最著名的当数范仲淹的"云山苍苍，江水泱泱，先生之风，山高水长"，用来赞扬严子陵的高风亮节，在今天，这句话更是代表一种文化内涵，一种高尚的人生追求和境界。

复归临安，忧患得失何其多

公元 1135 年 **清波门** [52岁]

漂泊了多年的李清照，终于安顿在了临安。她在清波门附近住了下来，总算安定了，而此时的李清照也到了暮年。

花有重开日，人无再少年。半生已过，回望以前的日子，李清照怀念最多的，仍然是丈夫赵明诚，尤其在认清了张汝舟的真面目后，李清照愈加思念起丈夫赵明诚来。

这天，她独自前往孤山，忽然看到梅树枝头冒出几个花苞来，她一阵欣喜，顺手折了几枝。这个场景是那么熟悉，让她想起年轻时，看到梅花开了，她也会折上几枝，并第一时间跑到赵明诚面前炫耀。那时的场景多么美好呀，可惜物是人非，丈夫永远地离开了她，唉！

当天夜晚，李清照就梦到了赵明诚，梦里的赵明诚拿着她折的梅花，露出灿烂的笑容，李清照刚想靠近，他就消失不见了。梦醒时分，李清照只能发出一声长长的叹息。

又到了一年一度的元宵节，临安又迎来了天子归来，自然要庆祝一番。华灯初上，夜幕下的临安城格外美丽。人们纷纷走上街头，赏灯猜谜，一派繁华。走在街上的李清照，也没有目的地，索性随着人潮涌动。久违的热闹让李清照一阵恍惚，仿佛又回到了初遇赵明诚的那个晚上，那时的人和那时的汴京城真美好啊！

可微凉的风吹过，似乎在提醒她，这里是临安，不是她的汴京。想到这里，刚有的一丝喜悦消失殆尽，心情又沉入了谷底。这断肠的愁和无边无尽的思念根本无法排解，只能写进词里了。

永遇乐·落日熔金

落日熔金，暮云合璧，人在何处？染柳烟浓，吹梅笛怨，春意知几许。元宵佳节，融和天气，次第岂无风雨？来相召，香车宝马，谢他酒朋诗侣。

中州盛日，闺门多暇，记得偏重三五。铺翠冠儿，捻金雪柳，簇带争济楚。如今憔悴，风鬟霜鬓，怕见夜间出去。不如向，帘儿底下，听人笑语。

这首词最妙的是对比手法的运用。第一个对比是元宵节的繁华与词人独居异乡的悲凉，而汴京元宵节和临安的元宵节是第二个对比。在词中，词人在往事和今夕之间来回切换，虽然整首词的基调是娓娓道来，但往昔今夕一对比，字里行间都在诉说着悲情。这种悲情是家国之痛，是亲人之痛。是呀，往事有多美好，今夕就有多痛苦。李清照用最平易的语言，写最难言的悲情，那是大悲大痛。句尾的那句"不如向，帘儿底下，听人笑语"，使人眼前浮现出这样的一幅画面：一个半老妇人，无依无靠，心事重重，却无人诉衷肠，只能静静地待着，偷偷羡慕别人的快乐……

现在局势稳定下来，李清照着手清点剩下的金石文物。丈夫特别嘱咐的宗庙礼器还在，赵明诚亲自抄写的李白、杜甫、韩愈、柳宗元的集子也在，《金石录》手稿也在。此时，李清照感到欣慰，她捧起《金石录》手稿，仿佛看到了赵明诚当年整理文物和手稿时的场景，他是那么一丝

不苟。她又仿佛看到她和赵明诚边吃边赏玩字画的场景，他们一起赌书泼茶的场景。李清照决定为《金石录》写一篇后序，记录这段美好又艰辛的成书经历。往事历历在目，李清照一气呵成，写下了《金石录后序》。

在《金石录后序》中，写到仅剩的几件金石文物时，李清照在叹息的同时，还是达观的。她说道："三十四年之间，忧患得失，何其多也！然有有必有无，有聚必有散，乃理之常。人亡弓，人得之，又胡足道。"

这句话的大意是，在这三十四年间，所得到的和失去的简直太多了。然而，世界是辩证的，有有必然有无，有相聚必然有分离，这是人世间的真理。有人丢了弓箭，肯定会有其他人捡到，又何必去计较呢？金石丢了，还会遇到其他珍惜它们的人，就此释怀吧。达观如李清照才能写下这番言语，可能换作其他女子，遭遇李清照所遭遇的，根本活不下去。

这篇记录成书过程的文章，在日后成了人们了解李清照大半人生的主要文献。

"地理发现"

孤山

在杭州的西湖中有一座孤岛，人们给它起名为"孤山"。它是西湖中最大的岛屿，面积20公顷。

孤山周围被碧波萦绕，山上又鸟语花香。更特别的是，它如画卷一般美丽，或晴或雨，韵味不同。晴天时，山上的亭台楼阁、花草树木，就如工笔画一样，雄壮中带着清丽。雨天时，宛如泼墨画一样，因雾气增添了几分神秘。优美的环境，再加上优越的地理位置，让孤山成了观赏西湖的首选，宋理宗和清康熙皇帝都曾在此修建行宫。

孤山也在文人墨客那里颇负盛名，尤其唐宋时期，文人墨客纷纷留下佳句，唐代诗人白居易有"孤山寺北贾亭西，水面初平云脚低"的名句。如今的孤山有放鹤亭、林和靖墓、西泠印社、玛瑙坡、一眼泉水、文澜阁、中山公园、清行宫、敬一书院、秋瑾墓、六一泉、苏曼殊墓园、半壁亭等景点，这些景点让孤山兼具了自然之美和人文之美。

花甲之年，寄情《金石录》

公元 1144 年 **临安** [61岁]

　　没有了战事，临安城里百废待兴，各行各业逐渐繁荣，街上也恢复了热闹。没有了金兵的南扰，李清照也不用流亡了。

　　这一年，李清照 61 岁，已过了花甲之年。

127

就在前一年，也就是 1143 年，李清照被推荐为"内命妇"，成了宫里的御用词人，每逢立春、端午等节日，李清照需要往宫里献词。从这一件事也能看出，李清照在当时词坛的地位之高。

而且这段时间李清照也没闲着，她要重新校对一遍《金石录》。如果校勘完的话，她还想将它刊刻出来，这样在她有生之年，也算为丈夫圆了梦。之后的岁月里，李清照投入校勘《金石录》的工作中，需要翻书之时，她就去查证；需要现场考察之时，她就亲自前往考察。

花儿开了又谢，树叶绿了又黄，李清照无暇顾及外面的美景，一直沉浸在校勘中。李清照之所以乐此不疲，一个重要原因是这本身是自己的爱好，另一个原因是，每天看到丈夫亲手写的稿件，仿佛看到他本人一样，让她觉得赵明诚并没有离开，一直守在她的身边。

　　不论如何，李清照晚年，被《金石录》占据了大部分精力。这里也有一段她为金石奔走的故事。

　　李清照手里有两幅珍贵的字，是书法大家米芾所写。也算是缘分，李清照最终落脚临安，米芾的儿子米友仁也住在临安。为了增加这两幅字的含金量，李清照决定去拜访米友仁。此时的米友仁已经75岁，和他父亲一样，也是知名的书法家。米芾留下的作品很少，作为儿子的米友仁都没有几幅他的真迹。当李清照拿着这两幅字前来拜访时，米友仁看到了父亲的真迹，激动不已，很爽快地在字上题了跋，并给了这幅字很高的评价：能值黄金千两！

　　有了这样的题字，李清照手里的字帖自然价值翻倍。但李清照更在意的是让米芾的字代代流传，让这位书法家的魅力继续延续。

　　历时两年，最终在八月的一个午后，李清照完成了《金石录》的校勘，而此时的《金石录》足足有30卷。

　　到下一步刊刻了，当时的刊刻有两个渠道：一种是私刻，也就是在小作坊里刻书，不仅需要自费，而且刻出来的书只能在小范围内流传，产生不了什么影响；另一种是官刻，官刻免费，而且一旦印出来，影响广泛。但官刻要求非常高，著作必须有分量。

　　李清照有这个自信，他们的《金石录》一经示人，必定流传千古。于是，她把《金石录》献给了朝廷。之后就等着官方的回应了。

天竺寺

李清照晚年住在临安，经常造访天竺寺。天竺寺在今天的杭州市天竺山的南面，有三处建筑群，随地势而建，自下而上，分别为下天竺法镜寺、中天竺法净寺、上天竺法喜寺，因此，天竺寺也被称为"天竺三寺"。

其中，下天竺法镜寺建寺最早，始于东晋时期，在宋代闻名天下，是当时的名刹。中天竺法净寺建于隋朝，南宋时期最盛，被列为"五山十刹"中的"十刹之首"。上天竺法喜寺建于后晋时期。清代康熙帝南巡时，过天竺寺，为三座宝刹赐名为法镜寺、法净寺、法喜寺。

从北宋开始，每年的农历二月初二，香客会云集天竺寺上香，这个活动会一直延续到端午。明清时期，"天竺香市"形成，而"天竺香市"延续到今天，仍是当地最热闹的民间庙会。

梧桐兼细雨，芳魂寄秋风

公元 1155 年，饱含赵明诚和李清照大半生心血的《金石录》终于问世了，官方刻印，全国发行。《金石录》一经问世，反响强烈，深受金石学家的好评，但遗憾的是，李清照没有等到这个好消息。

李清照的晚年时光并不如意，没有丈夫的陪伴，也没有子女的照料，孤苦无依。要强如她，不愿住在弟弟家，依然选择独居。李清照的邻居孙综有一个女儿，十岁上下，李清照看她天资聪颖，就想收她为弟子，把自己的平生所学传给她，也算后继有人了。

131

于是，李清照找到孙综，把自己的想法告诉了他，李清照怕孙综有什么后顾之忧，先讲清楚是免费教给孩子。这件事，放在今天，世人都会觉得孙综这下撞了大运，毕竟，不是谁都能成为李清照的徒弟的，而且还免学费。可没想到，孙综非但不感激，还以"才藻非女子事"为由拒绝了李清照。这下，李清照彻底失望了，除了感慨自己后继无人，还愤怒这个社会对女子有太多的不公。

花开花落又一秋，这天难得的好天气，李清照一人前往西湖，她租了一个小舟，泛舟西湖。湖面波光粼粼，还能听到远处的歌声，但这些并没有给李清照带来好心情，她独自一人饮着酒，几盏下肚，愁上心头。是啊，少年时的意气风发、豪迈心境，都已随光阴逝去。如今心境已经和少年时的完全不一样，再美的时光，再好的佳酿，也不能让愁少几分。

李清照又病倒了。这天，李清照醒来已经是下午，也许是因为被病痛折磨着，她心情不好。她拖着病体从屋里转到院里，从院里转到屋里，最后静静地发呆。傍晚，秋风吹起，带着秋雨打在了梧桐树上，这秋雨也像是一点一点的愁，一次次打在心上。

李清照想起北方的故乡，早就被金人攻破，再也回不去了。自己的

132

挚爱也离开了，只能在梦里相见。再想想以前那些快乐的时光，全都离她而去。而现在只剩下孤独了，再坚强的李清照，此时也只剩下忧愁了，她提笔写下了《声声慢·寻寻觅觅》。

🌿 声声慢·寻寻觅觅

寻寻觅觅，冷冷清清，凄凄惨惨戚戚。乍暖还寒时候，最难将息。三杯两盏淡酒，怎敌他、晚来风急？雁过也，正伤心，却是旧时相识。

满地黄花堆积。憔悴损，如今有谁堪摘？守着窗儿，独自怎生得黑！梧桐更兼细雨，到黄昏，点点滴滴，这次第，怎一个愁字了得！

这首词开头连用了 14 个叠字把悲凉写得绵长又凄惨，词中的气温、秋风、大雁、黄花、梧桐、细雨这些大自然的景物与现象，全都为她的"愁"服务，更增添了愁的广度与深度。所以，这首被称为绝唱的词，一字一泪，字字让人愁。这个愁是秋天带给她的，是孤独带给她的，更是那些痛苦的经历带给她的。而这个愁无解，这个愁无终，将继续折磨着她的最后岁月。

公元 1155 年，一代才女李清照永远闭上了眼睛。我们无法得知她离世那天是秋高气爽还是阴雨绵绵，但我们可以想象她在弥留之际，内心的孤独和忧愁。

自此，世上再无李清照。

133

"地理发现"

清照亭

在杭州的古清波门外,有一片郁郁葱葱的水杉林。隐藏在水杉林深处的,是一座静静挺立的小亭,这个小亭叫"清照亭",它是为纪念宋代著名女词人李清照而修建的。

匾额上的"清照亭"三个大字是用李清照最喜爱的米芾体写成,苍劲有力,有一种独特的韵味。亭子的两副楹联也是精妙绝伦,其中一副楹联写着"玉润珠圆文苑长兴易安体,山明水秀词魂永驻武林春",主要说她寓居临安的经历。另一副楹联上写着"清高才女流离词客,照灼文坛点染湖风",巧妙地藏入了"清照"之名。

据说,李清照定居临安后,住在清波门附近长达20年。为了纪念这位伟大的词人,2002年,杭州在清波门柳浪闻莺公园里建造了"清照亭",如今,这里已经成了世人了解李清照的一个景点。

87

公元1188年 铅山 [49岁]

鹅湖别挚友，"可怜白发生"

97

公元1194年 铅山 [55岁]

再遭免职，痛失挚友贤妻

92

公元1192年 南剑 [53岁]

赶赴福建，为民请命

102

公元1200年 铅山 [61岁]

隐居铅山，"白发多时故人少"

107

公元1203年 绍兴 [64岁]

伐金有望，花甲之年剑出鞘

117

公元1205年 铅山 [66岁]

英雄迟暮，金戈铁马终成空

112

公元1204年 京口 [65岁]

壮心激荡，北固亭怀古

122

公元1207年 铅山 [68岁]

撑持天地，男儿到死心如铁

生逢乱世的凌云少年

靖康耻、犹未雪，臣子恨，何时灭？

北宋与虎谋皮，联金灭辽。辽国被灭后，北宋幻想着与金国把酒言欢，庆祝胜利，不承想，昔日盟友瞬间翻脸。

金人的铁骑裹挟着萧瑟的冬风席卷而来，一路南下，烧杀抢掠。这场仗从冬天打到春天，直打到汴京沦陷，朝廷弃城南迁。宋朝臣民久久回不过神来：怎么成了这样？怎么可以是这样！

1

　　金人掳走了宋徽宗、宋钦宗两位皇帝，对他们百般折辱。天子沦为阶下囚，成了多少北宋臣民心中的奇耻大辱。连天子都难逃如此恶劣的结局，百姓的遭遇可想而知：无数无辜的百姓在战火中流离失所，家破人亡。

　　淮河以北彻底沦陷了，昔日繁华的座座城池、大片肥沃丰饶的耕地，最终被金人占有。这场靖康之难，是多少宋人心中放不下的家国大恨。

　　十多年后，1140年，辛弃疾出生在历城，现属山东省济南市。这里早已属于沦陷区。

　　家族的庞大是兴盛的象征，也是一种无言的累赘。靖康之难发生的时候，众多族人举家南迁，不是一件简单的事，可留下来又面临着被金人强占田地的穷困境地。

　　辛弃疾的祖父辛赞，是辛家这一代的领头人，原在北宋为官多年。为了保住族人平静的生活，辛赞不得不忍下心中的仇恨，换一身金朝官服，接受金人统治者的任命，成为金朝官员，但他的心中始终放不下大宋，想着有朝一日可以抗金复国。

　　孙子出生，辛赞亲自为他取名弃疾。"弃疾"这个名字不由得让人联想到那个威名赫赫的冠军侯——霍去病，他17岁领兵打仗，从无败绩，一路把匈奴赶到贝加尔湖畔，饮马瀚海，封狼居胥，为大汉去除了匈奴这块儿心病。

　　辛赞为孙子取下这个名字，大概也是希望他长大之后，能像霍去病一样，匡扶宋室，赶走金人，堂堂正正做一名汉人！

　　在这样的环境中，辛弃疾一天天长大。尽管有祖父忍辱负重、保驾护航，年少的他依然能感受到汉人与金人的不同。汉人为奴为婢，受尽屈辱，金人只管享乐，还朝着汉人吆五喝六。生长在这样的环境中，复国的种子在辛弃疾心里早早埋下。

生逢乱世的少年胸怀凌云之志，发誓要把金人赶出中原！

这一志向与祖父对他的期待不谋而合。辛赞在孙子身上看到了希望，对他精心培养。少年辛弃疾不负重托，朝着文治武功、全面发展的方向奋力成长。

于武艺一道，强身健体的防身之术可撑不起少年抗金的志向。辛氏祖上本就出过将帅，所以，祖父倾囊相授能上阵杀敌的铁血功夫。

但是，只会武艺是远远不够的，打仗还要靠脑子。6岁，到了该入学的年纪，辛弃疾跟随祖父辗转到亳州赴任，拜刘瞻为师。

刘瞻是当地有名的文学家，辛弃疾跟随在侧，学习经史子集。但刘瞻最擅长的是写诗作赋，尤其是田园诗，辛弃疾能成长为一代词人，并创作出那么多诗词，跟幼时老师的悉心教导有很大关系。

与辛弃疾一起读书的同学名叫党怀英，两人经常结伴出游，谈论局势与未来。但同学未必是同志。

梦想为何？党怀英志在长大报效朝廷，为官作宰。这个朝廷，指的自然是金人的朝廷。

而辛弃疾呢？受到祖父的影响，那颗驱逐金人、收复中原的爱国之心，仍在熊熊燃烧着，更有愈燃愈烈之势。他从没有把脚下的土地当成是金朝的属地。

总有那么一日，我会上阵杀敌，收复故土，梦里的少年，早已白马长剑演练了无数遍，化成一股信念，长存于心。

"地理发现"

历城

今天济南市的历城区，就是曾经的历城县。历城县从汉朝开始就设立了，这里南依泰山，北靠黄河，因一座小小的历山而得名。

一条小清河流过历城，河边地势平坦之处，有一座传承近千年的古村落——四凤闸，辛弃疾故里就在这里。

走进这里，能看到一座建于1996年的辛弃疾纪念馆，纪念馆坐北朝南，迎面一座石碑坊，刻着著名书法家武中奇所写的"辛弃疾故居"五个大字。两侧一副楹联，上联是"铁板铜琶，继东坡高唱大江东去"，下联是"美芹悲黍，冀南宋莫随鸿雁南飞"。这副楹联概括了辛弃疾一生的主要成就。

从石碑坊底下走进去，能看见一座刻着辛弃疾生平的石碑，而石碑的后方就是一尊高大威猛的齐鲁男儿辛弃疾的塑像，儒巾战甲，宝剑跨腰，颇有几分儒将姿态。遥想当年，辛弃疾呱呱坠地，生于斯、长于斯，等到孩童长成峥嵘少年，踏马远行，这一别，就是永恒。那个小小少年，至死没回来过。

两度赴京 探军情

　　辛弃疾的志向从不宣之于口，但总在付诸实践。从他不分寒暑习武读书的劲头就能看出来。

　　公元 1153 年，金朝迁都燕京，也就是今天的北京。统治者宣布科举三年一试。恰好在这一年，辛弃疾乡试中举，第二年可以进京参加礼部的考试。

于是，在别人还无忧无虑、嬉笑玩耍的年纪，15岁的辛弃疾背负着祖父的期望，只身一人踏上科考之旅。从山东出发，途经景州、沧州，一路北上，直奔燕京。

那时候没有车，出趟远门只能靠双腿行走。寒冬腊月的北方，滴水成冰，少年顶着风雪北上，历经千辛万苦，却从未有一句怨言。因为他一直都知道自己想要的是什么。

这次进京赶考有一明一暗两个目的：明面上是科举入仕、金榜题名；暗地里则要考察沿途的山川地貌、风土人情，为日后抗金起义做准备。

其实，辛弃疾如果只是想当官，完全可以走荫补路线，相当于保送推荐，根本不用自己费力去考试。但他始终没有忘记收复中原的志向，金朝的功名于他而言不过是一张废纸罢了。暗地里的目的才是这次北上最重要的事，也是出发前祖父郑重交给他的绝密任务。

正所谓，知己知彼，百战不殆。要想打败金人，先要了解金人，了解脚下被金人统治的土地。进京赶考是一个绝好的机会！

在古代，平民百姓很难随意活动，不能想去哪儿就去哪儿。没有正规手续，就不能入住驿站，无法通过城门关卡，只能躲躲藏藏，四处游荡。所以，像这种深入沿线各座城池，甚至光明正大出入金朝都城，探查人文风情、城防换岗这些情况的机会可不多。更何况参加科考接触的都是金朝要员，能探查到更多平时得不到的消息。

于是，每到一处，少年辛弃疾都细细观察地势，绘图在册，留心各城池守城军队的力量配置，官府在哪儿，仓库在哪儿，都要一一标记下来，为日后的抗金大计做准备。

考试的结果不出意料，没中。刚满15岁的少年与北方所有的名士不分年龄，一同竞争，无异于千军万马过独木桥，太难了。好在辛弃疾并无失望，继续蛰伏学习。

三年后，18岁的辛弃疾再度北上燕京，名义上仍旧是参加大考。这一次，他继续着上一次的"秘密任务"，取道河南，路过真定府、定州、保州、涿州，进一步完善了自己绘制的北方地图，探查了更多军事情报。

这一次北上，辛弃疾还有一个额外的收获——受到蔡松年的指点，在填词方面有所进益。《宋史》中清楚记载着辛弃疾少年时期曾跟随蔡松年学习填词这件事。

蔡松年，字伯坚，号萧闲老人，是金朝的文学家、政治家。他的传世词作中流露着颇为矛盾的思想情感，大概与自身经历有关。蔡松年原本为宋朝将领，战败后却受到金朝统治者的礼遇，不知如何自处。辛弃疾后来作词水平飞涨，想来跟这一段时间的学习有很大关系。

虽然第二次的科考仍然名落孙山，但两次北上燕京的经历，沿途所见所闻，无一不在加剧辛弃疾心中的愤懑。金朝的统治讲究武力镇压，对待汉人的普通百姓，全无公平正义可言。这样的国家，怎么可能长治久安？所以，抗金大计，势在必行！

辛弃疾一直在等待一个机会，一个能够让他带领汉人百姓摆脱压迫、实现复国大计的机会。很快，这个机会就来了。

"地理发现"

燕京

燕京，就是今天的北京，这座城市的历史非常悠久。

早在战国时期，战国七雄之一的燕国，雄踞今天的河北一带，其首都蓟城，便是今日的北京。秦朝统一天下之后，作为曾经的燕国首都，这里便被人们称为"燕京"。

到了宋代，金朝的大本营本来在东北的哈尔滨，史称"上京"。但因为打败了北宋，金朝的统治区域向南扩大至淮河以北，为了更好地统治，海陵王完颜亮果断下令将都城南迁到燕京，并改名"中都"。

中都城的建设充分借鉴了之前辽国的城市规制，同时巧妙地模仿了北宋都城汴京的风貌，宽敞整齐，热闹繁华。不过很可惜，这座繁华的都城建成不足七十年，便在蒙古铁骑的一把大火中化为灰烬，片瓦无存。

如今，北京街头巷尾的历史建筑，大多是明清两朝留下的，当年金人的痕迹似乎已荡然无存，只在部分遗址考察中能发现些蛛丝马迹。

现在北京的西城区还有一座金中都公园，据说就是在当年的金中都城遗址上修建而成的，里面的建筑装饰充分体现了金朝的风格。

揭竿而起，全力抗金

金朝迁都之后，政权慢慢稳定下来，自我感觉已经大权在握的完颜亮，做出了南下攻宋的决定，甚至大言不惭地喊出"百日灭宋"的口号，打算一口气吞下偏安一隅的南宋朝廷。

但是，打仗真的只是上嘴唇碰下嘴唇吗？开战需要的一切军事物资，无不来自北方百姓的血肉。

9

打仗缺钱怎么办？征税，从民众身上大肆搜刮，一点儿口粮也不给剩。

打仗缺人怎么办？征兵，北方壮丁全部听令从军，家中父母年迈无人照料的也不得留下，违令者处死，一时间鸡犬不宁，只听得见老弱妇孺的哭号。

打仗缺船少器怎么办？征来的钱和人，通通去造船、打兵器，不分昼夜干活儿，得不到片刻喘息，累死了，抓来新人继续干。那暗无天日的生活，仿佛没有尽头……

正所谓"哪里有压迫，哪里就有反抗"。从 1160 年开始，农民起义四起，换来的是金朝的强力镇压。金军抓不到逃散的起义军，只能将气撒在城中的老弱妇孺身上，一声令下全部屠杀。

同胞的悲惨境遇，落在彼时已经 22 岁的辛弃疾眼中，只觉得心中大恸。恰逢祖父去世不久，悲痛中的辛弃疾振臂一挥，在家乡集结了两千余人，抗金起义的号角正式吹响。

从此，少年不再是躲在祖父庇护下的雏鸟，终于长成了独当一面的雄鹰。

很快，辛弃疾发现自己毕竟太年轻了，号召力有限，而金军南下的脚步不等人，自己的队伍没有时间慢慢成长。想要成大事，最好的办法是加入一支更大的起义军。于是，他带着自己的队伍，加入了当时规模最大的耿京起义军。

耿京本是山东一介农民，被官府压迫，凭着一腔热血起义反抗，起初他的队伍只有几十人，因为得到了更多被压迫民众的支持，像滚雪球一样，人数越来越多，成了当时最有实力的一支农民起义军。

反观辛弃疾的情况，要比耿京好太多，少年英才，文武双全，一下集结了两千余人，本不必屈居人下，但是他始终不忘自己起义的目的是抗金，是复国，是阻止金军南下伐宋的脚步。所以，并不留恋权势的辛弃疾为大局着想，二话没说归顺了耿京，足见其心中的家国大义和个人气节。

就这样，辛弃疾成了耿京起义军中的掌书记，收起了剑，拿起了笔，负责管理军中的印信和机密文书，协理日常军务。

起义军的队伍需要不断扩充，偶然一次机会，辛弃疾结识了义端和尚。此人虽是一名僧人，但也关心国家大事，在这个乱世拉起了一支千人的队伍。在辛弃疾的推荐下，义端和尚同样归顺了耿京。

但是义端是个权力心很重的人，当他发现归顺耿京之后的日子与自己的初衷相去甚远时，便趁辛弃疾不备，偷走了军中印信，打算将之作为敲门砖，投靠金朝，换取荣华富贵。

事情败露之后，义端早已不知所终，耿京大怒之下要斩辛弃疾。辛弃疾确实难辞其咎，一来偷盗之人是他引荐的，二来印信是从他手中被盗走的。这件事给年轻的辛弃疾上了一堂生动的人性课，果然知人知面不知心啊！

11

　　可文武全才的辛弃疾怎么可能就这样去死，从他这里偷走的东西，势必要亲手拿回来！于是，辛弃疾请命追杀义端，将功补过，并立下军令状——三日追不回，愿赴死。

　　得到了耿京的应允，辛弃疾纵马出营，他料定义端偷盗印信别无他用，只可能投奔金军，一路疾驰追赶，果然找到义端踪迹，不费吹灰之力将叛徒擒于马下。

　　义端大概也没想到，这个执掌印信的文官，竟身怀高强武艺！眼见脱身不得，义端只好大呼："好汉饶命。"然而辛弃疾不为所动，手起刀落，斩下叛徒首级，带着失窃的印信，快速返回义军中。

　　一时间，义军众人都知道了辛弃疾的厉害，耿京也愈加信任他。

　　机会是留给有准备的人的。祖父多年的精心教导，以及两度北上的经历，给了辛弃疾独特的战略眼光。在他的建议下，耿京义军以泰安为大本营，有序向外扩张。在积累了一定的基业之后，一鼓作气向西攻占了东平。

　　东平是当时山东西路的首府，军事战略地位十分重要。攻下东平的耿京自任东平府知府、天平军节度使。一时间，中原各路起义军隐隐产生了以耿京为首的态势。

　　彼时，包括泰安、东平在内的山东五地被耿京义军占据，辛弃疾也统领万人大军，白马长剑，几番率兵与金军交战，还曾在唐岛海战中，与南宋军队打配合，一举挫伤了金军的锐气，大有当年周瑜破曹的意气风发之态，若是祖父见到这一幕，一定会很欣慰。

"地理发现"

戴村坝

东平府，即现今的山东省泰安市东平县。这里曾是京杭大运河的重要枢纽。

明朝永乐年间，为迁都北京做准备，明成祖下令疏通淤积已久的河道，可是到了济宁段，因地势原因一直引水困难，船只行驶到这里就会搁浅。大家想了很多办法，始终不能让运河贯通。

这时，民间水利专家白英站了出来，建议在东平大汶河上修建一大坝，拦住大汶河的水，将其引流到南旺湖，即可贯通河道。朝廷采纳了白英的建议，东平戴村坝就此诞生，被人们称作"运河之心"，京杭大运河断流问题终于解决。

戴村坝并不是一座简单的水利设施，而是一项可以与都江堰相媲美的宏伟工程，整个大坝为石结构，巨大的石料镶砌得十分紧密，石块之间用铁扣相互勾连，锁在一起，几乎不见缝隙。

2014 年，戴村坝被评为世界文化遗产；2017 年，戴村坝入选国家水情教育基地。今天的戴村坝吸引着众多游客前来参观，了解水利文化与知识。

南归于宋，一波三折

　　中原各路起义军抗金热情高涨，导致完颜亮的侵宋计划远不如他想象中那么顺利，不光金军前线出师不利，金朝的后院也起了火。

　　完颜亮弑君夺位，这个皇帝当得名不正、言不顺，金朝内部本来就有很多人不服，再加上大举攻宋，调走了金朝绝大部分的资源，侵犯了朝中权贵的利益，更是引起诸多不满。于是，趁着完颜亮南下，无暇顾及后方，大臣们在辽阳府，也就是今天的辽宁省辽阳市，拥立完颜雍为新皇，史称金世宗。

眼看这仗已经没法儿打下去了，进退两难的完颜亮仍一意孤行，非要渡江攻打南宋，结果被手下诸将合起伙来斩杀在扬州。

完颜亮一死，北方的民众以为南宋军队会趁机追击，一路杀回中原，收复遗失的土地。辛弃疾所在的起义军更是翘首以盼，只要南宋出兵，他们甚至可以成为先锋，与宋军协作，在中原杀金军一个片甲不留。

可惜，南宋的脊梁或许早已在江南温柔的春光里不自觉地弯下去了，他们不想打，也不敢打，宋金议和就是他们迫不及待想要的结果。这意味着，北方的民众和土地，再一次被南宋朝廷遗弃了。

辛弃疾忽然嗅到一丝危机感，当议和已成定局，届时不再打仗，金军北撤，空出手来的第一件事，就是收拾他们这些金朝眼中的反叛势力。

义军危矣！在没有任何援军的情况下，义军怎么可能扛得住金人源源不断的铁骑？

于是，辛弃疾当机立断，动之以情、晓之以理地向耿京分析了当前的局势，最后建议是义军最好南归于宋。这也算给一起出生入死的兄弟们找一条出路。

耿京一听："确该如此啊！"于是派出亲信的部将贾瑞等十二人，南下陈情，表示归顺。可贾瑞担心自己没什么文化，去了南宋朝廷，若是碰上有人故意刁难，都不知道怎么回话，所以请耿京给自己派个文官随行。

还有比辛弃疾更好的人选吗？当然没有！耿京大手一挥，辛弃疾与其余十二名将领一起启程。

又是一个寒冬腊月，这一次不是北上，而是南下，去往心心念念的大宋。马背上的辛弃疾在心中感慨万千：不知在某种意义上，这算不算了却了祖父不能南迁的遗憾呢？

15

本来他们一行人是打算直奔临安，面见天子的。结果刚走到楚州的时候，听说天子正在建康府犒赏前线军队，于是改道前往建康府。

到了建康，已经是 1162 年的正月，面见天子和随行大臣的时候，贾瑞等农民起义军的将领何曾见过这么大的阵仗，一时间不知如何应对。

辛弃疾站出来侃侃而谈，三言两语表明了义军的向宋之心、耿京的归顺之意，宋高宗大喜。先前唐岛海战，就曾听手下将领说过耿京义军协助作战的事情，如今再看到耿京的归顺表文，宋高宗当下表示欣然接受，还一口气给义军中二百多人封了官，正式任命耿京为天平军节度使。

这一次可不是耿京自封的节度使了，而是南宋朝廷正式册封的，辛弃疾一行人对眼前的结果相当满意。因为这一趟建康之行虽然意在南归，但辛弃疾只是想获得一个被承认的身份，并不打算让耿京带着全班人马南下。他希望在南宋的支持和号令下，名正言顺地开展抗金事业，所以这个结果恰好符合预期。

辛弃疾始终没忘记自己的目的是抗金，而不是来南宋当个文官闲散度日，战场才是他的归宿。可他还是太年轻了，对政治还保留着几分天真，错误地以为南宋朝廷抗金的意愿跟自己一样强烈。

然而，事实并非如此，南宋朝廷的主和派已经占了上风，并不愿意再起战事，所以，给他们一行人封官之后，迫不及待地同意他们回山东复命去了。

本来，一切都很顺利，辛弃疾一行人还在路上，不料收到一个宛如晴天霹雳的噩耗——耿京死了！

命运可真爱跟人开玩笑，那辛弃疾留在北方继续抗金的计划还能实现吗？

"地理发现"

建康

南京，史称建康，也叫金陵，是一座著名的历史文化名城，曾先后有十个朝代在此建都，方才有如今"十朝都会"的底蕴。

走在南京的大街小巷，每一步都踩着历史的痕迹。那些古老的遗址、城墙、宫殿、庙宇，仿佛都在诉说着过去的故事。

比如，江宁区的汤山古猿人洞，是目前唯一在长江下游东南地区发现的古人类化石遗址，这一发现还把此地的人类活动历史向前推进了几十万年。还有遗留在南京鼓楼区中华门附近的石头城遗址，这可是当年越王勾践卧薪尝胆灭掉吴国之后，在此修建的城防设施，后被众多朝代沿用。再看看环绕着南京城的明城墙，是六百多年前朱元璋下令修建的，耗时二十多年才竣工，成就了当时世界上的第一大城墙，至今保存完好。

不过，南京的历史也不是一帆风顺的，苏峻之乱、侯景之乱、金兵南下等，给南京带来了巨大的破坏。但是，这里的人们一次次地重建家园，让南京重新焕发生机。

现在的南京，已经是一个现代化的大都市了，但是它的历史文化依旧深深吸引着人们。

一身孤胆

闯敌营

耿京是被人害死的，害他的就是手下将领张安国。当时，完颜亮被杀，宋金议和之后，金世宗在燕京坐稳皇位的第一件事，就是处理民间起义军。他下令只要归降，就能免死，先前的反叛行为不再计较，这些人还可以返回原籍，发还土地。若是起义军将领率众归降，还会记功封赏。

18

　　这条赦令一出，很多人的心思开始活泛起来。那些起义军将士大多是农民出身，奋起反抗无非是因为官府不给留活路，要不然谁喜欢过刀口舐血的造反日子呢？如果归降，首领还能做官，荣华富贵近在眼前。所以，金世宗的这条赦令确实诱惑力十足。

　　而且，不光有利诱，还有威逼。金军开拔，武力镇压不愿意归顺的起义军，双管齐下之后，其他各路的起义军纷纷放下武器，归降了金朝。

　　这边辛弃疾一行人办完南归的事宜，正要离开建康，启程回去复命。山东那边，耿京显然还在等南宋的消息，没有归降的意思，而张安国已经按捺不住归降金朝的心了。辛弃疾、贾瑞等不在军中，这是一个大好的机会。于是，张安国联合手下亲信，合谋杀死了耿京。

　　耿京被害，起义军大部队一时间群龙无首，人心涣散。张安国率领一些愿意跟随他的人归降了金朝，其余人见状不知道如何是好，有的干脆放下武器，回家种地去了。

　　耿京被害、起义军解散的消息传来，对辛弃疾来说，无异于晴天霹雳。一切全完了，没有了耿京，没有了起义军，什么抗金大计，什么继续在北方打仗的想法，都成了空中楼阁。只剩下他们十来个人，还谈什么南归于宋？恐怕宋高宗先前的封官都不作数了。

　　一时间，大家心乱如麻，进退两难，不知该何去何从。辛弃疾快速调整好自己，结果已经这样了，必须做点什么，扭转当前的不利局面。

　　于是，他站出来大声说道："我们都是为了主帅归顺朝廷才走这一趟，没想到现在发生了这样的事，拿什么去复命呢？"听他这么一说，大家很快安静下来，陷入思考。

　　辛弃疾紧接着表明了自己的想法：从哪里跌倒就从哪里站起来！耿

京是张安国谋杀的，一切因他而起，自然也要拿他来复命！

捉拿叛将张安国的想法一出，顿时得到其他人的响应。但响应归响应，其中的危险与困难已经超乎想象。此时的张安国早已归顺了金朝，当起了济州知州，部下五万余众。而辛弃疾一行人尽管快速集结了原本在耿京帐下任职的亲信，可满打满算也只有五十人。

先不说这五十人对上五万人，根本没有胜算，更难的是，他们一行人都是金朝下令捉拿的人，在北方活动本就处处受限，甚至称得上四面楚歌，此次行动又要深入敌人内部捉拿一名首领，简直是不可能完成的任务！

然而，大家无一人退却。不得不说，齐鲁男儿，真一身是胆！

行动开始前，辛弃疾有条不紊地部署了详细的作战计划，怎么闯营，怎么拿人，捉拿张安国之后怎么撤退，都必须提前安排好，否则就是去送死。辛弃疾挑选了一些精干的人员与他前去闯营，又特意在撤退路线上，每五里安排一人原地接应。

就这样，辛弃疾带人星夜疾驰，一鼓作气冲进了张安国的济州大营。可能谁都没想到他们竟然敢这么做，惊愕之余都忘记了反抗，张安国也是。

见到辛弃疾的前一秒，张安国还沉浸在对未来富贵生活的畅想中，与自己的部下把酒言欢，何曾想过自己死期将至？当辛弃疾等出现在眼前的时候，他简直不敢相信自己的眼睛，傻傻地坐在原地一动不动，被一把擒下。

辛弃疾把张安国绑在马上向外撤退，此时反应过来的敌军纷纷合围过来。少年将军一脸肃杀之气，长剑出鞘，斩敌如麻，生生杀出一条血路来。

23岁的年轻人啊，真是不知疲倦，一往无前，前面是未知的路，后面是紧追的兵，敌人的号角似乎还在耳边。辛弃疾带着众人不敢有片刻停留，每跑五里就多一个人策应带路。

大家不分昼夜向南奔袭，故土在身后越来越远。只怕辛弃疾当时也没想到，这一别，竟是至死再没回来！

就这样历时一个多月，辛弃疾一行人终于带着张安国来到宋高宗面前，总算有了个交代。谁能想到，那个不可能完成的任务，这区区几十人真的做到了！他们安全归来，还生擒张安国的消息，一时间震惊朝野。

大家忽然意识到，五万人连五十人都挡不住，原来金军也没想象中那么厉害。而张安国被正法连带着鼓舞了民间的抗金斗志，风向似乎一下子变了，主战派又昂扬起来。

济州

济州，现今山东省菏泽、济宁一带，其得名源于济水。这条河流曾是古代中原四大河流之一，现已不复存在。

济水发源于河南省的王屋山，流经山东，汇入巨野泽。在北宋时期，济州所指范围即巨野及其周边地域，相当于现今的山东省菏泽市巨野县。

公元1150年，黄河发生决堤，巨野遭受水灾侵袭，大片农田和城池被淹没。于是，金朝决定将济州治所迁至任城，即现今的山东省济宁市任城区一带。

在如今的济宁市任城区，有一座太白楼矗立在古运河北岸。这里曾是唐代著名诗人李白饮酒作赋的地方，故而称"太白楼"，唐朝开元年间就已经存在，距今有一千多年的历史。据说乾隆皇帝还曾驻足欣赏过太白楼，并留下墨宝。如今，这里已经成为山东省重点文物保护单位。

偏居江阴，壮志难酬

公元 1164 年 **江阴** [25岁]

公元 1162 年夏，宋高宗退位，宋孝宗即位，南宋朝廷仿佛迎来了新的希望，抗金呼声高涨。新皇登基后一点儿没闲着，召见主战派张浚，开会讨论抗金事宜，还为抗金名将岳飞平反，似乎是想要干一番大事。

23

辛弃疾这名热血青年，也闻到了战斗的气息，他主动求见魏国公张浚，献上自己深思多年的抗金计划：先拿下山东，再横扫中原，最后直取燕京。不过这个计划被张浚以自己做不了主为借口，拒绝了。

被泼了盆冷水的辛弃疾只好接受朝廷的任命，前往江阴做一名小小的签判，负责处理一些文书，协助处理当地的兵民、钱粮、户籍等政务。

事实上，像辛弃疾一样从金朝占领的土地上南归于宋的人，在当时有一个统一的叫法——归正人，即流落在外邦后返回本朝的人。这个称呼本身带有一些偏见色彩，受到朝廷里自诩正统的南宋官员的歧视。因为他们怀疑这些归正人并不忠心，甚至其中混有奸细。

所以，那些南归的起义军将士在被打散编入南宋军队后，也时常缺衣少食，在军中遭遇差别对待。就算辛弃疾生擒张安国立下大功，也难逃被猜忌的命运。任江阴签判这一闲职就暗含试探的意味。不过这在归正人里，已经算是不错的待遇了。

来到江阴后，辛弃疾一下子变得无所事事起来，颇有些不适应。明明几个月前还在前线与金军交战，做梦的时候耳边都是战鼓声，现在太安静了，安静得让人内心焦灼，这不是他想过的日子。

冬去春来，辛弃疾提笔，写下了南归后的第一首词。

🍃 汉宫春·立春日

　　春已归来，看美人头上，袅袅春幡。无端风雨，未肯收尽余寒。年时燕子，料今宵、梦到西园。浑未办、黄柑荐酒，更传青韭堆盘？

　　却笑东风从此，便薰梅染柳，更没些闲。闲时又来镜里，转变朱颜。清愁不断，问何人、会解连环？生怕见、花开花落，朝来塞雁先还。

回不去战场是英雄的末路，辛弃疾看着花开花落，时间转瞬即逝，而去年冬天来南方避寒的大雁，却要先于自己返回北方，不禁心中愁苦。

北方是抗金的战场，是难舍的故乡，更是寸土难让的故国之地，不知道这一切，是不是都会在这江南的春风里慢慢消散。

别担心，辛弃疾可不是一蹶不振的人，矢志不渝是他的标签。就算只能在江阴这个小地方，靠着落后的消息干着急，他也一直眼巴巴地关注着朝廷北伐的进展。

这场北伐战争，从 1163 年开始，号称二十万，实际上只有八万的南宋军队，开拔北上，趁金军不备攻克了宿州。但南宋高兴得太早了，之后不管是进攻长安还是收取汴京，都输得一塌糊涂。因为金军在陕西、河南一带部署着最强军力，南宋与其硬碰硬毫无胜算。

到了公元 1164 年，北伐以失败告终，南宋朝廷被打怕了，主战派的声音瞬间哑了，主和派又跳出来说风凉话，嘲笑主战派的那些人。辛弃疾担心南宋朝廷又想蜷缩起来，放弃抗金大业，于是动手写了一篇长达万字的《美芹十论》，上奏给宋孝宗。

《美芹十论》引经据典，分析了金国当前的局势，明确指出求和之策非长久之计，但当下也不是出兵的好时机。两国将陷入长期对峙的状态，朝廷需要采取一些兴兵举措，如满足军需，鼓舞士气，防范奸细。

辛弃疾在其中强调了坚定作战信心的重要性，主张不以一次的成败论英雄，抗金大计绝不是一次的作战失败就能被否决的。在《美芹十论》的最后，辛弃疾再一次陈述了自己深思熟虑的北伐策略，还是先取山东，并详细说明了这么做的重要性与可行性。

《美芹十论》无疑是一份全面且周密的作战方略，凝聚了辛弃疾自幼年起的见闻与心血，展现了他作为年轻一代抗金战士的坚定信念与决心。这份对天下大势的深刻洞察与分析，出自一位年仅25岁的青年之手，其才华与智慧令人瞩目。

然而，令人遗憾的是，此次上奏如同石沉大海，未得到回音。这让立志抗金的辛弃疾又一次体会到了壮志难酬的辛酸滋味。

"地理发现"

江阴

宋朝年间，军是与州、府、监并肩而立的行政级别，而江阴这个地方，虽然地方不大，但因为坐落在长江下游的黄金地段，一跃成为两浙路的守护大门。于是，江阴军应运而设，直接归中央管理。

在宋朝，水运是商业运输的主要交通方式。江阴水路四通八达，加上有军队的保驾护航，就成了热门的交通枢纽。那些来来往往的商船和络绎不绝的旅人，让江阴商机四溢。

现在的江阴是江苏省的一个县级市，那个闻名全国的"天下第一村"——华西村，就在江阴。华西村作为农村发展的典范，是一个独具特色、环境优美的村落。

1978年，华西村成为一个对外开放的景区。2004年，华西村被评为"全国农业旅游示范点"，景区内包括华西都市农业示范园、华西幸福园、牛王、鼓王、空中花鸟园等众多景点，每年都有全国各地的人们慕名前来参观。

改任建康，以笔代剑抒胸臆

隆兴北伐结束，宋金议和。金朝暂时放弃了完颜亮原先的灭宋意图，南宋亦不再轻言光复旧土，双方进入了一种微妙的和平状态，转而将注意力放在巩固自身统治和发展经济上。

但是在议和的过程中，金朝要求宋孝宗以"臣子之礼"接受金国国书，此举无疑显示了金朝的傲慢与强势。尽管宋孝宗有心改变这种屈辱的受书礼仪，但遭到了金世宗的坚决拒绝。

这不仅是对宋孝宗个人尊严的公然挑衅，更是对南宋国家地位的沉重打击。足见双方的议和其实是一种暂时的休战，不是平等的议和，不知道什么时候又会忽然撕破脸。

这个结果不是辛弃疾想要看到的。当时在江阴的任期已满，他被任命为建康府通判。通判是地方行政长官的副手，主要起监察和辅助作用，要是碰上强势一些的长官，基本没有任何话语权。

辛弃疾抵达建康赴任时，已经是公元 1168 年，这年是他归宋后的第七个年头，多年的辗转与奔波似乎让他实现抱负变得遥不可及。

辛弃疾痛心疾首，为自己人微言轻，被困在这闲职上不得寸进，也为自己毕生所愿难以实现。这从他当时的词作中就能看出来。

🌿 念奴娇·登建康赏心亭呈史致道留守

我来吊古，上危楼、赢得闲愁千斛。虎踞龙蟠何处是？只有兴亡满目。柳外斜阳，水边归鸟，陇上吹乔木。片帆西去，一声谁喷霜竹？

却忆安石风流，东山岁晚，泪落哀筝曲。儿辈功名都付与，长日惟消棋局。宝镜难寻，碧云将暮，谁劝杯中绿？江头风怒，朝来波浪翻屋。

这是辛弃疾第一次登上建康赏心亭时所作。登高望远，吊古抒怀，俯瞰眼前的建康府，早已不再是那个虎踞龙蟠（盘）的都城，昔日的盛况如过眼云烟，消散在历史的长河中。遥想当年谢安位高权重，声名赫赫，晚年也只能隐居在东山，听到熟悉的筝曲勾起回不去的时光，只余无尽的悲伤。想到这些，辛弃疾不禁心生感慨，自己前路未卜，国家的命运也不知将何去何从。

彼时的辛弃疾还是建康府通判。建康是南宋要地，各路实干家云集。比如，总管军马钱粮的叶衡，建康行宫留守史正志，还有监司也非等闲之职。所以，辛弃疾这个通判身在其中就像个小配角，在军政大事的商讨上，无论是履行官职还是建言献策，似乎都与他无关。他能做的，仅仅是参与官员的宴会游乐、吟诗唱作以及种种附庸风雅的闲差。

不过，经历七年的蹉跎，辛弃疾已经认识到自己当初的天真，他曾以为凭着一腔报国热血就能投身光复大业，然而现实残酷地告诉他，要想让自己的意见被采纳，就必须融入南宋朝廷，不能孤芳自赏。

于是，他改变了自己的策略，积极参与这些宴会，还主动撰写祝词，忙着跟主战派的官员建立交情，以期在日后获得一个机会。叶衡与辛弃疾就是在这一时期熟识起来的。

同一时间，宋孝宗已经通过金人的态度知晓议和不过是暂时的安宁，长远来看，还是得靠拳头说话。

公元 1169 年，宋孝宗任命主战派的虞允文为右仆射，即宰相一职。君臣一拍即合，朝廷上那些主战的声音再次高了起来，又是加固城墙，又是渡江驻守，忙得团团转。宋孝宗还启用了一批将领，备战的意图十分明显。不过，大家做事都比较低调，担心给金人留下话柄，成为开战的借口，所以显得小心翼翼。

当身在建康的辛弃疾还在四处赴宴、结交主战官员的时候，忽然，一道诏令发到他面前，令他即刻进京。原来，还有人记得他生擒张安国的壮举，把他推荐到了朝中，他成功跻身宰相虞允文的人才名单。

这道诏令仿佛一道光，照亮了辛弃疾的前路。先前所做的一切总算没有白费。

"地理发现"

赏心亭

　　建康府赏心亭，既见证了建康府的风雨变迁，也见证了无数文人墨客的才华横溢。而这一切的开始，还要从北宋初年的宰相丁谓说起。

　　丁谓本是江苏苏州人，曾任升州府知州，升州就是当时的建康，如今的南京。在任期间，丁谓选择水西门内这个地理位置极佳的地方，建造了一座观景赏心的亭子。

　　站在赏心亭，南京城的景色一览无余。北面为山，东西两侧为水，山水环绕，江湖交汇，秦淮河畔的歌声缠绵入耳，伴着长江的波涛汹涌，一同形成古城的独特韵味。如此绝佳的观景位置，引来了无数文人墨客，他们登高望远，赏景吟诗。宋朝年间，苏轼、辛弃疾、陆游都曾登亭作词。尤其辛弃疾，更是三登赏心亭，留下了传承千年的词作。

　　随着时间的推移，赏心亭历经沧桑，几经兴废。2006 年，南京市政府参照宋代建筑的风格，对赏心亭进行了复建。复建后的赏心亭，不仅保留了古建康的特色，还融入了现代建筑的理念和技术。如今已经成为南京市的一处重要文化景点。

灯火阑珊处，一场空欢喜

收到诏令的辛弃疾片刻没有耽误，快马加鞭从建康来到临安。当他跪拜在延和殿的时候，仍按捺不住激动的心情。

天子在前，天下在望，他仿佛已触摸到那登云梯，看见那复国的曙光。这一刻，辛弃疾满心的喜悦与兴奋，像烟花般在胸中绽放，他渴望畅所欲言，指点江山。

所以，当宋孝宗问他关于恢复中原的良策时，辛弃疾立刻直抒己见，把自己关于抗金的想法如数家珍般一一献上，言语间再一次重提山东之地的重要性。他坚信，想要恢复中原不可直接出兵河南，必须先取山东，借山东之势再图中原。

然而，这番高见与宋孝宗和虞允文的策略大相径庭。辛弃疾的急切与直言不讳，对既定策略的大胆质疑，让宋孝宗觉得他过于浮躁轻狂，不识大体。最终，此次召见草草收场。

兴许是觉得自己没有发挥好，或者担心自己的主张得不到皇帝的重视，辛弃疾回来之后，写下《论阻江为险须藉两淮疏》《议练民兵守淮疏》上奏宋孝宗。

此时已是公元 1170 年，距离他写下《美芹十论》已经过去六年，辛弃疾对形势有了新的认识。这两篇奏疏，在延续《美芹十论》核心观点的基础上，针对淮南地区的屯兵战略进行了详尽剖析，并在细节之处，对过去坚持的战略进行了适时调整。

　　不幸的是，他的努力依然未能得到宋孝宗的认可。但幸运的是，他的才华受到赏识，被暂时留在了临安，担任司农寺主簿一职。这同样是个无足轻重的闲职，但你以为他就这样放弃了吗？当然没有。向宋孝宗上奏无果，辛弃疾转而向当时皇帝面前的大红人虞允文献言，《九议》一文就是写给虞允文的，里面详尽地描绘了恢复中原的蓝图和策略。不光分析了宋金局势，还陈述了用人之道、迷敌之计、间谍之术、军需之备，最后旧事重提，锲而不舍地强调了山东的重要性。

　　或许是碰到自己心中一直坚持的宏愿，辛弃疾一下子情绪上头，已经顾不上迂回，忘了圆滑，直言不讳地批评了宋孝宗和虞允文之前的河南用兵计划，还反对迁都建康。言论精辟，正中要害。

　　不幸的是，虞允文虽然身为宰相，之前也比较赏识辛弃疾，但没有"肚里能撑船"的宰相气量，在用人上，他的一贯做法就是重用迎合之辈，排除异己。所以，辛弃疾为此说破了嘴皮子，写了那么多，虞允文一条都没理会，还暗暗记恨在心里。

　　三番两次的碰壁，终于让辛弃疾看破了朝中这些自诩主战派的真面目，他们不过是一群披着主战派外衣的主和派，满嘴嚷嚷着要收复中原，实际上只会提些无关痛痒的建议，于兴兵作战一事根本毫无良策。

　　虞允文一直坚持派遣使臣以各种借口向金朝要地，辛弃疾不明白这么做的意义在哪里。金朝怎么可能把辛苦打下的江山拱手还给宋朝呢？看看范成大出使金朝差点儿就回不来的例子，就知道这种做法只会适得其反，不仅得不到什么好结果，反而暴露了南宋的真实意图，失去出其不意的作战先机。

　　辛弃疾失望极了，他漫无目的地走在正月十五的临安城大街上，四周洋溢着元宵佳节的欢声笑语。璀璨的烟花如同繁星陨落，绚烂夺目。马车穿梭在街道上，留下一路香味。远处传来悦耳的凤箫声，和着近处流转的花灯，形成一幅热闹非凡的画卷。

热闹是他人的，与自己无关，辛弃疾想到自己报国无门、壮志难酬的境遇，心中涌起一股莫名的悲伤。于是文思如泉涌，作出这首流传千古的佳作。

青玉案·元夕

东风夜放花千树。更吹落，星如雨。宝马雕车香满路。凤箫声动，玉壶光转，一夜鱼龙舞。

蛾儿雪柳黄金缕。笑语盈盈暗香去。众里寻他千百度。蓦然回首，那人却在，灯火阑珊处。

在繁华喧嚣的景致背后，自己所在的"灯火阑珊处"尤为静谧。这是一种超脱纷扰的孤独，一种难以被世人理解的惆怅。然而，辛弃疾不愿意随波逐流，而是坚守自我，独自品味这份孤独与深沉。

虞允文又怎么会一直留着辛弃疾这个"唱反调"的人在朝中呢？不久之后，辛弃疾就被派往滁州去了。

"地理发现"

临安

临安，就是现今的浙江省杭州市，那个"上有天堂，下有苏杭"的杭州。北宋年间，大名鼎鼎的苏轼就曾在杭州任职。

靖康之难发生以后，宋高宗南逃，在南京（今河南商丘）称帝，建立了南宋朝廷，后定都临安，此后一百多年，这里一直是南宋的政治、经济和文化中心。彼时街头巷尾，人来人往，商铺林立，各种商品琳琅满目，吆喝声、讨价还价声交织在一起，充满了生活的气息。城中的建筑风格独特，既有典雅的官邸，又有朴素的民居，展现出南宋独特的风貌。

如今的杭州是浙江省的省会，是长江三角洲中心城市之一，有着"人间天堂"的美誉，坐拥西湖、灵隐寺、雷峰塔等著名景点。

除了自然风光，杭州在科技创新方面的成就更令人瞩目，已经成为中国的电子商务中心和数字经济的重要城市，拥有众多知名的互联网企业和创新创业公司。

这样一座充满活力和魅力的城市，的确是一个旅游、生活和工作的好地方。

滁州造福百姓，

「醉来时响空弦」

"环滁皆山也"，辛弃疾来的就是欧阳修笔下四面环山的滁州。众人皆言此地为荒芜之乡，对被派来这里的辛弃疾同情不已。但他却不以为然，就算无法挥剑沙场，能做些实事总好过打理些花花草草。

辛弃疾出任滁州知州，一力掌管滁州的行政事务，终于能自己做主了。然而，滁州的艰苦超乎辛弃疾的想象。公元1172年，辛弃疾到任滁州，看着眼前的废墟傻了眼。仅有的几间草棚挤满了面黄肌瘦的人，不少百姓甚至露天而居，怎一句"民不聊生"所能概括。

原来，在宋金交战的岁月里，滁州历经战火洗礼，被金军蹂躏得面目全非。南宋朝廷沉浸于临安城的繁华，早忘了滁州的贫瘠，加上旱涝灾害频发，田地歉收，百姓饥寒交迫，生活在水深火热之中。

辛弃疾的内心已经迫不及待地想要做点什么，说干就干。

得知百姓负债严重，欠官府多年赋税，辛弃疾大手一挥，全部一笔勾销！有人问："那今年的赋税呢？"辛弃疾瞅瞅这地里哪还有可以上交的粮食？于是说道："一起免了！"百姓得到消息笑得合不拢嘴，真是无债一身轻啊！

光免了债务可不管用，紧接着，辛弃疾着手解决滁州百姓的住房问题。他亲自带头，组织大家烧砖做瓦，伐木造梁，建起一栋栋民居，百姓终于有了自己的家。

然而，滁州还有一个大难题，连年的战火之下，能走的都走了，滁州人口锐减，劳动力匮乏，田地都没人种，这怎么办呢？

既然缺人，那就招人，辛弃疾瞄准那些从北方金朝统治区逃难而来的流民，分给他们农具，鼓励他们在滁州安家落户。一下子解决了劳动力的难题。第二年，滁州终于迎来一个丰年。

农业恢复之后，商家闻风而动，纷纷涌入滁州。辛弃疾又给出了七成税收减免的优惠，一时间，滁州一地成了行商的"香饽饽"。人太多，都接待不过来了。

该怎么办呢？辛弃疾迅速拨款购买木材，调集官府兵力。没几天，一座气势磅礴的繁雄馆拔地而起，成为接待商户的豪华场所。剩余的木材也没浪费，被精心打造成一座风景如画的奠枕楼，成为滁州的新地标。

一系列操作下来，滁州很快显现出新的希望，一派生机勃勃。辛弃疾的山东老乡周孚应邀前来做客，见到奠枕楼之景，还作赋一篇，赞美辛弃疾的功绩。

辛弃疾在滁州埋头苦干的时候，南宋朝廷还在持续与金朝展开外交斡旋，以皇陵位于河南为由，请求金朝归还相关领土。

想也知道，金朝怎么可能答应呢？南宋朝廷不死心，又派遣使臣去商量更改屈辱的受书礼仪，仍旧被拒绝。南宋朝廷妄想靠嘴上功夫改变势弱的地位，实在有些异想天开。

很快，虞允文被罢相。宋孝宗本对他寄予厚望，但他任职期间，什么成果都没做出来，实在令人失望。

辛弃疾始终关注国家大事，多次上书陈述对当前局势的隐忧，并大胆预测金朝六十年必亡，但金亡之后北方的忧患还会持续扩大。或许早在那个时候，辛弃疾就已经预见了蒙古的崛起，看出亡金必蒙。而金朝灭亡之后，蒙古才是最大的忧患。

事实证明，辛弃疾是对的。金朝确实在六十多年后被灭，南宋最后也确实亡于蒙古手里。可惜，这个时候的南宋朝廷根本没把辛弃疾的上奏当回事，错失了改变国家命运的重要机遇。

始终难回战场的辛弃疾在滁州任上看着同事范昂被调回临安，作送别词一首，字里行间无不透露出心中愁闷。

木兰花慢·滁州送范倅

老来情味减，对别酒，怯流年。况屈指中秋，十分好月，不照人圆。无情水都不管，共西风、只管送归船。秋晚莼鲈江上，夜深儿女灯前。

征衫，便好去朝天，玉殿正思贤。想夜半承明，留教视草，却遣筹边。长安故人问我，道愁肠殢酒只依然。目断秋霄落雁，醉来时响空弦。

辛弃疾嘱咐归京的范昂，若有人问及自己的近况，只需回复仍在借酒消愁。凝望天边南飞的秋雁，醉意朦胧之中，似乎听到弓弦振动之声轻轻回响，这声音仿佛在诉说着他的无奈与不甘。

"地理发现"

琅琊山

辛弃疾在滁州任职期间，某日冬雪初霁，他率领滁州官员一同登上琅琊山，欣赏冬日雪景，并留下了到此一游的题记，记录下他与滁州官员同游琅琊山的欢乐时光。

琅琊山位于今天安徽省滁州市的西南方，在古时候被人称为"摩陀岭"，东晋的开国皇帝司马睿曾在这里当过琅琊王，于是有了琅琊山这个美丽的名字。

正如北宋大文学家欧阳修《醉翁亭记》中所描绘的那样："环滁皆山也，其西南诸峰，林壑尤美，望之蔚然而深秀者，琅琊也。"琅琊山山峰起伏、林木繁茂、溪流涓涓，景色如画，给人以无尽的遐想。

《醉翁亭记》的名扬四海，让琅琊山的秀美景色广为人知，吸引了无数文人墨客前来探访。除了欧阳修，王安石、苏轼、王阳明等人都曾登临琅琊山，留下了他们的足迹和墨宝。

如今，琅琊山已经成为一个集自然风光和人文景观于一体的著名旅游胜地。站在琅琊山顶，远眺群山连绵，近听水声潺潺，仿佛能够穿越时空，与古人共赏这片美景。

再回建康, 满腹愁肠

在滁州任职两年后，经叶衡引荐，辛弃疾被任命为江东安抚司参议官。

辛弃疾与叶衡的相识，源于六年前任建康府通判时期的一段缘分。当时，叶衡身为总领，发现辛弃疾受到诸多同僚的区别对待，对他多有照拂。叶衡十分欣赏辛弃疾的才华，更对他在抗金一事上的执着深感敬佩。于是在自己升任建康留守之后，叶衡把辛弃疾调了过来，在自己手下任职。

　　任命下来的时候，辛弃疾正在京口家中养病。南归宋朝后，辛弃疾把家安在了京口，也就是今天的江苏省镇江市。同住在京口的还有范邦彦一家。

　　范邦彦，也是众多"归正人"中的一员。在靖康之难这场浩劫降临时，家中的母亲病重垂危，无法长途奔波。因此他没有像其他官员那样抛下一切，追随朝廷南下，而是选择了留守北方。在母亲离世之后，范邦彦苦读多年，终于在金朝的科举考试中金榜题名。然后选了一个位于宋金边境的小县城，开始了他的县令生涯。

　　就在辛弃疾高举义旗的时候，范邦彦身处宋金两军交战的前线，南宋军队兵临城下，他毫不犹豫地打开城门主动投降，顺势南归于宋。

　　说起来也是巧了，南归后的范邦彦与辛弃疾不约而同在京口安家，两家毗邻而居，交情日渐深厚。范邦彦对辛弃疾的人品和才华十分赞赏，最终促成了辛弃疾与自己爱女范氏的美好姻缘。

　　彼时，辛弃疾的原配赵氏已经离世多年，恰逢居家，辛弃疾与范氏喜结连理。而范邦彦之子范如山，更是与辛弃疾成了至交好友。连辛弃疾接到任命后去建康赴任，都是这位大舅哥亲自护送的，两人的深厚情谊可见一斑。

　　病愈之后，辛弃疾怀揣着满腔的热情与期待，踏上了赴任之路。到达建康时已经是公元 1174 年，他原以为自己能在叶衡手下有一番作为。然而，命运却再次捉弄了他，叶衡刚上任一个月，就被调往临安，只留辛弃疾一人在建康，又是一番蹉跎。

　　对辛弃疾来说，这无疑是一番沉重打击，他的抱负与期望再次化为泡影。在建康任职时期，辛弃疾深感命运的无常。自 23 岁南下归宋第一次踏足建康，到如今兜兜转转十二年，他已经 35 岁了，依然一无所成。

　　这一阶段，辛弃疾的词也多在抒发自己郁郁不得志的情感，感叹时光荏苒，物是人非。当他再一次登上建康赏心亭，写出了那首传唱千古的无奈之作。

水龙吟·登建康赏心亭

　　楚天千里清秋，水随天去秋无际。遥岑远目，献愁供恨，玉簪螺髻。落日楼头，断鸿声里，江南游子。把吴钩看了，栏杆拍遍，无人会，登临意。

　　休说鲈鱼堪脍，尽西风，季鹰归未？求田问舍，怕应羞见，刘郎才气。可惜流年，忧愁风雨，树犹如此！倩何人唤取，红巾翠袖，揾英雄泪！

　　值此秋季，江南水天一色，风景如画，与北方的萧瑟寂寥之秋截然不同。辛弃疾登临赏心亭，遥望远方的北方山河，愁绪与愤恨交织于心。金人一日不退，他这个"江南游子"便无法归家。腰中宝剑虽在，却无用武之地，英雄空有一腔热血，只能徒然拍打栏杆，竟无一人可体会自己的心情！

　　可能是源于幼年读书不辍，辛弃疾作词非常善于化用各类经史子集中的典故。这首词的下阕秉承辛词的一贯风格，连用典故，表达了自己既不能像张季鹰那样因思乡情切就辞官归乡，因为家乡已落入金人之手；亦不能像许汜那样只顾置地买房，过着闲居生活而不顾国家大事。可惜岁月如梭，连树木都已经成长了那么多，人又有多少时光可以虚耗？

　　短短两阕，真真是道尽了辛弃疾内心的辛酸与苦闷！

　　不过，辛弃疾并未长久地沉浸在自怨自艾之中。叶衡回到临安后，凭借过人的才智和不懈的努力步步高升，最终荣升宰相之职。他深知辛弃疾的非凡才能和远大抱负，于是在宋孝宗面前极力推荐辛弃疾。

　　就这样，在建康度过短短一年时光后，辛弃疾再次被召入繁华的京城。

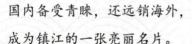

京口

京口就是现在的江苏省镇江市，紧邻长江，与江北扬州隔江相望。在南宋朝廷择都之时，曾有臣子力荐京口，因其作为南北要冲，实乃军事重地，定都于此，方便将来渡江收复北方失地。

可惜的是，当时刚刚南下的宋高宗担心，已经占据扬州的金军随时都可能兴兵南下，这也太不安全了。最终，想要求个安稳的南宋朝廷选择了更靠南的临安作为都城。但京口也一直是南宋重兵驻守的地方，足见其战略地位之重要。

如今再提起镇江，人们首先想到的，就是镇江有名的特产——镇江香醋。

镇江香醋具有酸而不涩、香而微甜、色浓味鲜的特点，以优质糯米为主要原料，采用独特的酿造工艺制成。那独特的风味，让品尝过的人难以忘怀，每每想起，都口舌生津，是餐桌上绝佳的调味品。镇江香醋不仅在国内备受青睐，还远销海外，成为镇江的一张亮丽名片。

临危受命，化解京城「会子」危机

南宋虽然在政治上不够强势，但于经济这一领域，可以说是空前繁荣，仅靠半壁江山造就了一段财富神话。

在唐朝以前，重农抑商一直是主旋律，但商品经济的发展带来的财富确实帮着唐朝开创了一个大唐盛世，商业的价值被肯定，扶商政策也就随之而来。宋朝更是如此，对外贸易的发展带来无尽的财富，由此迎来中国历史上经济空前发展的一个朝代。

48

商业的繁荣意味着更多的交易，但宋朝的黄金和白银产量并不高，所以铁钱成了交易的主要货币。想象一下，提着几百斤的铁钱去做大宗交易，那可不是闹着玩的，得费多少劲儿啊！

为了解决这个难题，中国历史上最早的纸币——交子，在北宋时期应运而生。不少人都看过古装电视剧里，商人拿着轻飘飘的银票去店铺兑换钱币的场景，相当于拿着银行卡去银行取现金一样，方便又快捷。

到了南宋时期，新发行的纸币也有了新的名称，叫"会子"。会子刚刚发行的时候，管理制度还不完善，用会子进行交易不用交税，而用铁钱、金银交易就需要交税。这么一来，大家当然更愿意用会子了，所以会子立马普及开来，连官员发工资，军队上付军费都用会子。

眼看会子的兑换这么可靠，还这么方便，人们越来越喜欢用会子，最后发展成买一样的东西，用会子买就更便宜，用钱币买的话会更贵，这就导致钱币贬值。

南宋朝廷一看，这样不行啊。于是颁布了"钱会中半"这一制度，告诉大家，钱币和会子平起平坐，价值等同，各在国家财政里占一半。

用着用着，人们发现会子也不是哪哪儿都好的，毕竟还是个兑换凭证，上面有期限，过期就会失效。如果你手里有一张快到期的会子，只有两种办法：要么兑换成新会子，要么兑换成钱币。

但是，兑换新会子是要折价的，比如本来是一百块面值的会子，换成新的，上面可能只写着五十块了，这不太亏了吗？所以大家更愿意在兑换期内，去兑换同等价值的钱币。

可是真的有那么顺利吗？随着官府几次加印会子，市面上的会子越来越多，但根本没有同等价值的钱币可以兑换。商人拿着会子去换钱，却发现官府每天只能兑换那么一点儿钱币。大家一下子紧张起来，生怕手里的会子成了废纸一张，纷纷跑去挤提。

这可捅了马蜂窝了，大家全跑来，官府哪能一下子拿出那么多钱币。大量的会子兑换不了，出去买东西，商家也不愿意收会子了，由此引发了会子贬值危机，南宋经济也受到了波及，官府的公信力更是岌岌可危。

在辛弃疾来临安之前，会子危机就已经爆发了。叶衡一向在理财方面见长，他建议全国统一使用会子进行汇兑，接着又雷厉风行地开展了钱币兑换旧会子行动，暂时稳住了局势，避免了社会动荡。然而治标不治本，危机依旧暗流涌动。

正在愁眉不展之时，叶衡想到了颇有才干的辛弃疾。于是，在叶衡的推荐下，辛弃疾被调来了京城，在户部下属任仓部郎中一职。这一次，他不再是管理琐碎后勤的小吏，而是直接加入了国家财政部门。

刚刚走马上任的辛弃疾就迅速参与会子危机处理一事。经过深入调查，他发现会子贬值的主要原因在于朝廷未能严格执行钱会中半的政策，而且会子印制数量失控，市面上泛滥成灾。更令人头疼的是，这种纸币仅在主要城市和都城附近流通，偏远地区的人们仍在使用铁钱，根本不认可这种纸币。

深思熟虑之后，辛弃疾撰写了一篇《论行用会子疏》，呈递给皇帝。在奏疏中，他提出了切实可行的解决方案：严格执行钱会中半的政策，停止发行新会子，扩大会子使用范围至偏远地区，保证现有会子的顺畅流通，缓解贬值压力。

辛弃疾认为，随着时间的推移和流通范围的扩大，会子供应减少而商业活动持续，会子的需求自然会增加，供不应求的局面将使会子价值回升，从而在根本上化解危机。

这一次有叶衡的保驾护航，辛弃疾的想法终于被采纳。朝廷按照这一策略不仅成功化解了当下的会子危机，并且在后来十多年，都没有再出现一样的情况。

此事足见辛弃疾在解决实际问题上的卓越才能。不管是在用兵打仗还是在经济问题上，他每每都能正中要害，远非那些纸上谈兵的庸才所能比拟。

冷泉亭

江南风光，杭州为首，西湖之景，冠绝杭州。于西湖之畔，有飞来峰，峰上屹立灵隐寺。自寺中出门左行，可见一亭坐落在峭壁悬崖一侧，名曰"冷泉亭"。

史书记载，亭上"冷泉"二字乃唐朝诗人白居易所题，而"亭"之一字则由宋朝大文豪苏轼任职杭州时所续。

辛弃疾当年于临安为官，亦常四处游览名胜。西湖、飞来峰、灵隐寺、冷泉亭等地，皆留下他的足迹。当辛公游至冷泉亭，见古杉挺拔，草木葱茏，泉水潺潺，与北方之泉城济南颇为相似，心中激荡，写下了那首《满江红·题冷泉亭》。

其实，冷泉亭最早并不在我们今天所能看到的位置。据说，冷泉亭最初静悬于清泉之上，于是有了这个名字。等到了明代重修时，才移到了现在的位置。

明代有一著名文人，名叫张岱，曾写下一篇《西湖梦寻》，里面详细记载了他夏日夜游冷泉亭的景象。历史上，这座亭子几经重修，一直以冷泉为名。

长剑出鞘，月平茶寇之乱

南宋年间，茶税如同盐税、酒税一般，都是充盈国库的重要来源。所以，朝廷牢牢控制着茶叶的流通与经营。

北方金朝地区茶叶稀缺，但饮茶之风盛行，需求量较大。如果通过官方渠道交易，利润会大打折扣，于是有茶商为了高昂的利润铤而走险，利用宋金边界地带的复杂形势，将南方的茶叶偷偷运往北方销售。

　　这种私贩茶叶的现象屡见不鲜。对此，朝廷岂会坐视不管？一旦发现，就会查处论罪。可胆大妄为的茶商为了逃避官府的追捕，竟然组织起武装力量，从茶商摇身一变成为茶寇，对当地治安构成严重威胁。

　　恰逢此时，江西地区，连带湖北、湖南遭遇大旱，粮食歉收。大量灾民为生计所迫，加入茶寇队伍。队伍一时间壮大起来，他们的胆子也大了起来，终于在1175年爆发反抗官府的武装斗争，打起来了！

　　当时宋金关系紧张，北上通道受阻，局势异常严峻。而另一个商机在广东，同样是不产茶叶但需求很大的地区。于是，茶寇跑到湖南，一举击溃湖南军，然后转战江西，又大败了吉州守军，打算一路南下，开辟广东商路。

　　江西路兵马副总管贾和仲得知此事后，迅速领兵前往平乱。可惜因为轻敌冒进，被茶寇利用地形优势，以少胜多，最终贾和仲所部大败。

消息传回南宋朝廷，上下皆惊。小小的茶寇都能成如此气候，南宋各地的官兵已经无能到这种地步了吗？盛怒之下的宋孝宗下令追究各路败军的责任。

可是，当问到"谁能前去平乱"满朝文武竟无一人敢应声。

这种时刻怎么能少得了辛弃疾呢？他早就按捺不住心中的激动，一下子站出来，主动请缨前去江西平定茶寇之乱，保证一个月内完成任务！叶衡也站出来力挺辛弃疾。

就这样，辛弃疾成为江西提点刑狱，全面负责此次平乱行动。

等辛弃疾七月中旬到江西的时候，茶寇势力此前已经佯装投降，利用官府的疏忽逃之夭夭，去向不明。因擅自招安并导致茶寇逃脱的贾和仲也已经被革职。

见此不利局面，辛弃疾没有气馁，他不慌不忙地向此前与茶寇交战过的人员了解真实战况，汇集各路意见，并团结一切可以团结的力量，挑选人员组织起一支作战队伍。

但这临时拉起来的队伍哪有什么作战能力呢？正所谓，工欲善其事，必先利其器，辛弃疾并没有着急寻找茶寇踪迹，而是先耐下心来训练队伍。

此前，茶寇之所以能够连续获胜，跟各省军队没有防备不无关系。如今大家严阵以待，各路要道把守森严，茶寇的南进变得困难重重。侥幸进入广东的人马立刻遭遇当地军队的强势阻击，再不见当初的嚣张气焰。

难以前进的茶寇想起曾经在江西的战绩，想起贾和仲的平庸，觉得返回江西是个不错的选择。

55

　　而江西这边，辛弃疾早已布下了天罗地网。茶寇一进江西，各路乡兵就位，形成合围之势。辛弃疾一马当先，长剑出鞘，率领训练好的精锐小队迎面痛击茶寇。茶寇伤亡惨重，最终被围困。

　　辛弃疾没有赶尽杀绝，趁机招降。茶寇首领在见过辛弃疾后，深感其目光如炬，气势如虹，自知在劫难逃。

　　最终，茶寇首领被交由赣州官府处理，其余众人，入伍的入伍，回家的回家，茶寇作乱一事就这么被平定了。此时刚好九月，距离辛弃疾到江西不过一个多月的时间。

　　南宋头上的一大阴霾烟消云散，朝中诸公松了一口气。辛弃疾在此事上所展露出来的军事谋略与才干令人侧目。宋孝宗对其进行了嘉奖，授予秘阁修撰一职。这标志着辛弃疾终于在南宋朝廷中占据一席之地，不再是无足轻重的小角色。

　　但比起辛弃疾此时的风光，叶衡就不太好了。或许是因为其他朝臣的诽谤攻击，或许是因为宋孝宗不想叶衡的宰相权力过大，到了要换人的时候。总之，辛弃疾还没返回临安就已经听说叶衡被罢免的消息。

　　要知道，没有叶衡的支持，辛弃疾想走到现在的高度，还不知道要蹉跎多少年。赏识自己的领导忽然卸任，可想而知，辛弃疾的心情有多沉重。

"地理发现"

郁孤台

出赣州城区，西北贺兰山上，一座郁孤台冷清地站在山巅。它始建于唐代，后几经兴废，仍名郁孤台，见证了赣州的发展与变迁，在不同的历史时期扮演着重要的角色，是赣州历史文化的重要象征。

辛弃疾在赣州任职期间，途经郁孤台，这种高处不胜寒的悲凉和"郁孤"二字的伤感相互呼应，让他想到了北方的故土河山。在平定茶寇作乱后归京的路上，辛弃疾路过今天江西省万安县造口，在一块大石壁上写下一首词作《菩萨蛮·书江西造口壁》："郁孤台下清江水，中间多少行人泪。西北望长安，可怜无数山。青山遮不住，毕竟东流去。江晚正愁余，山深闻鹧鸪。"

现在复建的郁孤台是1983年按清代同治年式样重建的，为仿木结构楼阁，占地面积300平方米，高17米，台上建有3层高的楼阁。登台远眺，赣江水奔腾而去，城内风景一览无余。景区还立有一座辛弃疾雕像，想来也是在纪念辛弃疾的那首千古绝唱《菩萨蛮·书江西造口壁》。

历遍楚地，专管各种不平事

　　叶衡对辛弃疾来说称得上"伯乐"，且叶衡在任期间，南宋朝廷无论是财务还是军务，都能得到妥善处理，是一位干实事的宰相。所以，他的离开不管是对辛弃疾来说，还是于南宋朝廷而言，都是一种遗憾。

　　转过年，新的任命下来，辛弃疾任京西转运判官，要去湖北襄阳赴任。顶着寒风出发的辛弃疾刚到襄阳，屁股还没坐热，就又成了江陵知府兼湖北安抚使，还得继续出发！

抵达江陵府的时候，已经是公元1177年开春。江陵府就是湖北荆州，也是春秋战国时期楚国所在地。这里之前刚刚经历过茶寇侵扰，虽然武装力量已经被平定，但私下的贩茶活动并没有停止。甚至除了茶叶，还有其他禁止私下贩卖的东西也在通过这里，偷摸往江北的金朝运送。所以，这里时常发生聚众闹事的情况，社会治安堪忧。

既然已经上任，辛弃疾自然不会任由这种风气蔓延。非常情况当用非常手段，他颁布严令：凡发现商人用牛车、马车装载茶叶前往北方者，一律以通敌罪论处；民众须相互监督，对知情不报且参与运输者，亦按军法处置。对积极举报者，则给予赏钱以资鼓励。

刚开始有人不当回事，但经过辛弃疾几次杀伐处决之后，兴风作浪之辈一下子肃清。人人皆避其锋芒，不敢在他眼皮子底下妄动，社会治安得到改善。

但这种严刑峻法的行事风格惹来朝中人的攻讦，他们指责辛弃疾草菅人命，残暴至极，为日后埋下了隐患。辛弃疾显然不认为自己做错了什么，压根儿没放在心上。他还忙着兴修水利，发展农业，准备在江陵府再大干一番呢。

不能私下贩茶，那些原本参与非法贩卖活动的人一下子成了闲人，整天无所事事。秉承不浪费一丝劳动力的原则，辛弃疾把他们都引去种地了。人人有事可干，惹是生非的就少了，江陵府的风气慢慢扭转过来，从当初的盗贼猖獗之地成了物阜民丰之所。此后多年，百姓安居乐业。

正在辛弃疾琢磨下一步干点儿什么利民之事的时候，发生了一起恶性军民冲突事件。江陵府守军竟然仗着身份，无缘无故殴打百姓，而长官率逢原放任自流，根本不关心百姓死活。

得知此事的辛弃疾相当愤怒。但因为自己没权力直接处置率逢原，于是愤慨之下上书朝廷，详述事件经过，并请求对涉案兵士进行严惩，同时追究率逢原纵容之罪。

但辛弃疾不知道的是，率逢原跟宋孝宗身边的亲信关系密切，连带宋孝宗对率逢原也十分袒护。所以，辛弃疾的上奏遭到宋孝宗的反对，率逢原仅仅降职处理，反而是辛弃疾不久后被调任至隆兴府，即现在的江西南昌。

表面上看是因为辛弃疾的政绩累积够了得到升迁，实际上是受到了朝中弄权一辈的排挤，被迫离开了原任。率逢原也在之后平步青云，根本算不上受到什么惩罚。

到了隆兴府，辛弃疾又发现当地官员苛待百姓，暗地里多收百姓的粮食，仍旧是一封代表正义的奏折递上去，对方被连降两级。

把危害百姓的蛀虫清除后，辛弃疾忙着组织大家动手加固防洪设施，把石土、树枝等随手可得的材料用绳子捆紧，一个个排列嵌入堤岸，用以提高堤岸的坚固性。此后几百年，筑起的挡水设施还发挥着作用，辛弃疾的功绩仍被后人铭记。

可惜的是，辛弃疾在隆兴府也没干多长时间，仅仅上任几个月，再一次被召回临安。在返京之前，他写下一首离别词作。

🍃 鹧鸪天·离豫章别司马汉章大监

聚散匆匆不偶然。二年遍历楚山川。但将痛饮酬风月，莫放离歌入管弦。
萦绿带，点青钱，东湖春水碧连天。明朝放我东归去，后夜相思月满船。

短短两年时间，辛弃疾先是在襄阳，后到江陵，辗转隆兴，又返回临安。在湖北、江西之间来回折腾，几乎走遍了楚地一带，每每刚做出一点儿政绩就被调走，可见朝中有人见不得他有所成就。

其实早在率逢原一事之后，辛弃疾就已经察觉到了这一点，但他还是不愿意屈服，看到一点儿不平事就直言上奏，刚正不阿的姿态不知是幸还是不幸。

但，这才是辛弃疾！

值此离别之际，他作词一首，告诉前来送行的各位同僚，自己明天就要东归临安，等后半夜月光洒落在行船上，他会默默地思念大家。

61

"地理发现"

江陵

如今的湖北省荆州市，古称江陵，坐落于长江中游地带。这片土地地势平坦、土壤肥沃，气候条件优越，自古以来便是农业生产的繁荣之地，其历史可追溯至遥远的先秦时期。

这里曾是楚国的都城，秦朝在此设江陵县，后来三国时期亦将这里当作至关重要的战略要地。古老的荆州，在悠悠岁月中见证了无数政治、军事与文化事件。到了宋代，江陵府更是荆湖北路的首府，是荆楚大地的核心重镇。

历史的传承，让荆州拥有众多人文古迹。尤其是荆州古城，其雄伟的古城墙经历了无数风雨的冲刷，依旧坚韧地伫立着。漫步在城墙上，可以看到城内的古街古巷相互交织，呈现出一种独特的韵味。

走进城内，有庄严古朴的宾阳楼，展现着岁月的痕迹；还有充满底蕴的玄妙观，琳琅满目的荆州博物馆。这些景点与古老的建筑相互融合，共同营造出荆州古城浓厚的历史氛围，每一处都默默诉说着荆州往昔的辉煌。

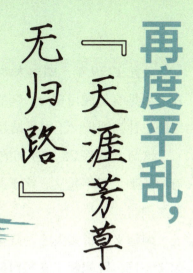

再度平乱，"天涯芳草无归路"

公元 1179 年 **宜章** [40岁]

　　从北伐失利，到出使无果，再到连换几任宰相，几乎毫无建树，接连不断的坏消息浇灭了宋孝宗主战的信心，回想这些年竟是徒劳，一时间有些灰心丧气，无心朝政。

　　朝中奸佞趁机抖擞起来，导致南宋朝廷的"水"更加浑浊，民间暴乱时有发生，南宋连内部安定都需要花大功夫来维持，已经无力再想恢复大业。辛弃疾倍感无力之余，又被派往湖北任职。

公元 1179 年，湖南大地上爆发了一场农民起义。此次起义的根源在于当地官员滥用权力，巧立名目，横征暴敛，导致民众被压迫至无法维持生计的地步，不得不站起来反抗。

这与辛弃疾 22 岁参加的耿京起义多么相像，同样是农民受不了官府的压迫，揭竿起义。终于，连南宋朝廷也走到了这一步，可见当时吏治之黑暗。

因起义的带头人名为陈峒，故史称"陈峒起义"。与以往的小规模起义不同，陈峒起义在短时间内迅速发展壮大，起义军人数攀升至上千人。从湖南出发，一路向广东进军，连续击败多路官军，其威势震惊朝野。

南宋朝廷终于坐不住了，立刻下令出兵镇压。这场平乱行动由王佐领军，辛弃疾被任命为湖南转运副使，负责协调军事与后勤支援。

任命下发前辛弃疾还在湖北，又是没多久就被调任。如此反复折腾，让看穿这种政治手段的辛弃疾有些心灰意冷。于是，在临行前的饯行宴上，他写下一首经典词作《摸鱼儿》。

摸鱼儿·更能消几番风雨

淳熙己亥，自湖北漕移湖南，同官王正之置酒小山亭，为赋。

更能消、几番风雨，匆匆春又归去。惜春长怕花开早，何况落红无数。春且住，见说道、天涯芳草无归路。怨春不语。算只有殷勤，画檐蛛网，尽日惹飞絮。

长门事，准拟佳期又误。蛾眉曾有人妒。千金纵买相如赋，脉脉此情谁诉？君莫舞，君不见、玉环飞燕皆尘土！闲愁最苦！休去倚危栏，斜阳正在，烟柳断肠处。

该词饱含希望破灭之意，此时的辛弃疾大概觉得南宋已经有了西风残照之象，想到自己历经十七年的蹉跎，抗金的壮志成了遥不可及的梦，不禁心怀愤懑。而这首词后来被宋孝宗看到，引发心中不满。因此，这首千古名篇，对于辛弃疾来说，却是埋下的一个隐患。

辛弃疾赴任之际，起义的局势瞬息万变。陈峒起义军眼见各路戒严，放弃了四处奔袭，转头在宜章地区建起了山寨。

宜章地势险峻，短时间内强攻不下，王佐命人在四周随时待命，把山寨围困起来。但当时正值农忙时节，这种军事活动严重妨碍了周边大片农田的耕种。

有人提出："反正起义军暂时没有下山作乱，不如以农业生产为先。"辛弃疾深以为然，他认为农业乃国家之根本，须予以高度重视。可统管此次行动的王佐显然不是这么想的，他意在不惜一切代价平乱，对农事漠不关心。

更令辛弃疾难以接受的是，王佐奉行宁可错杀不可放过的原则，接下来对起义军实施了残酷的屠杀，其中还牵涉许多无辜民众。

要知道，这些起义军之前都是农民，也是大宋子民啊，不是金人那种外敌。更何况起义本来就是因为官府不给人们留活路才发生的。王佐的做法，与辛弃疾更倾向于通过招降而非杀戮来解决问题的理念背道而驰。

王佐的行动受到了宋孝宗的肯定，在朝廷决策面前，辛弃疾无话可说，但内心的挣扎与无奈，却如潮水般汹涌澎湃。

一波未平一波又起，陈峒起义军刚被平定不久，两广交界地区又爆发一起更大规模的起义，足见当时的民怨已经沸腾。但南宋朝廷单方面认为这是刁民作乱，连下几道斥令责问各路官员应对不力，并下令武力镇压，力求以最快速度平乱。

从不自我反省，只会一味镇压，对南宋朝廷这种行为看不过眼的辛弃疾，按捺不住心中正义的火苗，提笔写下一篇《淳熙己亥论盗贼札子》上奏朝廷，揭开了到底是什么原因，导致这些百姓宁愿冒着生命危险也要造反。

归根结底，各地官吏鱼肉百姓的贪婪之举，已经超过了百姓所能忍受的极限。辛弃疾表示，单纯镇压解决不了根本问题，屠杀百姓只会引来更大的反抗。

这篇奏札，是辛弃疾代表无数受到压迫剥削的平民百姓，请求宋孝宗整顿吏治的一份悲切声明。字字句句透露出真诚与恳切，终于打动了宋孝宗。宋孝宗同意小范围内整顿吏治，改善湖南的民生环境。

之后，王佐因为当初的屠杀行为，遭到当地民众的反感，已经不适合在湖南任职，于是被调往他处。辛弃疾则留在了湖南，负责安抚民众，恢复生产。

" 地理发现 "

宜章

宜章县，位于今天的湖南省郴州市。郴州市历史源远流长：秦代便置郴县，拉开了其历史帷幕；历经三国两晋南北朝，到隋代开皇九年置郴州。

在南宋时期，这里因一个人而出名，那就是陈峒，即陈峒起义的带头人。"郴"字，意为林中之邑，山林之城，独属郴州。这里山林茂密，地势复杂。自幼长于山林的陈峒，独创出各种适合山林地区作战的武器，并借此大败各路官军，称得上是一位军事人才。

提到现在的郴州，最惹人注目的就是那十分丰富的矿产资源。郴州的柿竹园、香花岭等矿区，在国际市场上都声名远扬。在这些矿区里所发现的钨、铋、锡、锌等有色金属矿产，其保有储量令世人惊叹，也因此，郴州素有"中国有色金属之乡"的美誉。

除了有色金属，郴州的其他矿产资源也十分充裕，世界上有很多地质博物馆里的珍品皆源自郴州，这切实凸显出郴州在矿产资源领域的非凡地位与独特魅力。

组建飞虎军，声名震金朝

　　湖南地区这几年连续动乱，不管是面对之前的茶寇武装，还是面对之后的陈峒起义军，湖南守备军的力量都不堪一击，每每需要从外省调动军队前来平乱。这可让辛弃疾看不下去了。

于是，辛弃疾赶紧上奏宋孝宗，详述湖南守备军的实力多么惨不忍睹，顺势提出应该加强武装力量，最好参照其他地方的军备建一支新军，以维护地方安稳。辛弃疾还特意取"飞虎"二字命名，彰显新军之气魄。

生怕湖南再生乱事的宋孝宗大笔一挥，准了！有了皇帝的金口玉言，辛弃疾立马撸起袖子开干，选址建营，招兵买马，忙得不亦乐乎。

虽然皇帝是准了，但先前辛弃疾为民请命，整顿吏治一事，得罪了朝中一大片人，不少奸佞之辈心怀不满，他们可不想辛弃疾做成这件事，于是屡次横加阻挠，伺机找碴儿。

要知道，建一个军营，购买马匹，解决士兵日常的温饱，提供操练用品，桩桩件件都需要钱，而且这不是一次性投入，军营建成之后，后续仍旧需要官府持续提供军费。所以，辛弃疾想了各种办法开源节流，如让犯人开采石块来抵罪，把当地的"税酒制"改为"榷酒制"。

采石抵罪是受到犯人们欢迎的，进展很快，但酒的管理办法的改变动了其他人的"蛋糕"，就不那么顺利了。因为酒本来是民间经营，酒贩自己在城外酿好了，送进潭州城内卖，在进城门的时候官府按数量收税。辛弃疾觉得这样收税，金额太少，于是把酒归入官府的买卖，不准城外酒坊再行经营。官府自己酿酒自己卖，收入确实是高了不少。但是这样一来，就是在和老百姓抢饭碗，酒贩抱怨不已。

这可让朝中一直等着给他找事的一派人逮到了机会，立马上书，说辛弃疾借建飞虎军的名义，与民争利，搜刮民脂民膏。宋孝宗一听，立马下令停止建设军营。

辛弃疾心里那个气啊！自己已经投入了那么多，还没见到成果，怎么能因为这些宵小之辈的找事，就前功尽弃呢？

于是，他把接到的命令按住不发，就当自己不知道，继续飞虎军军营的建设，还下令加速工期，力求一个月内建好！

紧赶慢赶，还是出现了无法克服的困难。瓦片短缺仿佛一座难以逾越的大山，挡在了如期完工的道路上。辛弃疾急中生智，号召潭州全城百姓每家献出二十片瓦，交由官府即可换取一百文钱作为报酬。

百姓一听，还有这好事！赶紧从自家房顶上摘瓦，生怕去晚了领不到钱。于是，短短两天，辛弃疾就集齐了营地需要的全部瓦片。

军营按期交工之后，辛弃疾事无巨细地列明整个飞虎军营建设过程，将钱从哪里来，每一笔又用到了哪里，还有建成的军营地图一并呈给宋孝宗，之前的罪名不攻自破。

公元 1180 年，营地落成，飞虎军正式开始练兵。这里的士兵是辛弃疾亲自选拔的，装备、武器也都是精挑细选的，就连完备的训练方法

也是他亲自制定的。这支新军可谓倾注了辛弃疾全部的心血。也许午夜梦回之时，当年那个骑白马佩长剑的少年，正带着自己亲手练出来的兵，北上冲锋，声势浩大，直抵燕京。

功夫不负有心人，经过精心锤炼，飞虎军最终成为一支威武之师，几番灭贼行动尽显强悍实力，声名震慑湖南各地。一时间盗贼都不敢露面，治安环境一下子稳定了。此后四十年，哪怕辛弃疾已经不在湖南，飞虎军的声名长盛不衰，一度传至金朝。

宋朝理学家朱熹后来在评价辛弃疾建飞虎军一事时说："潭州有八指挥，其制皆废弛。而飞虎一军独盛，人皆谓辛幼安之力。"这无疑是对辛弃疾功劳的一大肯定。

回顾这一年时光，辛弃疾在湖南开仓放粮、发展农业、兴修水利、创办学校，还整顿乡社，组建新军，湖南上下焕然一新。然而，时至1180年底，朝廷中那些忌惮辛弃疾建功立业的人就又开始行动了。一纸调令下来，辛弃疾被迫离开了湖南，前往江西。

想来辛弃疾看着一纸调令，心中的失望积累到了顶峰。如此调来调去，根本不给他任何有所建树的机会，未来的日子恐怕也将在一次次调动中蹉跎下去，他真的有些厌倦了。

"地理发现"

潭州

潭州，即现在的湖南省会长沙市。自隋朝开皇九年因有昭潭而得名潭州起，便开启了它独特的历史篇章。此后，潭州在历史长河中不断发展变迁，如今的长沙，已然成为一座充满活力与魅力的现代化都市。它既保留着深厚的历史文化底蕴，又展现出蓬勃的时代气息。

繁华的商业区人来人往，高楼大厦林立；大街小巷中弥漫着各种湖南小吃的气味，有臭豆腐、糖油粑粑等。湘江西岸的岳麓山依然巍峨耸立，山上的爱晚亭，仿佛还回荡着古人吟咏诗文的声音。湘江中的橘子洲头，风光旖旎，吸引着无数游客乘着观光小火车前来打卡。

值得一提的是，当年，辛弃疾任潭州知州兼湖南安抚使时，正是在此地。直到今天，在长沙城北仍有一条历史悠久的街道——营盘街，这里是辛弃疾所创建的飞虎营旧址，"营盘"之名亦源于此。营盘街上，立有一座辛弃疾的雕像，他一手牵马，一手持书，腰间宝剑垂立，身后披风飘扬，好一副文武双全的模样。

雷霆手段，江西赈灾

公元 1180 年是一个大旱之年，从春天到秋天，雨水一直少得可怜，多地颗粒无收，尤以江西地区较为严重。百姓饿死的饿死，逃荒的逃荒，还有趁乱打家劫舍的，整个社会动荡不安。辛弃疾被调任江西，就是来处理这次危机的。

73

灾荒年间，有两种人容易成为冲突的对象。一种是黑心粮商，粮食短缺，他们却故意囤粮不卖，等着粮价翻倍再大捞一笔。此等罔顾百姓生死，大发国难之财的行径，令人愤慨。正是这种令人愤慨的行径，引出了第二种人，即铤而走险的饥民。哪怕有的粮商并不黑心，在粮店正常售卖粮食，他们生怕自己得不到，于是恶向胆边生，一哄而上，趁乱打劫。此种混乱局面一旦蔓延，便会恶性循环，导致更多百姓因为抢不到粮食而丧生。

辛弃疾一向是直率的人，也是善用雷霆手段的人。他走马上任的第一件事，就是张贴出八字布告：闭粜者配，强籴者斩。意思非常简单，囤粮的流放，抢粮的斩首。一下子正中要害，按住了容易引发动乱的两种人。

之前就因飞虎军一事对辛弃疾多有赞赏的朱熹，在听闻八字布告一事的时候，还曾说："这便见得他有才。此八字若做两榜，便乱道。"意思是说这样十分公平，两手一齐抓，才能稳住局势。

果然，布告一出，收效显著，粮店恢复正常交易，百姓不再恐慌抢粮。其他有灾情的地方纷纷效仿，局势很快稳住。

局势安定下来，辛弃疾立即着手赈灾工作。现在最大的问题是粮食不够，哪怕粮店已经恢复正常交易，但杯水车薪，坚持不到第二年粮食收获。

于是，辛弃疾拿出官府的存银去外省为百姓购粮。这购粮之人可得好好挑选，以防其带着银子跑了。所以，辛弃疾专门召集了江西各地的官吏、名门望族的子弟、品学兼优的儒生，还有门路颇多的商贾，不要一分钱的利息，把钱借给他们前去购粮，只要粮食如数运回隆兴府，自己能落下多少盈利，就各凭本事了。

大家无不尽心尽力，粮食一车一车地运回隆兴府。百姓看着城门口每天都有粮食进城，终于放下了心，而那些暗地里还在偷摸囤粮的人也泄了气，这下无利可图了。

其间，信州请求援助。当地粮食不够，听说辛弃疾想办法弄来很多粮食，问可否拨一些救助百姓。

当时身边很多人劝辛弃疾，自己还不富裕呢，哪有多余的粮食送给别人。但辛弃疾觉得百姓的生命最重要，其他都是虚的，于是毫不犹豫地分出部分粮食调往信州。此举大义，广受赞誉。

经过辛弃疾的不懈努力，这些粮食使江西百姓安稳度过了公元 1181 年的春夏，直到田里有了新的收成，一场浩劫就此消弭于无形。

鉴于辛弃疾此次的赈灾功绩，宋孝宗下令封赏，擢升一级。但接到这一消息的他其实并没有那么高兴，已经不惑之年的辛弃疾早已看透了一切。回想这几年的任官历程，南宋朝廷并无重用他的意思，只不过哪里需要救急，就把他派往哪里，解决完问题又随手调走，再加上抗金的呼声已经很久都听不到了，且辛弃疾深知自己刚拙自信，很容易得罪人，不由得心灰意冷起来。

先前积攒的失望这时候已经快要达到顶峰，于是，在江西任职期间，辛弃疾走访山川，在江西信州的带湖地区给自己安置了一个新家，想来此时已有归隐之意。带湖新居即将落成的时候，辛弃疾写了一首《沁园春》。

🍃 沁园春·带湖新居将成

三径初成，鹤怨猿惊，稼轩未来。甚云山自许，平生意气；衣冠人笑，抵死尘埃。意倦须还，身闲贵早，岂为莼羹鲈脍哉。秋江上，看惊弦雁避，骇浪船回。

东冈更葺茅斋。好都把轩窗临水开。要小舟行钓，先应种柳；疏篱护竹，莫碍观梅。秋菊堪餐，春兰可佩，留待先生手自栽。沉吟久，怕君恩未许，此意徘徊。

"云山自许，平生意气"透露出辛弃疾此时已经把隐逸山林当成了平生所愿，厌倦了宦海纷争，想要寻求清静自在。只不过，他还放不下那个虚无缥缈的志向。如果宋孝宗愿意用他，他当然还是乐意效犬马之劳，故归隐之志尚存犹豫彷徨之态。

或许在那时，辛弃疾已经感受到了山雨欲来，远在江西就有好友传信，告诫他为人圆滑一些，应是朝堂之上多有针对他的非议之声。

事实证明，这些并非空穴来风，很快就成了真。

"地理发现"

滕王阁

　　隆兴就是今天的江西省南昌市，南昌在历史上还有一个别名为"豫章"。要说古豫章之象征，今南昌之地标，非滕王阁莫属。

　　滕王阁始建于唐代，由唐太宗的弟弟滕王李元婴所建，故得名滕王阁。唐朝诗人王勃所作的千古名篇《滕王阁序》中写的"豫章故郡，洪都新府"，说的就是南昌。此地"襟三江而带五湖，控蛮荆而引瓯越"，确实是一个"物华天宝、人杰地灵"的地方。

　　在历史上，滕王阁经过多次兴废，一直是文化与政治交流的重要场所。文人墨客在此吟诗作赋，官员在此商议政事，见证了诸多重要的历史事件。

　　现在的滕王阁高峻挺拔，从外面看是三层带走廊的样子，但其实它主体建筑有七层，下面是像古城墙一样的高台座。绿色的琉璃瓦和朱红色的栏杆相映成趣，色彩既鲜艳又庄重。阁上飞檐翘起来的样子，就像即将起飞的大鸟，十分灵动。滕王阁里面装饰得也很精美，有漂亮的藻井、精致的木雕和彩绘等，能看出工艺十分高超。

　　滕王阁整体的建筑风格既有唐代雄伟豪迈的感觉，又结合了后世流行的细致精巧，是中国古代建筑艺术的出色代表，充分展现了中国传统建筑独有的韵味和魅力。

也罢，去看带湖新风月

　　公元 1181 年底，"风雨"终于来了。

　　这么多年，辛弃疾刚直不阿、为民请命的姿态，不知道得罪了多少人。莫须有的攻讦四起，有人说他花钱如流水，有人说他杀人如草芥，还有人说他贪污受贿、结党营私。反正辛弃疾在这些人口中，俨然一个罪大恶极的贪官污吏。

一张巨大的网已经朝着辛弃疾张开，他还逃得过吗？自知逃不过的辛弃疾早已料到了自己的结局，写下一首《菩萨蛮》。

🌀 菩萨蛮·稼轩日向儿童说

稼轩日向儿童说。带湖买得新风月。头白早归来，种花花已开。
功名浑是错。更莫思量着。见说小楼东，好山千万重。

功名利禄，思来想去，到头来都是错。与其执着于这些过眼云烟，不如在头发尚未彻底变白之际，选择归隐田园。

词中的这种选择似乎展现出一种豁达的人生态度，仿佛对功名利禄并不挂怀。但了解过辛弃疾人生经历的人应该明白，或许他真的不在乎功名利禄，但功名所代表的抗金机会却是他毕生所求。这里只不过是眼看机会渺茫，逼着自己放下罢了。

正如辛弃疾所预料的那样，宋孝宗没有给他任何辩解的机会，直接剥夺了他的一切职务，使他瞬间成了白身。表面看来，这一切似乎都源于小人的陷害与挑拨，但终归下令的是宋孝宗本人。

不难想象，宋孝宗对辛弃疾的不满情绪累积已久。若非如此，辛弃疾为官多年，政绩突出，即便真的犯了罪，也只会被暂时贬谪，而不会被罢免一切官职。

辛弃疾终究不是霍去病，没有遇到自己的汉武帝。也罢，还有什么值得坚持的呢？不如顺势归隐，去带湖看那新风月，寻找独一份的清净自在。

辛弃疾的带湖新居位于信州，也就是今天的江西省上饶市。这里有一条宛如玉带的狭长湖泊，湖畔数栋房屋错落有致，正是辛弃疾心中的世外桃源。他将此地命名为"稼轩"。

"稼"即庄稼，"轩"指房屋，辛弃疾向来重视农业生产，还曾言："人生在勤，当以力田为先。"所以取这个名字既有追求躬耕之志，也有归隐田园之意，"稼轩居士"的别号亦源于此。

至于辛弃疾为什么选择这里作为归隐之所，大概是因为信州距离都城临安不远，交通往来十分便利，不仅自然风光秀美，更汇聚了众多南迁的中原文人，是辛弃疾心目中最合适的安家之地。

归隐后的辛弃疾，是否真如自己先前所想的那么豁达呢？

并不是。深居简出的日子让练剑的手深感无力，心中苦闷排解不出，只好借酒浇愁。

"豁达"二字并不是辛弃疾的标签，"无奈"才是。抗金渺茫、仕途坎坷、赋闲居家，辛弃疾一下子走入了人生的低谷，但也正因为时间多了，而内心的情绪满怀无处倾诉，人闲笔不闲，一大波辛词就这么诞生了。

适应了慢节奏的高产词人辛弃疾，开始用心记录生活中的点点滴滴。今天见了友人，作一首《水调歌头》；明天听了一曲琵琶，作一首《贺新郎·赋琵琶》；在跟好友的通信中，也不忘写一首《和赵直中提干韵》。

冬去春来，汛期将至，带湖水位不断上涨。住在带湖旁边的辛弃疾亲自动手挖了一条溪道，把湖水引向信江。这种辛苦的大事怎么能不记录下来呢？于是，一首《洞仙歌·开南溪初成赋》吟唱而出："东篱多种菊，待学渊明，酒兴诗情不相似。"

辛弃疾自言在学习陶渊明，想来终于从当前的生活中感受到些许意趣。真让人难以相信，这还是那个杀伐果断、雷厉风行的辛弃疾吗？

"地理发现"

带湖

带湖，最初不过是上饶北灵山脚下的一片未经雕琢的湖泊，不曾拥有名字。辛弃疾作《沁园春·带湖新居将成》将此地命名为带湖。后来，南宋著名文学家洪迈，作为辛弃疾的挚友，撰写了《稼轩记》一文，也提到"枕澄湖如宝带"之句，进一步证实了"带湖"之名。

如今，江西省上饶市信州区依旧保留着一条名为带湖路的街道，路上还立有辛弃疾塑像，应是为了纪念他曾在此地隐居多年的岁月，其周边也衍生出了许多与之相关的地点，像带湖山庄、带湖花城、带湖学校等。

然而，令人惋惜的是，如今的这个带湖山庄已全然不是当初辛弃疾所居的那所稼轩了。在原本的遗址之上，难以寻觅到往昔的历史痕迹，仅剩下一座写着"带湖山庄"的牌坊孤独地伫立在那里，仿佛在诉说着曾经的辉煌与沧桑。

要说还有什么能够留存下来，或许就只有那一汪宁静而澄澈的湖水了。湖水宛如一面镜子，映照着时光的流转，虽默默无语，却蕴含着无尽的故事。

『词人』辛稼轩，欲说还休

　　度过了最初几年的不适应阶段，公元 1185 年之后，辛弃疾已经完全投入田园生活。平时闲来，要么与家人在一起尽享天伦，要么出门赏游江西风光，甚至还与博山寺的禅师一起论道。

　　在辛弃疾笔下，一家人的村居生活有声有色。矮矮的茅草屋紧靠溪边，青翠的草色勾勒出一派田园风光。

🍃 清平乐·村居

茅檐低小，溪上青青草。醉里吴音相媚好，白发谁家翁媪？
大儿锄豆溪东，中儿正织鸡笼。最喜小儿亡赖，溪头卧剥莲蓬。

夫妻二人静坐交谈，气氛融洽。儿子们接手农事活动，各自忙碌。最小的孩子活泼好动，趴在溪边嬉戏，剥食莲子。短短几句，朴素宁静的乡村生活跃然纸上，令人心生欢喜。此刻的辛弃疾，活成了陶渊明。

辛弃疾也希望自己沉浸在这种生活中，忘记心中的愁闷，但毕生所求无法实现，也不是说放下就能放下的。所以，除了享受天伦，出游也是辛弃疾闲居生活中不可缺少的一部分，且每到一处就留下相应的笔墨。

江西上饶一带，山水风光灵秀绝美。四处探访巡游的辛弃疾，来到上饶以西的黄沙岭。这里，溶洞瀑布景观皆备，令人流连忘返。回家的时候天色已经黑了，路过黄沙岭附近的黄沙道，惊鹊、鸣蝉、蛙声，配上扑面而来的稻花香，宁静的夜色下，一派乡村风景近在眼前。对此，辛弃疾吟出一首《西江月·夜行黄沙道中》。

🍃 西江月·夜行黄沙道中

明月别枝惊鹊，清风半夜鸣蝉。稻花香里说丰年，听取蛙声一片。
七八个星天外，两三点雨山前。旧时茅店社林边，路转溪桥忽见。

风景的抚慰是暂时的，辛弃疾想要找寻的是心灵上的解脱。所以，在上饶以东，也有一处他常去的地方，就是永丰县博山寺。辛弃疾与寺里的悟本禅师相识多年，所以时常来此与其探讨解脱之道。

当然，这不代表辛弃疾从此要研究佛法，只不过是向外寻求无果之下，不得不向内寻求，企图用论道求真的方式获得心灵的升华，做真正的稼轩。

想来求道一途也不是那么顺利的，蓦然回首，辛弃疾惊觉自己已经不再年轻，年少发生的事仿佛还在昨天，却又恍若隔世。时移世易，在离开博山的路上，一首《丑奴儿·书博山道中壁》有感而发。

丑奴儿·书博山道中壁

少年不识愁滋味，爱上层楼。爱上层楼，为赋新词强说愁。
而今识尽愁滋味，欲说还休。欲说还休，却道天凉好个秋。

年少的某段时光总会时常走进人们的梦境，勾起一种名为怀念的思绪。当初哪曾真正品味生活的苦涩，为了创作一首词，绞尽脑汁搜罗出一些微不足道的忧愁。可时至今日，多年经历已经让中年的辛弃疾识尽了愁滋味，自己到底是怎么走到了如今这一步的呢？答案无从得知，或许，这是每个人都要面对的无解之谜。

又过了两三年，不知道是想起要优待一下多年的老臣，还是为了统一安排被贬的官员，南宋朝廷终于想起辛弃疾，授予他一个头衔，领一份养老薪水，但没什么工作内容。

其实这段时间，并不是每个人都忘了辛弃疾的卓越功绩，当时的左丞相王淮就曾有意再次起用他，然而这一提议却遭到了右丞相周必大的反对。

周必大是这么劝王淮的："辛弃疾是个刺儿头，难以驾驭，如果再次起用，万一再引发非议，这火可就烧到我们自己的头上了。"王淮听了只好作罢，此事按下不提。

周必大与那些陷害辛弃疾的奸佞之徒是不一样的。他身为南宋杰出的政治家和文学家，不管是对南宋朝廷，还是对宋孝宗，甚至是于广大百姓，都是有着重要贡献的，还推动了印刷术的发展。

然而，周必大本身秉承的治世理念，与辛弃疾这种武人出身，善于抓大放小，不吝雷霆手段的行事作风截然相反。

早在辛弃疾平定茶寇之时，周必大就质疑过他的平乱方式，认为他为人冒进，比较浮躁。后又因为举百姓之力，去供养飞虎军一事，误认为辛弃疾是一个急功近利的人。显然，他不知道，也不理解辛弃疾在抗金练军一事上的执着。就算后来事实证明辛弃疾所做的事情自有其道理，但在周必大眼中，还有更妥善的处理方式。

所以，辛弃疾与周必大并没有谁对谁错，单纯是道不同，不相为谋。但因为周必大一直处于南宋政治的核心，深受宋孝宗信任，辛弃疾只能被排除在外，无法起复。终日坐于稼轩门前，逼自己活成了稼轩的模样。

“地理发现”

博山寺

根据记载，辛弃疾闲居在家的这些年，经常"往来于永丰博山寺"。

博山寺，全名博山能仁禅寺，坐落于今天的江西省上饶市博山村，建造历史可追溯至唐代。寺庙隐匿于群山环抱之中，四周林木葱郁，泉水淙淙，奇石嶙峋，宛如一幅浑然天成的山水长卷。

博山寺自建成之后，几度扩张，终于在宋代迎来了辉煌时刻，成了颇为兴盛的寺庙之一，许多文人墨客曾游历至此，留下诸多诗词佳作。

可惜的是，到了明朝，这座古刹毁于一场大火，连同寺庙内收藏的各种卷轴匾额，都付之一炬。直到万历年间得到重修，博山寺才重现当年盛况。此次重修，大雄宝殿、钟鼓楼、藏经阁、禅堂等一应俱全，特别是那11口铜钟，耗费了足足36000斤赤铜，令人啧啧称奇。

又经过了几百年时光，如今人们步入这座寺庙，那些珍贵的物品已难觅踪迹。不过，漫步其间，仿佛还能听到曾经的晨钟暮鼓、梵音袅袅，感受这里深厚的底蕴和庄重的氛围。

鹅湖别挚友，「可怜白发生」

虽然在南宋朝廷中不受待见，但辛弃疾不缺好友，要说他的平生至交，非陈亮莫属。

陈亮（1143—1194），字同甫，号龙川，祖籍在今天的浙江永康，是南宋著名的思想家、文学家，一生致力恢复中原。单看陈亮这一志向，就明白他为何与辛弃疾惺惺相惜了。在陈亮笔下，辛弃疾"眼光有棱，足以照映一世之豪；背胛有负，足以荷载四国之重"，可见他对辛弃疾的欣赏之意。而在辛弃疾眼里，陈亮才华横溢如诸葛亮，进退洒脱如陶渊明，评价亦十分高。二人是真正的知己。

辛弃疾闲居带湖期间，与陈亮书信往来频繁，早就说要来拜访，但因陈亮忙于筑屋，又遭诬告被捕，出狱后又与朱熹就为人处世之道，书信辩论三年之久，后染重病，致使拜访之事一拖再拖。

直到公元1188年冬天，陈亮才终于来到辛弃疾的稼轩庄园，看一看已经在家多年的稼轩居士。

陈亮来之前还贴心地邀请了自己的辩友朱熹，约定三人鹅湖相会，但等不及朱熹的回信，他就长途跋涉，冒雪赶赴信州了。

此时的辛弃疾已经49岁，不巧还生了场病。陈亮乘兴而来，原以为会看到一个精神抖擞的辛弃疾，不想看到的却是病容惨淡的一老头，只觉得内心酸涩。辛弃疾见到陈亮倒是一下子焕发出神采，病都好了大半。

多年未见，两人仿佛有说不完的话，辛弃疾更是不顾自己身体有恙，冒着严寒与陈亮携手赶赴离家不远的铅山县鹅湖寺。

为什么选在这里聚会呢？其实，在十多年前，这里就有过一场著名的鹅湖之会。

公元1175年，著名理学家吕祖谦作为主办方，诚邀理学代表朱熹和心学代表陆九龄、陆九渊两兄弟，于信州铅山鹅湖寺，展开了一场规

模宏大的学术辩论，其核心议题是怎么看待这个世界，辩论吸引了众多文人学者前来观摩研讨。也许是因为世上并没有那么多非黑即白的事情，所以辩论的最后胜负未分。

不知是想与朱熹就之前的处世议题，当着辛弃疾再行一次辩论，还是为了三人共商抗金局势，总之，陈亮把聚会的地点定在此处。不过可惜的是，等到最后，朱熹也没来，鹅湖之会以缺一人的结局收场。

遗憾吗？应该是有的，但陈亮和辛弃疾可顾不上感伤，"酒逢知己千杯少"，二人一下子撒了欢儿，乘着酒劲儿作词，互诉理想，一边忧愁故土难收，一边笑谈未来可期。足有一旬，二人才互道离别。

热闹过后的安静令人无所适从，陈亮离开不久，辛弃疾就心感落寞，忽然脑子一热纵马出门，想要追回陈亮。但道长路险，追了半晌也看不到陈亮的影子。只好在一家酒肆中借酒浇愁，心中暗自悔恨没有挽留陈亮。

此次一别，二人书信往来更加频繁，信中同作《贺新郎》。

辛弃疾说："问谁使、君来愁绝？铸就而今相思错，料当初、费尽人间铁。"叹息自己因为没有挽留陈亮，心生悔意。

陈亮回信劝道："只使君，从来与我，话头多合。行矣置之无足问，谁换妍皮痴骨？"诉说二人志同道合，如今虽然相隔甚远，但只要心中志向不改，还是惺惺相惜的，无须过多挂念。

辛弃疾看信后又回："道'男儿到死心如铁'。看试手，补天裂。"信中，辛弃疾也盼望陈亮日后有一番大作为。

就这么你来我往，作词传信，二人的友谊成了文界美谈。

彼时，一直不愿意再兴战事的太上皇宋高宗去世，南宋北伐声起，陈亮就是喊得最大声的那一个。辛弃疾虽闲居亦关心国事，如果朝廷要打仗，有召必回！

然而，朝中一直杳无音信，他内心的失落可想而知。喝醉后忆起自己二十多岁的戎马生涯，仿佛前尘往事一般。不知不觉间，一首《破阵子·为陈同甫赋壮词以寄之》出现在写给陈亮的信上，流传千古。

破阵子·为陈同甫赋壮词以寄之

醉里挑灯看剑，梦回吹角连营。八百里分麾下炙，五十弦翻塞外声。沙场秋点兵。

马作的卢飞快，弓如霹雳弦惊。了却君王天下事，赢得生前身后名。可怜白发生！

本该挥剑沙场，然时运不济，今日借着酒意取出尘封的宝剑，醉眼蒙眬似乎重返青春年华，耳畔响起战斗的号角，自己仿佛犹在前线冲锋陷阵，快马奔腾，弓弦紧绷，一举平定天下，成就赫赫战功。

可酒醒了，梦也碎了，一切归于虚无，如今黑发染霜，壮志难酬，恨无法报效朝廷。词中的无奈与辛酸，令人动容，深感悲戚。

"地理发现"

鹅湖寺

鹅湖，原名荷湖，湖中有很多荷花，位于江西信州铅山，即现今的江西省上饶市铅山县。此地靠近江西、浙江与福建的三省交界之处，自古便是三省交通之要冲。

东晋时期，有龚氏族人迁居在此养鹅。慢慢地，人们管这里叫鹅湖。唐朝年间，大义智孚禅师选中此地，建起了寺庙，因其坐落于鹅湖山，故命名为鹅湖寺。

鹅湖寺在历史上留下的浓墨重彩的一笔，便是公元1175年，朱熹与陆氏兄弟在此展开的一场辩论。

朱熹主张理是伦理道德的基本准则，也是事物的规律，人们应该通过研究事物来理解和掌握理，即"格物致知"。

陆氏兄弟则是主观唯心主义的代表人物。他们认为宇宙和人的本心是相通的，人们只要内心保持真诚，明悟本心，万物之理便昭然若揭。

双方唇枪舌剑，进行数轮辩论，最终未分胜负。

后来，辛弃疾与陈亮、朱熹曾约定在鹅湖相会，然朱熹未至，留下千古遗憾。

到了公元1250年，鹅湖书院在此诞生，初名"文宗书院"；至明朝时期，更名为"鹅湖书院"。尽管当初的历史名人早已不在，但鹅湖之地所承载的论辩精神和对知识的追求，仍熠熠生辉，影响深远。

赶赴福建，为民请命

公元 1189 年，南宋与金朝同时更换了领导人。在南宋的皇城内，宋孝宗以守孝的名义退位，将江山交给了儿子宋光宗。与此同时，金朝的金世宗完颜雍病故，王宫也迎来了新主人——金章宗。

权力交替意味着政治核心的换血，新君上任，自然要提拔自己人，周必大因此离开了南宋政治中心，连带当时弹劾辛弃疾的官员也都卸任，阻碍辛弃疾回归的主要人物都已经不在，起复指日可待。

果然，公元1191年，辛弃疾被任命为福建提点刑狱。接到消息的时候，距离辛弃疾1181年被罢免已经足足过去十年。42至52岁，人生的壮年，就这么过去了。但辛弃疾的热血依旧滚烫，怀着轻松的心情从江西赶至福建，正好赏到第二年的福建春光。

到福建之前，辛弃疾还顺路去拜访了朱熹，讨教为官之道。朱熹回答："临民以宽，待士以礼，驭吏以严。"意思是对待百姓要宽容大度，展现官府的包容与温暖；对待士人要以礼相待，彰显对知识的尊重与崇敬；管理官吏则必须严谨严格，确保行政的高效与公正。

十年的沉淀和历练，让辛弃疾更加成熟和宽容，不再疾恶如仇，眼里揉不得沙子。朱熹的这番话他听进去了，并在福建的官场上，一字不差地落实了下来。

到福建之后，辛弃疾先做了一番调查，打听了当地的民生环境。盗贼猖獗如同恶狼，而官府的应对却宛如弱小的羊群，百姓怨声载道。他也了解了下属官员的本事，得知有个明察秋毫的断案高手——鲍粹然。

巧了不是！正愁怎么取信于民的辛弃疾，立刻找来一桩积压已久的案件，委托给鲍粹然办理。鲍粹然果然不负众望，迅速查明真相，使被冤枉的百姓重获自由。这样一来，官府的形象焕然一新，百姓对官府的信心顿时大增。

接下来，辛弃疾又倾注了大量心血在经界和钞盐上，上奏宋光宗批示能否改革。

经界就是要详细核对土地和赋税情况，让纳税的人有土地，让有土地的人必须纳税。辛弃疾发现当地一些豪绅抢占百姓田地，使其沦为佃户。若此现象蔓延，则百姓承担税负，而豪绅则坐享其成，显失公平。

至于钞盐则涉及盐法改革。辛弃疾力主推行钞盐法，商人以钱购钞，凭钞到产盐的地方领取对应的盐进行转销。此法相较于官府自产自销的旧制，更能激发商人的积极性，也能缓解当时因吏治黑暗导致的百姓购盐困难的情况。

此二事皆为维护百姓权益、促进社会公平之重要举措，但也必然触及当地豪绅官吏的利益。辛弃疾又一次不畏权贵，为百姓跟这些人杠上了。看来，辛弃疾还是那个辛弃疾，就算上了年纪，改了施政风格，底色却丝毫未变。

可事情真的会顺利吗？

并没有，改革终究因为他人的百般阻挠，宋光宗没有批准，而辛弃疾在 1192 年的年底，也被调离福建，前往临安。

赶赴临安的路上，路过南剑州，辛弃疾挥笔写下一篇经典词作。

🌿 水龙吟·过南剑双溪楼

举头西北浮云，倚天万里须长剑。人言此地，夜深长见，斗牛光焰。我觉山高，潭空水冷，月明星淡。待燃犀下看，凭栏却怕，风雷怒，鱼龙惨。

峡束苍江对起，过危楼，欲飞还敛。元龙老矣！不妨高卧，冰壶凉簟。千古兴亡，百年悲笑，一时登览。问何人又卸，片帆沙岸，系斜阳缆？

辛弃疾的复国理想在这篇词作中展现得淋漓尽致。北方失去的故土，饱受金人压迫的百姓，和南宋传来的歌舞之声形成鲜明对比，这就是当时的社会现实。这样的国家真的还能光复吗？或者说，真的还值得光复吗？

是的，在辛弃疾眼中，即便如此，还是无法割舍挚爱的祖国。

到临安面见宋光宗时，辛弃疾已经不是那个 31 岁时怀着激动的心情跪拜在延和殿的他了。再见新皇，锋芒已收。

眼见新皇体弱多病，面无康健之色，辛弃疾心中对抗金的大业已感无望。然食君之禄，忠君之事。面对宋光宗的提问，辛弃疾缓缓分析了当前局势，还上奏一篇《论荆襄上流为东南重地疏》，点明荆州、襄阳二地为重中之重。可惜的是，辛弃疾的忠言并未打动光宗，而后来的事实却证明了他的判断。南宋最终灭于蒙古之手，关键一战正是在襄阳。

之后，辛弃疾先是被任命为太府少卿，再被任命为福州知府兼福建安抚使。回到福州，他本打算加强兵力建设，抵御海盗，但什么还没来得及做，又因为积蓄财力意图建军一事被弹劾。

"地理发现"

南剑州

双溪楼，坐落于南剑州双江交汇处，也就是现今的福建省南平市。这里曾是古代交通的繁华要道，也是进出福建的必经之路。

至今，南平很多地名和建筑物名都与"剑"有关，如剑州、剑浦、剑津、剑潭等。这源于"双剑化龙"的传说。

有一天，晋朝宰相张华忽然发现一股紫光直冲云霄，与天上的北斗、牵牛二星交汇，他急忙求教颇懂天象的雷焕。雷焕细细一看，惊呼道："此乃宝剑之气！"剑气所在的地点大约在丰城，也就是今天的江西省丰城市。

张华立刻拜托雷焕细细寻找。果不其然，在丰城某地挖出了两把绝世宝剑——干将和莫邪。雷焕将其中一把送给张华，另一把则留在身边，后来传给了儿子。而张华身亡后，手中的宝剑不知所终。

后来，雷焕之子到了南平，渡河时腰间佩戴的宝剑突然出鞘，化作一道金光，跃入河中。大家下水寻找，只见两条金龙在水中翻腾，转眼间便消失得无影无踪。

如今，在南平市的双剑潭中，立有一座地标雕塑，看上去像是两把高达30米的宝剑相交，在阳光的照耀下，闪烁着冷峻的光芒，那锋锐的剑尖似乎要刺破苍穹，展现出一种勇往直前、无所畏惧的气势。

再遭免职，痛失挚友贤妻

公元1194年，眼看朝政大事堆积如山，宋光宗却体力衰微，不堪重负。于是，经朝臣一致拥戴，宋宁宗顺利登基，接掌南宋江山。短短五年内，朝廷的权力交替，犹如走马灯一般。

彼时，辛弃疾正身处福州，虽远离都城，但心如明镜，早已预感到风雨又一次将至，从当时的词作可见一斑。

🌿 满江红·老子当年

老子当年，饱经惯、花期酒约。行乐处、轻裘缓带，绣鞍金络。明月楼台箫鼓夜，梨花院落秋千索。共何人、对饮五三钟，颜如玉。

嗟往事，空萧索。怀新恨，又飘泊。但年来何待，许多幽独。海水连天凝望远，山风吹雨征衫薄。向此际、羸马独骎骎，情怀恶。

大概是知道自己此番起复，仍无法出头，该词上阕忆往昔，自己马鞍绣花，笼头镶金，游乐于繁华之地，享受仕途的荣光；下阕叹今朝，宦游他乡，饱经风霜，在福建的山风海水之间难以出头，深感仕途的艰辛与无奈。

彼时，初登大宝的新君，对朝政一事完全没有自己的想法，而辅政大臣又各执己见，一场党争风暴开始。

两方代表为右丞相赵汝愚和外戚韩侂胄。最后韩侂胄更胜一筹，赵汝愚被罢相，连带他一手提拔上来的朱熹也遭到打压，被赶出临安。辛弃疾作为朱熹的好友，自然被划为一派，恰逢当时有人弹劾辛弃疾，所以又是一个辩解的机会都没给，直接被免职。

怎么办呢？只能回家了！对此，辛弃疾是十分懊恼的，归家路上的他写下一首自嘲之作。

🌿 柳梢青·三山归途代白鸥见嘲

白鸟相迎，相怜相笑，满面尘埃。华发苍颜，去时曾劝，闻早归来。
而今岂是高怀。为千里、莼羹计哉。好把移文，从今日日，读取千回。

《北山移文》是南朝文学家孔稚珪的大作，文章主要描写真正的隐士应该是什么样子的，而假的隐士当官后和隐居时完全是两副面孔，格外虚伪。

辛弃疾借与白鸟的对话嘲讽自己白读了《北山移文》，虽然之前归隐多年，但心里居然还抱有可笑的期待，仍有追逐功名的心，离真正的隐士还差得远呢！

打算做真隐士的辛弃疾，这一次回来后不愿再居带湖。昔日于带湖之畔，与友共叙，往来宾客如云。此番恐怕还会有人上门拜访。既然要归隐，不如归隐得彻底。不愿意再过多应酬的辛弃疾选择了一个更加偏僻的隐居地——铅山瓢泉，昔日友人皆不知在哪儿，这里环境幽静，甚合他的心意。

辛弃疾幻想了一番真隐士的生活，置身于远离尘嚣的山林之中，与世隔绝，享受着那份宁静与自由。每日可以读书写字，品茗论道，简单而纯粹。可惜这些还没有实现，就惊闻陈亮病故的消息。一时间肝肠寸断，悲痛欲绝，未语泪先流。

辛弃疾怀着沉痛的心情写下《祭陈同甫文》，其中写道："闽浙相望，音问未绝。子胡一病，遽与我诀！"遥想六年前二人鹅湖相会的情景，仿佛就在昨日，彼此书信往来不断，去年此时还听说陈亮高中状元，将赴建康府任职，眼看希望就在眼前，谁料不及一年，再次传来的却是陈亮身染重病，不幸去世的噩耗。人生的大喜与大悲，转折竟如此之快，实在令人唏嘘！

随后不到两年，妻子范氏去世，辛弃疾再一次直面生离死别。在为纪念亡妻所作的《西江月》一词中，辛弃疾感慨道："粉面都成醉梦，霜鬓能几春秋。"妻子已去，音容笑貌仿佛一场醉梦，而今看着自己两鬓斑白，又剩几年时光好活呢？

在妻子离世后不久，带湖的庄园也在一场意外大火中被烧了个干干净净。辛弃疾自此长住瓢泉，终日饮酒不停，难消心中苦闷，还一度因为饮酒过量导致生病，不得不戒酒。

这下连酒也不能喝了，辛弃疾欲哭无泪，经常忍不住偷喝两杯，让人感到既无奈又好笑。

"地理发现"

瓢泉

瓢泉，位于江西上饶铅山县以东，乃辛弃疾早年探访鹅湖寺时偶然发现的一处甘泉。此地山清水秀，泉水飞流直下，千岩竞秀，令人陶醉。当辛弃疾后来再次造访这里，更加舍不得离开，于是决定在此建屋居住。

瓢泉本来不叫这个名字，叫"周氏泉"。住所建成以后，辛弃疾把这处泉水更名为"瓢泉"，连带把周边的"奇狮村"也一并更名为"期思村"。想来"期思"二字是在表达辛弃疾对驱逐金人、恢复中原的深切期望。

时隔八百多年，走进铅山县，仍能欣赏到瓢泉风光，只见刻有"瓢泉"二字的石碑矗立在此，无声昭示着那一段岁月。上面还写有辛弃疾的那首《洞仙歌》，一字一句向今天的我们讲述着词人发现瓢泉的经过，也表达出他打算在此地结庐而居，效法陶渊明亲手种植门前柳树的雅致情怀。

隐居铅山，『白发多时故人少』

　　生离死别本身就是一件令人痛苦的事情，人生暮年，看着身边的人一个接一个入土，大概勇武如辛弃疾，也是会感到孤独与无助的。更令人难过的是，这还只是一个开始。

在随后的几年里，范如山、陈居仁、朱熹……不少辛弃疾的好友故交，相继离去。公元1200年，辛弃疾接到朱熹去世的消息时，曾叹"白发多时故人少"。不知道有多少个夜晚，英雄亦会泪流满面，哀伤入骨，个中滋味，想来无法对外人言。

其实自公元1196年，67岁的朱熹被韩侂胄一党打压，扣上"伪学魁首"的帽子被赶出临安后，身体就一直不好，最后因病亡故。其死讯传开，门下弟子近千人一起前往建阳送葬，韩侂胄还曾命人监视他们，以防闹出什么乱子。直到后来韩侂胄去世，朱熹才被追封为徽国公。

辛弃疾想做真隐士，到底做成了吗？

答案是没有。"放下"二字，说起来容易，做起来何其艰难。即便身处铅山瓢泉如此偏僻之处，辛弃疾依然心系国家大事，甚至不顾朝堂之上的风声鹤唳，还敢作词批判朝政，刚拙自信一如当初，哪有一丝隐士该有的平静、淡泊之态？

其实，辛弃疾注定做不成真隐士的，为什么这么说呢？

因为，辛弃疾眼中的隐士与他人眼中的隐士根本不是一回事。一般人看来，隐士就是隐士，入仕就是入仕，追求不同，不可相提并论。但辛弃疾曾说陶渊明："风流酷似，卧龙诸葛。"在他眼中，文人隐士与入仕能臣的本质是相似的，只是人生境遇的差别。

这何尝不是辛弃疾对自己的认知。即便现在的他，像陶渊明一样归隐，但也想像诸葛亮一般指点天下。

透过这种论调，不难发现辛弃疾内心对于归隐的无奈与不甘。不然的话，又有哪位真正的隐士会天天忆往昔、叹今朝呢？就像下面这首词。

🍃 鹧鸪天·壮岁旌旗拥万夫

有客慨然谈功名，因追念少年时事，戏作。
壮岁旌旗拥万夫，锦襜突骑渡江初。燕兵夜娖银胡䩖，汉箭朝飞金仆姑。
追往事，叹今吾，春风不染白髭须。却将万字平戎策，换得东家种树书。

　　这首戏作，开篇便深情回顾了那段抗金起义的峥嵘岁月，自己带领千军万马冲锋陷阵，身后旌旗招展，气势如虹。一举冲破敌军包围，生擒叛将张安国，身披显眼的战甲，南归于宋。

　　这是辛弃疾一生最骄傲的事情，每每想起，都心中激荡，难以平复。然而对比现在，呕心沥血的抗金策略无人问津，还不如用来换一本邻居的种树书。一句"却将万字平戎策，换得东家种树书"，真叫人意难平。

辛弃疾对南宋政治的无力与不满，无疑是深刻而尖锐的，全词充满讥讽之意。但如果你问他，还想回去吗？满嘴嚷嚷要做真隐士的辛弃疾，还真说不出"不去"两个字。哪怕自己已过花甲之年，仍愿意马革裹尸，报效朝廷。

这样诚挚而忠贞的热血，纵使历经八百多年的时光，被我们再一次读到，同样会因其中灼热的温度而触动，甚至心中揪痛。

大概正因为如此，当韩侂胄这个本该是对立面的政客，透露出北伐的意图，被起用的辛弃疾也未曾说过一句"年老了，打不动了"之类的托词，恨不得立马挂帅出征，杀金人一个片甲不留。

公元 1200 年前后，金朝以北的蒙古势力逐步壮大，南下形成压迫之势。与此同时，黄河水患连年肆虐，致使陷入金朝之手的黄河下游一带灾情严重，民不聊生。一时间，起义的声音又现，金朝内外交困。

这时候，南宋哪里还坐得住，当然要趁金朝疲弱之际，北上收复中原失地。在一众伐金的呼声中，以韩侂胄态度最为积极，甚至还一力主张追封岳飞为鄂王，同时污名化秦桧的谥号。

不管韩侂胄是真的胸怀大志，力主抗金，还是为了巩固自身势力，把北伐当成一种政治手段，总之现在的结果，就是辛弃疾最希望看到的。

所以，被任命为两浙东路安抚使的辛弃疾，不顾花甲之龄，毅然决定二次出山，只为了那个年少的梦。

人生暮年，他深知这可能是自己最后一次恢复中原的机会，即便希望渺茫也不愿放手，更不敢放手。那就去吧！

"地理发现"

瓢泉书院

公元 1197 年，辛弃疾于闲居瓢泉之时，满怀热忱地创建了一座瓢泉书院。他建立此书院的初衷，主要是悉心培养自己的后辈子女。然而，因其声名远扬与书院的独特魅力，渐渐地也吸引了一些其他学子前来求学。辛弃疾更是亲自登台授课，将自己的才学与智慧倾囊相授。在此期间，他还留下了一本颇具价值的《瓢泉秋月课稿》，只可惜最终未能流传于后世，令人惋惜不已。

瓢泉书院坐落在一个环境十分优美之地，周围绿树成荫，清泉潺潺，山林与水塘相互交织，宛如一幅美丽的画卷，的确是一个绝佳的求学之所。然而，在辛弃疾离世之后，这座书院遭遇了被毁的命运。但幸运的是，后来它被重新修复，且规模更为宏大，更名为"广信书院"。此后，不少学子慕名而来，汇聚于此，他们一同读书填词，深入地学习儒家文化，营造了浓厚的学术氛围。

不过，现在已经找不到当年的书院遗址了，它已经在自己的时代里，完成了培养优秀人才、传承灿烂文化的使命。

伐金有望，
花甲之年
剑出鞘

公元 1203 年，韩侂胄起用主战派官员，辛弃疾被任命为绍兴知府兼浙东安抚使，从瓢泉出发，往浙江绍兴赴任。

纵观辛弃疾的任官经历，不难发现，他一直十分在意百姓疾苦。如果他想要的仅仅是仕途顺遂，那么只要不去触动士族豪绅的利益，未尝不能平步青云。但辛弃疾就是不愿意放任这些人荼毒百姓，足见其品行之高洁。

所以，刚刚抵达绍兴的辛弃疾，仍旧从调查当地民生情况开始，打算继续为百姓做些实事。这一查不要紧，又牵扯出一个大事件！

事件源于"折变"这一税收办法。当时官府征税，虽然征收的标准可能是用钱计量，但百姓上缴的基本不是金钱，而是一些物品，常见的当然是粮食。百姓种地，丰收之后不必卖粮换钱，而是把粮食按一定标准折变，如多少斗粮食顶一贯钱，足额上缴即可。

但是，这种情况也不是固定的，有的地方会根据实际需要改变征收的物品。如果百姓手里没有官府征收的东西，可以用其他东西来抵。举个例子，有的百姓做其他营生不种地，手里没有粮食，那就继续折变，多少匹布顶一斗粮食，然后再换算成钱，以此类推，反复折变。这中间的价值换算，就给了贪官污吏鱼肉百姓的机会。

辛弃疾调查发现，当地要求必须用钱帛折变粮食，官吏还故意提高粮食的折变价值，降低钱帛的价值。假设，原本一匹帛可以抵一斗粮食，现在只能抵半斗。百姓又必须交够一斗粮食，只能上缴多一倍的帛。这在无形之中加重了百姓负担。

不仅上缴的物品多了，官府还让提前缴，百姓被折磨得苦不堪言。而那些多收的钱帛，都进了贪官污吏的口袋，但上报给朝廷的还是原本的正常税额。

查清此事的辛弃疾火冒三丈。这还得了，继续放任这帮蛀虫危害百姓，可不是他的性格。

可以想象到，辛弃疾怀着多么愤慨的心情，马上给朝廷写了一份奏疏，他不管是不是会得罪人，一定要弹劾这些贪官污吏。

辛弃疾言辞犀利地直接点出了问题的要害，让朝廷不得不重视。最后，朝廷采纳了他的建议，做出了批示。这件事终于让绍兴的百姓扬眉吐气，而辛弃疾的事迹也被后人传颂，成为典范。

在四处体察民情之际，一日大雨，辛弃疾走进绍兴蓬莱阁，写下一首《汉宫春·会稽蓬莱阁怀古》。

🌀 汉宫春 · 会稽蓬莱阁怀古

秦望山头，看乱云急雨，倒立江湖。不知云者为雨，雨者云乎？长空万里，被西风变灭须臾。回首听月明天籁，人间万窍号呼。

谁向若耶溪上，倩美人西去，麋鹿姑苏？至今故国人望，一舸归欤。岁云暮矣，问何不鼓瑟吹竽？君不见王亭谢馆，冷烟寒树啼乌。

蓬莱阁上，登高望远，雨势如江湖倒灌。词作开篇就是在描绘词人所见到的雨景，表现了气势磅礴的自然之力。接着追忆西施事迹，结尾那句"问何不鼓瑟吹竽？君不见王亭谢馆，冷烟寒树啼乌"，不仅是对往昔繁华的遥思，也是对人生无常的深切感慨，更表露出对珍惜当下生活的劝勉。

　　大概是步入晚年，辛弃疾已经能感到岁月催人的紧迫，生出一些珍惜当下的想法也不足为奇。

　　在绍兴任职期间，南宋朝廷关于伐金议题的讨论还在继续。对此，辛弃疾曾在绍兴，与当时已经年逾古稀的陆游畅谈过。

　　陆游，字务观，号放翁，是南宋著名的文学家和史学家，写下不少脍炙人口的诗篇，更重要的是，他也是一位坚定的主战派。

　　辛弃疾对这位前辈充满了敬意，一到绍兴就专程登门拜访。两人志趣相投，相逢恨晚。于是彻夜长谈，共同探讨宋金局势。其间，辛弃疾看到陆游的住所简朴异常，多次提议帮陆游改善住所，但陆游笑着摆手，表示不用。

　　因为北伐意向基本已经确定，辛弃疾并没有在绍兴待很长时间，很快便接到前往临安的召令。临行前，陆游挥毫泼墨，赋诗赠别，希望辛弃疾此去，早日挥师北上，恢复中原。

"地理发现"

蓬莱阁

　　此蓬莱非彼蓬莱。辛弃疾词作中的蓬莱阁位于浙江绍兴，与大家熟知的山东烟台的蓬莱阁是两回事。

　　在浙江绍兴以西，有一山，名为卧龙山。这里曾是春秋时期越国的都城所在，古称"府山"。后来，唐朝元稹来绍兴的时候建了一座蓬莱阁，一阁一湖相映成趣，湖光山色美不胜收，吸引了无数文人墨客争相吟咏。宋代的府山盛极一时，山上亭台楼阁遍布，其中，蓬莱阁尤为引人瞩目。

　　然而，沧海桑田，朝代更迭，曾经美不胜收的蓬莱阁，早已随风消散，不复存在。如今我们能看到的，已经是后来复建的，上有"东越胜境"的匾额。

壮心激荡，北固亭怀古

公元 1204 年，辛弃疾又一次来到临安。回溯往昔，31 岁觐见宋孝宗时胸怀激荡，53 岁面见宋光宗时，已然沉稳内敛。这一次，65 岁的辛弃疾，对着如此年轻的新皇宋宁宗，内心无波无澜。

不过，当宋宁宗垂询北伐之策时，辛弃疾的内心终究做不到无动于衷。65 岁仍壮心不已的他，简明扼要地指出：金朝内忧外患，局势混乱，离灭亡为期不远；南宋朝廷的当务之急是统一战略，最好把北伐一事托付给元老大臣，做好出兵准备，静待一个好时机。

上一次辛弃疾预测金朝六十年必亡还是 1172 年的事，如今三十二年过去，预言的一半已经应验，但金朝灭亡不代表北方忧患的终止，蒙古已经崛起。南宋如果坐以待毙，把握不住金朝灭亡的机会，等蒙古把金朝吞下，下一个就是南宋。历史后来的演进也确实如此。辛弃疾在此时已经洞察时局，着实令人赞叹。

要强调的一点是，辛弃疾虽然说了金朝必亡，但是距离当初预言的六十年尚有很长一段时日，所以眼下并不是南宋出兵的好时机。

不出兵也不代表就干等着，所以辛弃疾才提出把北伐一事托付给元老大臣，是希望宋宁宗提前做好应战准备，随时等待金朝大乱的时机到来。

而辛弃疾所说的元老大臣，应该是指那些德高望重，如自己一般能看透局势的老臣，绝非韩侂胄之流。就算辛弃疾是因为韩侂胄意欲北伐才被起用，他也不愿意归附韩侂胄一党。他只不过站在大局上，赞同北伐这一观点，而不是赞同韩侂胄这个人。

但就是"元老大臣"这个词，给了韩侂胄弄权的机会。他揪住辛弃疾的话，认为自己就是那个值得托付的元老大臣，于是紧锣密鼓开始备战，意图借北伐建立盖世之功，奠定自己不可撼动的权势地位。至于辛弃疾的那句"静待一个好时机"，他是一点儿没当回事。在韩侂胄看来，等他准备好一切，就是最好的时机。

也恰恰是因为这一点，南宋此次北伐注定了不会如辛弃疾所愿。但终究还没到那一步，他心中还是有所期待的。因此，当朝中问起谁能承担起北伐军事指挥重任时，辛弃疾当仁不让。

可惜，南宋朝廷最终并没有授予辛弃疾指挥一职，不过辛弃疾终于借此机会成为南宋政治核心中的一员，得以上朝参政。

彼时，韩侂胄位高权重，又一向自负，他想要北伐，就起用了一批主战派官员，但真到了议事的时候，又不愿意权力下放，听不进任何相左的意见，更不乐意有人平分他的功劳。所以，像辛弃疾这样具有实战经验的英雄人物，正是他排挤的对象。最后，他想了个办法把辛弃疾支走，任镇江知府，去镇守京口了。

京口就是当初辛弃疾南归安家的初选之地，地理位置十分重要。辛弃疾调来这里，表面上看似乎备受器重，但实际上又一次离开了政治核心，他的意见自然也就没人理会了。

辛弃疾自己又何尝不明白，登上那座有名的北固亭，远望中原大地，心中涌动着对千年兴衰的感慨。

长江之水滚滚东流，象征着历史的无尽沧桑。回首往昔，瞧瞧人家孙权，英勇善战，在江南地区立下了赫赫战功，除了曹操与刘备，天下英雄又有何人能与之比肩？可低头看看自己，现实的困境让人束手束脚，不能一展抱负，旋即赋词一首。

🍃 南乡子·登京口北固亭有怀

何处望神州？满眼风光北固楼。千古兴亡多少事？悠悠。不尽长江滚滚流。
年少万兜鍪，坐断东南战未休。天下英雄谁敌手？曹刘。生子当如孙仲谋。

既然朝廷北伐之意已定，辛弃疾在镇江任上也没闲着，兴建一支新军的想法升起来就按不下去。

为什么是兴建新军，而不是操练旧军呢？

因为在辛弃疾看来，南宋军队有望风而溃的传统，从当年隆兴北伐最后的符离之战就能看出来，而且这种风气这些年愈演愈烈。一说冲锋陷阵无人应声，一说论功行赏，挤得头破血流。哪怕下狠手整治，短时间内也很难改变这种风气。不如招募新军，从一张白纸开始，打造一支无所畏惧、势不可当的军队。

想到就去干，辛弃疾从来不会拖延，他立刻开始招新兵，还要选新址驻扎，不与那些旧兵混杂在一起，避免染上不良风气。而且，辛弃疾深知情报的重要性，一条有价值情报能免去千军万马的伤亡。因此，他派出不少精干人员潜入金朝，搜集军事情报。

但是，辛弃疾的这些工作，与韩侂胄的主张相悖，而兴建新军更遭到主和派的反对，因为南宋每年光是养兵就要耗去国库大半的收入，他们不理解辛弃疾为什么多此一举，放着正规军不用，非要另建新军。至于那些士兵风气问题，就更不是这些身居朝堂的文人所能体会的，更别说辛弃疾还想用新军替代原有的军队作战。这牵涉很多人的利益，所以这一计划很快破产。

115

"地理发现"

北固楼

在镇江市京口区，有一座郁郁葱葱的山峰，名为北固山，山上建有一座北固楼，也称北固亭，曾被梁武帝萧衍赞为"天下江山第一楼"。

北固楼之所以声名远扬，一是它拥有较佳的地理条件，向北直面长江，南边挨着铁瓮城，地势险要，景致壮观非凡；二是这座楼历史十分久远，始建于东晋时期，曾经和黄鹤楼、岳阳楼共同被称为"长江三大名楼"；三是北固楼出现在诸多著名篇章中，辛弃疾的《南乡子·登京口北固亭有怀》便是其中之一。

有意思的是，辛弃疾每逢在此作词，必提到孙权，这是因为北固山曾是三国时期东吴早期的都城所在地，而孙权是东吴的君主。在他的父兄相继离世后，他凭借自身的非凡胆略，稳住了江东的局面，还推动着东吴一步步走向强盛。

不过，当初的北固楼早已消散在历史长河中，直到 2009 年，镇江决定重新复建北固楼，这才有了如今我们所能看到的北固楼。该楼以柚木、楠木为主要建筑材料，采用榫卯结构，为仿宋十字脊样式，从外面看是两层，内部实际有三层的重檐阁楼。登楼远眺，仿佛能一窥当年的东吴气象。

英雄迟暮，金戈铁马终成空

公元 1205 年，韩侂胄自认为准备好了，突然对金朝开始小规模骚扰。

在辛弃疾看来，这完全是一种愚蠢的行为。士兵懒懒散散，毫无斗志，派出去的将帅也都是一群无能之辈。这哪里算得上准备好了？他们甚至没有悄悄屯兵，给金军来个突然袭击，反而先跑去烧杀抢掠，仿佛生怕金军不知道南宋要开战一样。金军获悉消息，当然早早准备好应战。就这还想一举收复中原？简直痴人说梦！

当时辛弃疾在京口驻守，看到韩侂胄这么轻敌冒进，心里别提多失望了。他又一次登上北固亭，写下一首怀古词作。

🌿 永遇乐·京口北固亭怀古

千古江山，英雄无觅，孙仲谋处。舞榭歌台，风流总被，雨打风吹去。
斜阳草树，寻常巷陌，人道寄奴曾住。想当年，金戈铁马，气吞万里如虎。
元嘉草草，封狼居胥，赢得仓皇北顾。四十三年，望中犹记，烽火扬州路。
可堪回首，佛狸祠下，一片神鸦社鼓。凭谁问：廉颇老矣，尚能饭否？

铁打的江山，流水的王朝。回想南北朝时期，宋文帝被战功迷了眼，轻率出兵，最终落得仓皇逃命的下场。这正是辛弃疾对当前局势深感忧虑之处，他担忧南宋步其后尘，落得同样的下场。

在这首词的结尾，辛弃疾回溯了自己四十三年前领兵征战的峥嵘岁

118

月，并以战国名将廉颇自比，表达了自己虽年事已高，但雄心壮志依然不减，只不过困于局势，不得重用罢了。

令人遗憾的是，这首词一语成谶。很快，韩侂胄不顾一切反对声音，执意出兵，连表面功夫都懒得做了，铲除朝中反对派人员，包括辛弃疾。

于是，辛弃疾再一次被罢免，前后不过两年时间，又回归铅山。

人生暮年，还有什么看不穿的呢？辛弃疾早已明白自己的理想终只是妄想，心灰意冷，不再抱有任何期待。自此过上了种花养竹、闲云野鹤的生活。可身边人皆已散去，他独居铅山，想来倍感孤独，正如当初的那首《贺新郎》。

🍃 贺新郎·邑中园亭

邑中园亭，仆皆为赋此词。一日，独坐停云，水声山色，竞来相娱。意溪山欲援例者，遂作数语，庶几仿佛渊明思亲友之意云。

甚矣吾衰矣。怅平生、交游零落，只今余几！白发空垂三千丈，一笑人间万事。问何物、能令公喜？我见青山多妩媚，料青山、见我应如是。情与貌，略相似。

一尊搔首东窗里。想渊明、停云诗就，此时风味。江左沉酣求名者，岂识浊醪妙理？回首叫、云飞风起。不恨古人吾不见，恨古人、不见吾狂耳。知我者，二三子。

一句"怅平生、交游零落，只今余几"可悲可叹。回首这些年独居铅山的日子，辛弃疾感觉已经没有值得自己高兴的事情了，除了眼前的青山。"我见青山多妩媚，料青山、见我应如是。"此时此刻，青山就是他的知己。

再说回朝堂，没有了反对的声音，公元1206年，韩侂胄断然下令伐金，两国开战，史称"开禧北伐"。彼时的韩侂胄还不知道，这一声令下，也给自己上了一道催命符。

在韩侂胄的指挥下，宋军多路并进，声势浩大。金朝也积极备战，调集各路军队赶赴前线。本以为这会是一场旷日持久的恶战，谁料叫嚣着要打的宋军，刚一开打，便望风而溃、全线败逃。别提收复中原了，宋军连秦岭的边也没摸到，且将领吴曦叛变，自立为王。这真是让金朝看了一出滑稽的大戏。

可笑的是，韩侂胄北伐不利，又想到了辛弃疾。恰如那句"凭谁问：廉颇老矣，尚能饭否"，真就派人来询问辛弃疾的意向了。然而，这并非真心求贤，只不过是想找个替罪羊罢了。

辛弃疾早知局势回天无力，即便自己出山，亦难以得到重用，更何况他也不屑再与韩侂胄为伍。错路一走再走，都到不了终点。

罢了，这一次，辛弃疾拒绝出山，挥毫写下"西山病叟支离甚，欲向君王乞此身"，以年老多病为借口，表明自己已经力不从心，不能出山了。

"地理发现"

河口古镇

在江西上饶的铅山县，于信江之畔，静静地坐落着一座颇具历史底蕴的古镇——河口古镇。古镇经过明清时期的累年发展，最终成为舟车频繁、商贾汇聚的"八省码头"。在往昔岁月中，曾和景德镇、樟树镇、吴城镇一并被誉为江西的四大名镇。

时至今日，河口古镇依旧保留着相当完整且独具特色的明清古街，街上楼阁依次相连，紧密排列，充满着古朴且典雅的韵味，被文物专家赞誉为"江西第一古街"。在古镇中漫步，还能看到数量众多的赣派建筑。那些精致的木雕、砖雕以及石雕，无不彰显出卓越超凡的工艺水准。正因此，2014 年，河口古镇被评为中国历史文化名镇。

出河口古镇，以北就是信江。现在的信江河畔，矗立着一座全国最高（32米）的辛弃疾雕像。辛弃疾手持十多米长的宝剑，衣袍猎猎，逆风前行的姿态，散发出一种意气风发、凛然不可侵犯的气势。

撑持天地，
男儿到死
心如铁

　　辛弃疾不出山的选择显然是正确的，因为很快，韩侂胄就把北伐不利的责任推脱给了各路败将，还一一对其进行惩处。

　　想来，辛弃疾如果出山，不仅自己的北伐策略没机会实施，还要因为韩侂胄的一意孤行，背上北伐失利这口"大锅"，最后落得跟那些人一样的下场。

开禧北伐，以南宋自不量力为开端，又以南宋被迫求和为结局。金朝也不是那么好说话的，南宋说打就打，现在打不过还想全身而退，天下哪有这样的好事？于是，金朝以韩侂胄为战事发动者为由，提出了苛刻的议和条件。

一时间，南宋朝廷不知如何是好。有人进言，应暂时罢了韩侂胄的官职。韩侂胄知道后非常生气，下令降了此人官职。可是这样无济于事，南宋朝廷想到了征询辛弃疾的意见。

忽而一道诏令送来铅山，辛弃疾只好拖着年迈的身体，再一次赶往临安，路上写下一首诗篇。

江郎山和韵

三峰一一青如削，卓立千寻不可干。
正直相扶无倚傍，撑持天地与人看。

时至今日，自己平生夙愿想来无法实现，此次再赴临安，不过是画个圆满的句号。所以，当辛弃疾在路上见到江郎山如此险峻，一如自己"撑持天地"的气魄，不禁慨然叹之。

至于辛弃疾面见宋宁宗说了什么，意见有没有被采纳，因为没有相关记载，如今不得而知。但之后辛弃疾被授予兵部侍郎一职，他坚决推辞不受，返回了铅山家中。

回家后不久，公元1207年秋日的一天，辛弃疾与世长辞，葬于他词里妩媚的青山中。一代"词中之龙"的曲折人生就此落幕！

123

据说，辛弃疾去世前仍在遥望北方，口中大喊"杀贼"。他是真的做到了陈亮所说的"男儿到死心如铁"。

回想这一生，从年少时蛰伏学习，到青年时抗金起义，再到南归于宋，宦海沉浮，当别人已经被时光消磨了意志，被现实压弯了脊梁，只有辛弃疾，还记得年少时祖父的耳提面命，记得自己恢复中原的初衷，并用一生来践行。

然而，人生无常，连辛弃疾自己也说："百年自运非人力，万事从今与鹤谋。"世上之事，不是努力了就一定能得到想要的结果，直到白发苍苍，他才悟透这一点。

但是悟透了又怎样呢？就像当年，年仅 23 岁的辛弃疾意气风发走进临安城，绝不相信自己会就此蹉跎一生。即使人生暮年，也想"撑持天地与人看"。

人最难能可贵的品质，不就是看遍世态炎凉，仍旧满腔热血吗？就像辛弃疾一样。

所以，辛弃疾骨子里是一个真正的英雄，词人的身份只不过是闲来无事的点缀。可惜，再坚挺的傲骨也托不起南宋软弱的脊梁。不是辛弃疾不够强，而是一个人的力量终究对抗不了一个国家的命运。

在辛弃疾去世两个月后，宋金议和陷入僵局。金朝一直声称韩侂胄为战争罪人，南宋朝廷为了求安稳，向金朝献上了韩侂胄的首级，同时附带几百万的战争赔款。屈膝求和的狼狈姿态，仿佛重现当年靖康之难的耻辱。自此，南宋彻底失去北伐的机会，国家衰败已成定局。

大概韩侂胄怎么也没想到，自己会是这么一个下场。不过，辛弃疾已经看不到了。

开禧北伐的结局又一次印证了辛弃疾北伐策略的正确性，他的军事眼光一向如此准。可惜，南宋朝廷从一开始就没有重用过他，致使英雄迟暮，再无力挽狂澜之机。

或许，当初南宋听了辛弃疾的"万字平戎策"，还能再延续一段盛世，不至于短短七十多年后，就亡于蒙古之手，成为历史长河中的沧海一粟。令人不胜唏嘘！

"地理发现"

阳原山

  在江西省上饶市铅山县的深处，隐藏着一座鲜为人知的小山，名为"阳原山"。青山有幸埋忠骨，阳原山的半山腰上，一代爱国词人辛弃疾长眠于此。

  辛弃疾墓的周围，绿树成荫，鸟语花香，环境幽静，是一处理想的安息之地，也是人们敬仰和缅怀他的地方。来到近前，只见墓碑上刻着"显故考辛公稼轩府君之墓"的字样，虽然经过风雨的洗礼，字迹已经有些模糊，但那份庄重和敬意依然清晰可见。

  这座墓曾在乾隆年间重新修整过，近半世纪内也历经两次维护，历史的痕迹和人们的敬仰之情交织在一起，每当微风拂过，似乎还能听到辛弃疾那激昂的词句，回荡在山谷之间。至今，仍不时有游客前来祭拜。